U0138225

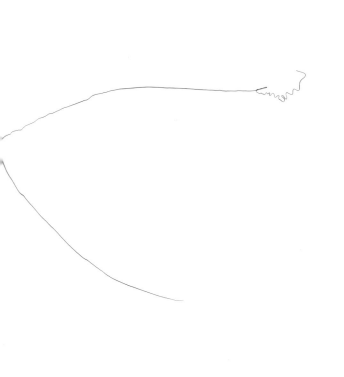

见识城邦

更新知识地图　拓展认知边界

柄国宰相张居正

权力之变与改革人生

林乾

著

中信出版集团｜北京

图书在版编目（CIP）数据

柄国宰相张居正：权力之变与改革人生 / 林乾著
. -- 北京：中信出版社，2023.10

ISBN 978-7-5217-5785-9

I. ①柄… II. ① 林… III. ①张居正（1525-1582）
－生平事迹 IV. ① K827=48

中国国家版本馆 CIP 数据核字（2023）第 105882 号

柄国宰相张居正——权力之变与改革人生

著　者：林　乾

出版发行：中信出版集团股份有限公司

　　　　　（北京市朝阳区东三环北路 27 号嘉铭中心　邮编　100020）

承 印 者：固安兰星球彩色印刷有限公司

开　本：787mm×1092mm　1/16　　**印　张：**41.5　　**字　数：**525 千字

版　次：2023 年 10 月第 1 版　　**印　次：**2023 年 10 月第 1 次印刷

书　号：ISBN 978-7-5217-5785-9

定　价：128.00 元（全二册）

总　目

目录

柄国宰相

张居正

上

柄
国宰
相

张
居
正

中篇

推进改革

柄国宰相
张居正

上篇 权力之变

第一章

三位同年的人生抉择

大事件在改写历史走向的同时，也将许多人的命运裹挟其中。严嵩与徐阶之间十几年的争斗，在庚戌之变后拉开大幕。而三年前考中进士的三位同年——杨继盛、王世贞、张居正，被迫调整仕途坐标，做出艰难的抉择：一个誓做"铁脊之鬼"，一个争做文坛领袖，一个擎起改革大旗。他们迥然有别的人生归宿，透视出那个时代的官僚士大夫对国家肩负的不同责任。

斗转星移。二百多年后，乾隆帝开《四库全书》馆修书，其馆臣得览杨继盛遗嘱原稿，大为感叹："遗嘱一篇，作于临命前一夕，墨迹至今世守；仓卒之际，数千言无一字涂乙，足见其所养；词虽质朴，而忠孝之意油然，尤足以感动百世。"

一次特殊的临朝

传闻边马塞回中，候火甘泉极望同。

风雨雕戈秋入塞，云霄玉几昼还宫。

书生自抱终军愤，国士谁讥魏绛功。

北望苍然天一色，汉家高碣倚寒空。

匈奴万骑纵西山，天险谁当百二关。

今日安危任边将，异时恩泽满朝班。

乌边白骨那能辨，马首红妆若个还。

冗散书生空哽咽，载书谁为破愁颜。

这是时任刑部主事王世贞在亲历庚戌之变后写下的两首纪事诗。

庚戌年是公元1550年，即明朝嘉靖二十九年，这是继土木堡之变，英宗被俘一百年后，明朝遇到的又一次大危机。对于嘉靖帝个人而言，这是继八年前他被宫女谋害死里逃生后，面临的又一次人生危机。

八月二十一日午时，嘉靖帝在西苑便殿急召大学士严嵩、李本和礼部尚书徐阶，商议与俺答议和的事。此时俺答正率军数万，列阵都城之外，其前锋兵马七百余骑，已于昨日进入安定门。俺答将日前虏获的太监杨增等人放回，让他们携带文书入城求贡，并向嘉靖帝下了最后的"通牒"：如果当天得不到答复，就发兵攻城。

嘉靖帝因事态紧急，停止斋醮*，立即命司礼监太监王利带上"通牒"召三大臣议事。这是京师戒严的第四天，号称七八十万的京营劲旅，点兵时仅有老弱病残四五万人。为了补充兵力，嘉靖帝临时招募了四万人在城门外各沟口抵御俺答，又命戚继光等各地应试武举的一千多人分守城门。李本休致**后复原姓吕，故又名吕本，他是泥塑木雕式的人物，全程一言未发。对话主要在嘉靖帝与徐阶之间展开。

不等三大臣行礼完毕，嘉靖急切地问道："现在形势如此，奈何？"

首辅严嵩似乎要先定调子："这都是抢夺的贼寇，不足为患。"

不等严阁老把话说完，徐阶就驳了回去："在城下杀人放火，岂能说是抢夺之贼？！正须商议如何御敌之策方好。"

嘉靖目视徐阶，"卿言是对的"。之后他转向严嵩、李本二人："虏中求贡文书在何处？"

严嵩从袖中取出。

嘉靖帝因已知悉文书的内容，便直接发问："此事应当如何回应？"

严嵩好像早已有了脱身之术，随口答道："这是礼部管的事。"

嘉靖转问徐阶："卿说如何办？"

徐阶反应机敏，答道："此事重大，当请皇上主张。"

嘉靖闻言，顿时不悦："正须大家一起商量，为何又转推给朕！"

---

* 斋醮：道教的重要仪式；通常由道士在斋坛绕香炉、烛灯，口诵赞词（青词），祈祷神佛。自嘉靖二十二年后，世宗几乎每天都进行斋醮，而每次斋醮耗费巨大。能写一手好青词的人被他重用为阁臣，这些人被称为"青词宰相"。嘉靖帝名义上以斋醮祈求长生，实则经常食"丹药"。他二十余年不视朝，喜怒无常，又大兴土木，广建斋宫，致使明朝日趋衰败。

** 休致：又称致仕；指官员辞官，一般来说，官员年龄七十岁休致。休致主要有两种：一种是以礼致仕，保持原有品级不变；另一种是考察致仕，指大计之年官员因年老、疾病、不称职而致仕。两者待遇有较大区别。

徐阶见严嵩默不作声，答道："现在贼虏驻兵近郊，而我们是战是守，一无所备。如果不答应，恐怕会激怒他们来攻城；如果答应，又担心他们贪得无厌。故不能答应为宜。"

嘉靖："如果对社稷有利，皮币珠玉，朕不会吝惜。"

徐阶："如果只是皮币珠玉，也就罢了。万一有皇上不能接受的，如何是好？"

嘉靖悚然道："卿考虑得可谓长远。但现在应当如何应对？"

徐阶："权且请用计策'款之'。"

嘉靖："何谓'款'？"

徐阶："今天派遣一个通事（翻译）到虏营，告诉他们，'你们来求贡的文书用的是汉文，皇上怀疑是假的，特派我来询问缘由，如果真是出于你处，就另外商议来报'。如此一来一往，便有两天时间，我们战守的物资人马也能准备好了。"

嘉靖："如果他们是真的求贡，又该如何处理？"

徐阶："如他们求贡是实，就再派通事前往，对他们说：'早年你的祖父曾经入贡，现在你仍想要入贡，本来会准许的。但没有兵临城下来求贡的道理，况且又没有番文的信使，这也不是你祖父的旧规。你可以退出大同边外，派人携带番文前来，把求贡的文书交给大同守臣为你转奏朝廷，就可以了。'"

嘉靖："如果这样，他们能听则可，如果不听，又将如何？"

徐阶："如果不听的话，我们的战守已经准备完毕，四方征兵也会集京师，他们也会退回的。"

嘉靖："卿所言极是。此事还要与百官廷议。"

严嵩见嘉靖语气和缓了一些，便及时提出："现在臣民都希望皇上能出朝理政，并拨乱反正。"

嘉靖露出了略带不屑的微笑，想到自己多年不临朝，说："现在还不至于乱。朕不难一出，但是否有些突然？"

徐阶："百官众庶盼望此举已经很久了，现在皇上一出，如久旱逢甘霖，怎么能说突然呢？"

于是嘉靖答应第二天临朝。嘉靖令他们三人退下，并下令由徐阶出面与百官商议求贡之事。

当天下午，徐阶在午门紧急召集百官，传达皇帝旨意。他拿出俺答求贡文书，俺答要求派三千人进京求贡，如果不答应就攻城，朝廷请各位发表高见。群臣面面相觑，许久也无人发表言论。徐阶理解百官的苦衷：公开表态极易惹祸。他只好发放笔墨纸签，让各自写下意见。这时司业国子监赵贞吉大声说："此事不必问，如果问的话，那些奸邪大臣，一定会把求和的计策献于皇上。万一皇上准许纳贡，俺答必然入城。三千多人入城，恐怕乌蛮驿都难以容纳。况且俺答兵已经肆意深入，一旦内外夹攻，将如何抵御？各位不担心会震惊宫阙吗？当务之急在于如何驱逐贼虏，如果畏惧贼虏的恐吓，被逼迫而许贡，那与城下之盟有什么区别！"

检讨毛起不赞同："由于时事紧急，应该暂且允许纳贡，等俺答出塞后再拒绝。"此音刚落，赵贞吉立即大声呵斥毛起。

当天晚上，火光烛天，德胜门、安定门北，人居皆毁。嘉靖秘密派往窥探会议的中使向其回报了内情。他立即宣召赵贞吉入左顺门，令其手疏应对之策。赵贞吉奋笔疾书，提出派遣近侍同锦衣卫官前往诸将营中，赏军激励士气，无论军民人等，只要得对方一首级即赏银百两，逗留观望不战者诛无赦。嘉靖览奏，大为嘉许，当即升赵贞吉为左春坊左谕德兼河南道监察御史，给赏功银五万两，令其前往各处宣谕将士。

赵贞吉兴冲冲地前往西苑直庐拜谒严嵩，守门者却不放行，赵贞吉怒斥门役。通政使赵文华闻声而出，劝道："还是暂缓一下吧，当今的重大事件应该慢慢商议。"赵贞吉怒气冲天："你是权贵门口的犬，怎么会知道当今的大事？"

严嵩等三位大臣虽然得到皇上明日临朝的许诺，但考虑到嘉靖已经十几年没有上朝，不敢公开发布消息，只传令百官明早穿戴公服，齐聚奉天殿。因国有大事，皇帝才会登临奉天殿，百官自然也理解其中之意。

奉天殿是永乐十九年（1421）正旦建成的，明朝迁都庆典就在这里举行，以此作为定都的标志。可惜此殿不到半年就因雷击被毁，留下瓦砾一片。其后永乐帝忙于北征，加上仁宗、宣宗二帝一直想把都城迁回南京，直到英宗正统五年（1440）才重新修建。

八月二十二日，天还没亮，百官早早齐聚奉天殿前，但坏消息传来：俺答军由巩华城进犯大明各陵寝，转掠西山、良乡以西，京畿直隶、保定震动。

直到傍晚，嘉靖才驾临奉天殿。群臣行五拜三叩礼后，嘉靖一言未发，只是命礼部尚书徐阶奉敕谕至午门，随即还宫。

按明制，颁诏天下通常在承天门，午门则是颁朔、命将、献俘、宣旨的地方。午门于群臣而言，记忆最深的是廷杖。因此，在这个特殊的时间点，在此跪听鸿胪寺官宣读谕旨的百官，自大清早就滴水未进，此时早已饥肠辘辘，加之唯恐灾难降临，个个身体颤抖如筛糠。果然，嘉靖把责任全部推到臣子身上，言语间充满杀气。

今房酋听我背叛逆贼，入侵畿地，诸当事之臣全不委身任事，曰："上不视朝，我亦不任事。"……朕中夜之分，亦亲处分，辅赞大臣日夕左右，未顷刻有滞于军机，而朝堂一坐，亦何益？欺天背主之物，科道官通不一劾，且胁我正朝大内，恐吓朕躬，沽名市美，非党即畏奸臣，敢欺君父！各误事大小诸臣，便一一指名，着实参劾定罪。[1]

这里的"背叛逆贼"是指逃往俺答统辖之地的汉人。全篇敕谕都在为嘉靖帝不上朝理政辩护，而最令这位皇帝难以容忍的是，胁迫他上朝。最后一句是要追究官员的责任。

果然，谕旨发布后，当即把到任才数月的张居正的老师、户部尚书李士翱革职，并累及多人，同时派锦衣卫前往通州、蓟州等地抓捕文武大吏。至于张居正为他的老师"平反"，那是几十年之后的事了。

等到百官从午门散去，宫门已到上锁时间。

王世贞诗中"云霄玉几昼还宫"，说的就是嘉靖帝自西苑还大内的情景。

经嘉靖帝允准，太监杨增等人在护卫的陪同下，当即前往俺答驻地，代表明廷允诺通贡，并劝其退兵。在得到明廷的保证后，八月二十三日，俺答把焚毁的上万区庐舍留给了大明，带着数量惊人的战利品，旁若无人一般从京城撤离。而京营、边防军、各地勤王军、招募的义勇等二十万人，一箭未发。两天后，京师解除戒严。

大杀戮随即展开。兵部尚书丁汝夔、兵部侍郎杨守谦，以贻误军机等罪，拟秋后处决。因三法司的判决书过于冗长，誊写需要一些时间，嘉靖一再派太监催促，仍不见送达，而后他龙颜大怒，命将审判官员廷杖、夺俸；又降旨将丁、杨二人押赴法场，立即行刑。对此言官群起抗争、救护，嘉靖毫不退让，命将言官廷杖、削籍。八月二十六日，丁、杨被处斩。丁汝夔还被枭首示众，不准收葬。赵贞吉以举动轻率的罪名被廷杖五十，贬为广西荔波典史。

亲自参与处理庚戌之变的徐阶，后来回忆：当时幸亏祖宗神灵的保佑，才转危为安。史家多认为，如果俺答决意攻城，嘉靖帝就会成为宋钦宗或明英宗那样的囚中之物。晚明史家谈迁说，幸亏俺答很快从京城撤兵，如果真的围困十天一个月，其结局很难预料，要么会像李世民即位之初，与突厥签订渭水之盟那样，要么会像北宋与辽朝缔结澶渊之盟那样；除此之外，真的想不出其他办法。而当年在京城考中进士，后来写作《鸿猷录》的史家高岱说：我目睹了庚戌之变，俺答已进入古北口，而京城的官僚士大夫仍在享受轻歌曼舞，作长夜之饮，一闻警报，大小臣工惊慌失措，就朝廷的应对而言，真如同儿戏一般。它暴露，天下安定时间长了，国家已缺乏折冲应变的能力了！这对嘉靖帝的影响最大，此后每当塞外传警，他都惶恐不安：莫非庚戌之事又要出现了吗？

中国传统史学通常用朝代来表述时间。法国年鉴学派把历史表述为长时段、中时段和短时段，而短时段又称为"事件的历史"。如果把明朝近三百年的历史作为一个长时段来考虑，恐怕再没有重大到如庚戌之变这样的事件，能够作为前后期的时间分野了，它直接影响到明朝军事防御体系的重建，以及京城外城的建造等一系列变化。

大事件在改写历史走向的同时，也将许多人的命运裹挟其中。严嵩与徐阶之间十几年的争斗，在庚戌之变后拉开大幕。而三年前考中进士的三位同年——杨继盛、王世贞、张居正，被迫调整仕途坐标，做出艰难的抉择：一个誓做"铁脊之鬼"，一个争做文坛领袖，一个擎起改革大旗。他们迥然有别的人生归宿，透视出那个时代的官僚士大夫对国家肩负的不同责任。

杨继盛的生死抉择

庚戌之变的次年二月，三十六岁的杨继盛迎来仕途的一次重要升迁，由正六品的南京吏部主事调任京师，升为从五品的兵部车驾司员外郎。

杨继盛在进京途中，顺路回了一趟家乡（现属雄安容城）。这是一个偏僻的小村庄。他早已适应南方的生活，回到家乡后，每天吃面椒，睡火炕，反而很不习惯，几天后痰火盛发，遍体热疮，两耳壅塞，四肢麻木，卧床一个多月才痊愈。他已察觉到，以自己燕赵人爽直的性格，在这个时候进京为官，凶多吉少。他想告病山居，避避风头再出来做事，但转念想起几个月前写给老师徐阶的信中"有一时之富贵，有万世之事功；有目前之荣辱，有身后之褒贬"的话，他料想兵部的这个职位是徐阶的有意安排。

杨继盛最终还是踏进了京城。由于连续多日有"进则有败坏之凶，退则有避事之罪"的焦虑，于是他找来几位要好的朋友为自己指点迷津。

朋友给出了上、中、下三策。上策是文死谏以图"不朽"。就现实而言，只有不露锋芒，与世无争，才可免祸。而以杨继盛的性格，祸一定难以避免；与其得罪人，遭受不测之祸，不如超越自己，向皇帝力陈当今时弊，好的结局是罢官革职，生为田野之人，最坏的结果是做"铁脊之鬼"，留下不朽之名。中策是效仿赵国名将李牧。与其用诚恳耿直的谏言引来杀身之祸，不如上疏请求招募豪杰死士，与俺答决一死战，以雪朝廷城下之耻。下策是等待时机。职位低的人去谈论职位高的人所做的事，肯定会获罪；力量小的人要承担繁重的任务，一定会摔跤。不如做好本职工作，不要有超出自己位置的想法，慢慢熬，等在其位再施展抱负。

杨继盛的性格不适合做京官，尤其是现在这个时候。没过多久，他就厌倦了京城。他感觉自己仿佛从天堂坠入地狱一般，一天也熬不下去了。兵部更让他大失所望，从上到下，一味支吾，一件实事都不干。他每天寅入酉出，所做的都是琐碎无聊的事。他怀念南都的日子，把自己的苦闷向好友南京刑部侍郎何迁倾诉。

俺答退兵后，明廷勉强答应与其通马市。俺答生于正德二年（1507），"俺答"是汉文典籍对明代土默特首领的称谓，蒙文典籍称他为阿勒坦汗。他是成吉思汗的十七世孙。自嘉靖十三年（1534）起，他几乎每年都向明廷请求通贡，庚戌之变是第十次。

三月初四，宣大总督苏祐的奏疏提交兵部讨论，大将军仇鸾、兵部尚书赵锦等人赞成互市，并拟定了一年在边关开市四次，派朝廷大员主持等六项办法。嘉靖帝对兵部的拟议犹豫不决，他征询严嵩的意见。严嵩提出：一年开市四次，每次用马价银十万两，次数频繁，费用太高，可压减为一年开市两次。嘉靖帝批准，并起用致仕的兵部侍郎史道，以原职兼佥都御史赴大同经略马市。

杨继盛任职的兵部车驾司主管马政。他作为员外郎，在参加兵部会议前就提出异议，认为这是向俺答示弱，有辱国威，草拟开市必须有五大条件：俺答爱子作为人质；归还掳夺的所有人口；俺答约束各部，不得侵扰边地；公平马价；整兵以备战守。但他的草稿被同僚看见了，兵部尚书赵锦得知后予以阻止，说如果这个奏疏让皇上看到，马市绝对不会开放了。但杨继盛不肯作罢。嘉靖批准开市十天后，他上疏反驳，投递上疏时巧遇他的主管上司——兵部侍郎聂豹。聂豹劝阻他，开马市本来是怀柔之术，以此来争取时间加强战备，并非依此为久安之策，依你的意见罢开马市，如果俺答又来犯，有什么办法应对？杨继盛一时无法回答。

杨继盛的上疏是一篇长文，他提出马市不可开的十个理由：忘天下之大仇，失天下之大信，损国家之大威，灰豪杰效用之志，懈天下敢死修武之心，开边臣通房之门，启百姓不靖之渐，长胡房轻中国之心，堕胡房狡猾之计，不为国家深长之虑。他还说开市与否是国家盛衰的契机，祖宗的社稷江山更不是两三年苟安无事就能维持永远的。他最后请皇上收回成命。

杨继盛对蒙古的实际情况并不了解，他的结论：俺答是否进犯，不在于马市的开与不开。这实属严重误判。因为俺答自嘉靖十三年开始，几乎年年请求开市，有时为了表达诚意还饮血为誓，表示永不犯边。而在大明朝堂之上，官员却把俺答视为狡诈多端、不可信任之徒。受此影响，大同等边关将帅竟然杀俺答使者以冒功。杨继盛在上疏中还把嘉靖帝看作"英武"皇帝，与汉文帝、唐太宗相比。他还把积弊已深的大明说成是"国家之全盛"，这虽说是上疏的一种策略，但也说明他对大明朝的颓势，特别是对嘉靖帝本人缺乏基本的认识。他希望嘉靖"擒俺答于阙前，驱丑类于海外"，未免异想天开。

其实，开马市是兑现去年"款房"的承诺。嘉靖帝是一个多疑的人，他既担心因被逼开市在臣民面前颜面扫地，又对整军经武缺乏信心。一个人在举棋不定时，更容易为他人所左右。嘉靖缺乏定力，更无远见。他反复阅读杨继盛的上疏，觉得所言颇有道理，于是交内阁票拟。

朝廷为此组成规格最高的八大臣会议，人员包括内阁首辅严嵩，次辅李本，礼部尚书徐阶，兵部尚书赵锦，兵部侍郎张时彻、聂豹，成国公朱希忠，咸宁侯仇鸾。

廷议在内阁直庐进行。兵部作为主管衙门，当初宣大总督苏祐请开马市时，兵部是赞成的，故此三位兵部长官分别阐述意见仍坚持开市。朱希忠、徐阶也表示，开放马市也没有忘记武备，现已差遣官员组织落实，没有必要再议。仇鸾提出，开市之议发起于他，他不便发表意见。

严嵩代表内阁，在综合各位大臣的意见后提出，朝廷举措关系非轻，现在俺答有四个人质留在大同北镇羌堡，而朝廷所派大臣史道已在去往大同途中，开市难以中止。至于防备俺答之事，按照皇上初意，坚定防守。

八大臣的意见高度统一，极力反对开市的杨继盛就要承担责任了。嘉靖以阻挠军机、蛊惑人心的罪责，命锦衣卫将杨继盛拿送镇抚司拷问。随后，杨继盛被贬为狄道典史，从五品京官降为知县属官。这次的大挫折，让杨继盛领悟到，官场如戏场，时上时下，倒也正常。而他也收获了正直敢言的名声。他人还没到任，狄道上下就都觉得他不好相处，各怀疑畏之心。杨继盛全然不觉得委屈，反而认为这种结果比朋友为他设想的要好许多。一切仿佛回到了原点，他把自己当作中进士后初次选吏，好像他不曾任过五品京官。这种高人不卑己的姿态，让他很快收获了狄道上下的赞誉，觉得他还是可亲可近的。

明朝对待贬官，大多不安排实际工作。他每天静坐衙署，喝茶、收发文件。知县李鱼泉也按照官场不成文的规矩，不交给他具体事做。杨继盛闲不住，对知县说：岂有每天食国家俸禄而什么事情也不做的道理？凡有事可以代劳的，希望能委派给我。如此一来，杨继盛又忙碌了起来。狄道县归临洮府所管。一个月后，府、县学的生员有五十多人拜他为师，学习讲论，很有趣味。他用门生的贽礼及自己积攒的官俸，在东山买下超然台，据传这是老子飞升的地方。杨继盛命人在那里建造了一所较大的书院，前三间用来揖见，中间五间是讲堂，后面高处盖了三间殿堂，作为祭祀儒家统系的祠堂。狄道县住着很多西部的回族人，他们通晓番经，不读儒家经典。杨继盛聘请两位教读，在圆通寺设馆，招募番汉童生一百多人前来读书，学习的课程都是儒家经典、礼仪。

杨继盛任狄道典史有一年零一个月。其间，马市由开放到禁止，特别是徐阶进入内阁，使杨继盛的仕途又发生了戏剧性变化。

在杨继盛被贬的第二个月，大同马市在镇羌堡开市，一时秩序井然，纷乱数十年的烽烟不再。五月，宣府马市在新开口堡开市。七月，延绥、宁夏二镇在花马池设市。但明廷开市的初衷仅是权宜之计，且限制颇多，加之有人从中挑唆，导致俺答不时抢掠。于是，朱厚熜于嘉靖三十一年（1552）九月下令关闭各边马市，并降旨以后敢再建言开市者斩。

杨继盛是科举制下"暮登天子堂"一类。他二十五岁中举，第二年会试落第后，进入国子监学习。嘉靖二十三年（1544），他会试再次落第，仍入国子监。在这里，他遇到了平生第一个"贵人"——为母服丧期满后，任国子监祭酒的徐阶。杨继盛好学勤问，徐阶也对该学生的文章大为赞赏，说杨继盛是真奇才，但缺少指引。杨继盛于是备上一份束脩，正式拜徐阶为师，跟随徐阶学习整整三年。得名师指导后，杨继盛得中嘉靖二十六年（1547）丁未科进士。这一科在明朝科举史上号称"得人最盛"，本书介绍的王世贞、王宗茂、刘应节、宋仪望、李春芳、汪道昆、杨巍、陆光祖、凌云翼、殷士儋、殷正茂等响当当的人物，都出自这一科。当然，这些响当当的人物的发迹也离不开杨继盛当时并不看好但后来为改革大业"以其身为蓐荐"的张居正的长期奖掖。在三百多位同年中，杨继盛真正欣赏的，只有王世贞和顾允扬。三人经常聚首，谈论时政，激愤时感慨万分，唏嘘泣下。

杨继盛中进士时已三十二岁，在这一科中是年龄偏大的。自洪武十八年（1385），明朝开始有个很好的制度，中进士后除极少数直接进入翰林院为庶吉士，进入承敕监为中书舍人外，绝大多数要经过数月不等的"观政"期，以便这些毫无政事经验的人明达政体，扩充见闻，积累经验。他们多被派往中央六部和都察院、通政司、大理寺，称为"观政进士"，又名"办事进士"。杨继盛"观政"的衙署是工部，随后他赴南京吏部任职，官居正六品的主事。徐阶本想把杨继盛留在身边加以培养，但杨继盛家庭负担很大，又加上刚买了小妾刘氏，官高一品毕竟能多收入几两银子，比在京城熬年月要实惠一些。徐阶颇有不舍，以一首《送司封仲芳杨子赴留都》诗（注：继盛，字仲芳）作为赠别：

哲人重道义，朝贵不足縻。

丈夫志四方，远适非所悲。

如何与子别？怅怅不忍辞。

古道日沦替，群谀纷追随。

子独谅迁僻，经训相劘规。

去住忽以异，丽泽安所资。

颓波无停流，灵耀亦西驰。

感此重念子，何以慰尔知？

至理不外得，吾心实吾师。

愿言励操存，千里同襟期。

徐阶一直挂念这位爱徒，在寻找恰当的时机。嘉靖三十一年三月，徐阶进入内阁。他屈指一数，杨继盛任狄道典史已一年。杨继盛的仕途又一次迎来重大变化。在随后的半年间，他四次升迁，先任山东诸城知县，到任不足一月，升任南京户部主事，到南京仅仅两天，就接到调任北京刑部员外郎的吏部文书。杨继盛整理行装，乘驿传北上，途次扬州时，与同年好友王世贞不期而遇。王世贞是以刑部员外郎身份沿运河由北而南去江淮查案的。刑部当时是闲曹。可以与最要好的同年在同一衙署共事，二人都特别高兴。王世贞告诉杨继盛，现在倭乱甚急，他要顺路回家乡太仓，与即将赴浙江巡抚之任的父亲王忬会面，也打算把母亲安排到京城避乱。杨继盛本想向同年倾诉此刻纠葛的心情，但看王世贞心不在焉的样子，只好作罢。

　　杨继盛乘驿传北上，在淮安又接到调任兵部武选司之令。如此短时间的快速升迁，让他兴奋中又颇有几分不安。既然开马市的大门永远关闭，那么接下来就要直面俺答的武力进犯，而加强武备，选拔得力的武职人员镇守边关，无疑是兵部武选司的首要职责。他想：不管此项任命是出自皇帝，还是老师徐阶，他都要以赤诚之心相报。

　　九月三十日是徐阶的五十岁生日，杨继盛洋洋洒洒地写了《寿少湖徐公序》。与其说这是一篇祝寿文，不如说是一篇劝谏书。开篇言明"君子之寿，当图不朽之真，而所以寿之者，贵有恳恳相勉、惓惓相成之义，琐琐年数之末，颂祝之私，皆所不取也"。他称赞徐阶"黄阁元老，黑头相公，以年言之似尚未可以寿之者，然观诸所修为者，所建立者，所垂后者，半生积累，已足垂万年不朽"。回想六年前，他与几位门生在三槐堂给老师祝寿。四十四岁的徐阶时任吏部侍郎，意气风发，以儒家"三不朽"举杯为令："立德要知似德之非，立功要知贪功之戒，立言要知尚口之穷，言寿要知罔生之辱。"

　　杨继盛以当年行酒令为题，劝勉贵为内阁大臣的徐阶，说老师德、功、言"三者见其始而未见其终，著其端而未究其极"，作为徐门弟子，于此深感畏惧。他提出三大希望：上策是不惕威改节，以悦俗固宠；次之能以身殉国，建掀揭非常之功；再次是能主国是、排邪议。[2]

　　在儒家的理念中，"三不朽"是士人追求的最高境界，而肉身之寿数是不值得刻意追求的。杨继盛对老师六年前的"酒令之教"记忆犹新，但他发现，当年那位激昂的老师已渐行渐远。不错，职位每升迁一步，人的血性就可能减少一分。他期许老师不要为了自身的利益，而把天下的治乱与自己之间的关系视为秦国与越国那样遥不相关，从而陷入当年自己所说的"似德、贪功、尚口、罔生"之过错。倘若那样的话，即便以后长命百岁也属于虚度年华。这又何尝不是杨继盛对人生的看法呢？但站在徐阶的角度，内阁这条路他足足走了三十年。"高处不胜寒"正是刚刚到达权力高峰的徐阶复杂心绪的写照。

半年四迁，杨继盛感念朝廷厚恩。他在去淮安船上秉烛静思，彻夜不眠。四鼓时，妻子见丈夫在舟中一人呆坐，惊问缘由，他告诉妻子：我受国厚恩，欲思舍身图报，苦无下手得力处。妻子顺着丈夫的思路，思忖片刻说：奸臣严阁老在位，岂容直言报国耶？当此之时，只不做官可也。妻子的这番话，仿佛给了苦苦思索不得报国之门的杨继盛一盏指路明灯。他知道如何做了：打定主意，借元旦日食弹劾严嵩。

他接到好友唐顺之的来信，信中称赞他是豪杰之士，忘身许国，不屈不挠，足以让满世间苟全名禄者闻风缩颈，羞愧不已。但出于知己之交，唐顺之又善意指出杨继盛的性格弱点：慷慨激发之气太胜，而含蓄沉几之力或不及焉。他还引用了宋朝邵雍《何事吟》中的名句："施为欲似千钧弩，磨砺当如百炼金。"希望杨继盛留意，则不朽之业终当属于他。[3]唐顺之是杨继盛的知己，他了解这位性格刚烈的男儿，不平则鸣，慷慨激昂之气太盛，缺乏深沉内敛之气，而这何尝不是为官者的大忌。

船沿运河一路北行。淮河以北，千里陆沉，易子而食，景象凄惨，实不忍睹。这是近年少有的水灾。杨继盛每天在船上不停地写，又不停地改。

家乡容城越来越近了。他很想回去看看让他流下很多泪水的家乡，也想拜祭双亲，有那么一瞬间，他甚至有过告病不出的念头。然而转念一想，身为七尺男儿，心系天下安危的使命感让他义无反顾。他怕耽搁时间，不能在元旦前赶到京城，于是改近路于十二月十六日到京，十八日到任。数日后封印放年假。

岁末将至，王世贞从邸报上得知好友杨继盛回任兵部。他清楚，在南倭北虏最盛时，兵部是最危险的衙门。他太了解这位同年了，于是提笔给杨继盛写信：你名声太高，如孔雀开屏，让凤凰感到威胁，猎人张开罗网正盼望你进入笼中；你太明于公义，而从未想到自身的安全，希望你规避。

但怕死不是燕赵男儿。王世贞的信到达京城时，杨继盛已经被打入大牢三天了。

杨继盛的奏疏大部分是在进京途中完成的，到兵部后又搜集了严嵩的一些罪证。他任职的武选司，有三人向他提供了一些细节，汪宗伊向他提供严嵩孙子冒军功一事，杨继盛又向周冕核实，周冕告知有冒功这件事，但没有见到兵部核稿。后来周冕因站出来指证严嵩孙子冒功之事，被斥为民；汪宗伊自免官而去。

嘉靖三十二年（1553）元旦，日食，阴云不见，旋即下起鹅毛大雪，百官停止朝贺。当天，杨继盛最后誊写弹劾本。第二天清早，他去端门投递，听闻锦衣卫正在抓捕宫内掌管天象的灵台官，他觉得自己借日食弹劾严嵩之举与讲究祥瑞的皇帝大为不合，立即转回兵部衙署。此后多日，他魂不守舍，怏怏不乐。从十四日决定上疏起，一连斋戒沐浴三天。他天真地认为，以其诚意能够打动斋醮修道的嘉靖帝。十八日奏上，他将出入宫门的牙牌主动缴回，又与僚友一一辞别。直到此时，兵部衙署的人方知杨继盛弹劾严嵩。大家唯恐受到牵连，皆避之不及。

上疏原稿现保存在河北省博物馆；定稿与之相比，内容上有些差别。杨继盛用了极为耸人的标题为上疏定调子——《请诛贼臣疏》。他说自己官居兵部，讨伐贼寇是职责所在，而凡是有害江山社稷的，都可称之为贼，大学士严嵩误国殃民，是天下第一大贼；外贼俺答最大，内贼严嵩最大；与俺答这类疮疥之疾相比，严嵩才是心腹大害；要想除掉外贼，一定先要诛杀严嵩。他历数严嵩专政误国十宗大罪，包括父子专票拟之权，以致京师有"大丞相""小丞相"的说法；接受仇鸾贿赂，陷害兵部尚书丁汝夔；等等。历数"十大罪"后，又指严嵩有"五奸"，包括：用重贿结交皇上身边的人，使其成为严嵩的间谍；令义子赵文华为通政使，凡是奏疏内的情节，都能提前得知，凡有妨碍则暗中消弭；笼络东厂、锦衣卫官员，与之结为姻亲；科道言官，不是出自严嵩的门下不能选任；笼络大臣。

上疏还涉及他的老师徐阶。说大学士徐阶本应为天下苍生除贼，但由于畏惧严嵩加害，凡事听命于严嵩，不敢坚持正义去抵抗，如此做法最终辜负了皇上。

后来为严嵩找到破绽的，是杨继盛上疏的最后一段：

> 群臣于（严）嵩畏威怀恩，固不必问也。皇上或问二王，令其面陈嵩恶；或询诸阁臣，谕以勿畏嵩威。如果的实，重则置以专权重罪，以正国法；轻则谕以致仕归家，以全国体。则内贼既去，朝政可清矣。[4]

上疏两天后，嘉靖降旨：这厮因贬官而心怀怨恨，收集浮言，毫无顾忌，恣肆渎奏。本内引二王为词，是何主意？着锦衣卫拿送镇抚司，好生打着，究问明白来说。

弹劾疏所说的"二王"，是指时年十六岁的裕王朱载垕、景王朱载圳。杨继盛上疏时，明廷正在讨论"二王"婚娶礼仪、王府地址等事。嘉靖帝为道士的"二龙不相见"而摇惑，他作为天子是"大龙"，惧怕与作为太子的"小龙"相见，因而数日前择定"二王"婚娶时，仍不立太子。而杨继盛上疏提出要以"二王"做证，以坐实严嵩之罪，这令嘉靖帝极为警觉，更充满愤恨，也让严嵩找到了置杨继盛于死罪的关键所在。

晚明史学家谈迁分析，"二王"自幼长于深宫，岂能知严嵩专权之事，必是杨继盛草奏时，胸臆冲涌，笔不停思，而执法官吏深文周纳。其实，"二王"一节是杨继盛有意加入。镇抚司多次严刑审问，除追问指使人外，主要围绕"二王"展开。

镇抚司：本中何以引用"二王"？

杨继盛：奸臣误国，虽能欺蒙皇上，必不能欺蒙"二王"。因"二王"年幼，且未册封，奸贼必不能提防避忌，譬如人家有家人作弊的，家长虽不知，而家长之子未必不知。满朝都是严嵩奸党，有谁敢言严嵩之过？皇上不常与"二王"相见，所以奸贼敢于放肆无忌，但只能瞒皇上一人，"二王"一定知道他专权误国的事。至亲莫如父子，皇上若问"二王"，一定会讲严嵩的过失。

镇抚司：如此回答，岂敢回本。

当晚杨继盛被送回大狱。

严嵩以为，杨继盛是兵部的中级官员，从何而知"二王"之事？必有交关的人，嘱咐左都督陆炳（锦衣卫首领）严加根究。徐阶劝陆炳说：如果处理不慎，一旦涉及二位皇子，万一出事，对江山社稷会有重大影响，谁能承担这个责任？徐阶又以危语劝告严嵩："皇上仅有二子，万一根究，皇上必不忍拿二子定罪，定罪的必是二位皇子身边的人，那时候严公将如何善后？这分明是故意与宫邸结怨啊！严嵩遂不再追问"二王"之事。

王遴是杨继盛进士同年，又是其老乡，与杨继盛肝胆相照。杨继盛觉得他是可以托付后事的人，便把一双年幼子女的终身大事托付给他。王遴说："此事包在小弟身上。我有一小女，正与三令郎年岁相当。"杨继盛喜不自禁，没想到这种时候好友还敢把女儿许给自己的儿子。自杨继盛入狱后，镇抚司、刑部等各处打点、保护，都是王遴出的力。

镇抚司随后于二十日、二十二日两天，奉嘉靖旨意对杨继盛酷刑拷问。据宦官刘若愚《酌中志》记载，凡会审大狱，北镇抚司拷讯重犯，东厂都有人在场，将听到的口词记录在一个本子上。另外还有一个本子，专记拶打数目，于当天晚上或次日早晨奏报皇帝。

在受刑之前，好友王之诰从袖中私带蚺蛇胆一瓶，托校尉苗生带去，并送酒一壶。据《五杂组》记载：大的蚺蛇能够吞下小鹿，人食其胆不但能止痛，且能够经受严刑拷打上百下而不死；但其性大寒，能萎阳道，令人无子。杨继盛谢绝好意：椒山自有胆，何必蚺蛇哉！他只饮酒一杯。椒山是杨继盛的号。

受刑后，校尉将杨继盛推入大包袱，抬到门外。家人用门扇把气息仅存的杨继盛抬到刑部门口。杨继盛的进士同年、江西人李天荣担任巡风官，慑于严嵩的威势，他把门扇、药饵等全部去掉。杨继盛的双腿僵硬如木，不能屈伸，被狱卒架着进入狱中。

明朝刑部等三法司不在大明门千步廊左右，而是在距离宫廷较远的皇城西，始建于正统七年（1442），位于宣武街西。

按照惯例，官员入狱有官监。提牢主事刘槚是严嵩的党羽，他将杨继盛押入了民监。因没有药物，杨继盛进监后受刑之疮发烂，耳不能听，目不能视，忽生忽死。司狱刘时守送来一盅茶，杨继盛想起"人以瓦尖打寒"的事，遂将盅打碎，用瓦尖将竹箸破开，夹瓦尖在内，用线拴紧，以尖放疮上，用鼓捶打箸入肉五六分，在狱卒、监友的帮助下，脓血流出，两腿打有五六十个孔，脓血顺着腿流到地上，有十几盅。出血后，杨继盛头脑稍清，他担心睡倒，血必奔心，自受刑后从锦衣卫到刑部，三天间挺身端坐，因此不死。监友帮他买来黄蜡、香油，他自己熬膏药贴上。至二十六日，他的右腿已经溃烂入骨。外间传闻杨继盛已死。

刑部于二十二日，即杨继盛入监当天就定了其罪。尚书何鳌是严嵩的门生，侍郎王学益是严世蕃的亲家，二人受严嵩父子指使，以"诈传亲王令旨律"，将杨继盛拟绞，监候处决。参与判决的刑部郎中史朝宾是杨继盛的同年进士，他坚持从轻议罪：如此牵强附会，坐人死罪，这是侮辱国家法律，岂不羞愧？！刑部成稿后，史朝宾在刑部奏本末尾，签上自己的反对意见，表示杨继盛之罪应发配边远。史朝宾随后被降三级，调外任。

京官犯重罪，须经九月朝审方可最后定罪。此时杨继盛已被监押八个多月。他的奏疏天下传扬。朝审当天，他戴长板杻镣出监，观者如堵，拥塞不能前行。他坐西廊下，宦官有上千人围在四周，齐声骂严嵩老贼不绝口。有感于宦官知正义所在，他口吟一首：

> 风吹枷锁满城香，簇簇争看员外郎。
>
> 岂愿同声称义士，可怜长板见君王。
>
> 圣明厚德如天地，廷尉称平过汉唐。
>
> 性癖从来归视死，此身原自不随扬。

此次朝审，没有行刑。转年朝审，严嵩的人四处散布谣言，说裕王府差人给杨继盛送饭、打点门路，一时谣言四起。杨继盛感觉性命不保，但又躲过一劫。

嘉靖三十四年（1555）九月，是杨继盛经受朝审的第三年，他已得知，自己生命将尽，于是用自著年谱的形式，回顾四十年的人生。他出生在极为贫寒的家庭，经历了常人难以想象的穷苦。五六岁时经常身背一小捆柴火，跟随在母亲、姐姐身后，见者无不为之叹息流泪。七岁时母亲曹氏去世，自此他以牧牛为生，有时夜宿场院，有时宿于瓜圃，家人不知其去向也不去寻找。九岁时胞兄与他分家，他不得不独自生活。十一岁时父亲去世。他早年没有经历过正式的私塾教育，后来一边从事艰苦的劳作，一边进学。十八岁中秀才，进入社学，这是三间破败的土房，前后无门，连炭柴炕席都缺乏，需要自己动手做饭，起卧冰霜，寒苦至极。十九岁进入破庙读书，腿被冻得僵硬，要绕室疾走才能好转，其苦难言万一。这一年，娶胡村普通农家张杲次女为妻。杨继盛是热爱生活的人，他一生最快乐的时光，是在南京任职时，与南京兵部尚书韩邦奇学律吕，自制十二律管等乐器。

朝审后的一个多月，好友仍没有放弃杨继盛。他们奔走救解，与死神赛跑，一切能想到、用到的办法都尝试了。同年好友王世贞想到国子监司业王材是杨继盛的座师（杨继盛年谱误为门生），又是严嵩的得意门生。于是他骑马拜访，请王材前往严嵩处游说。因时间紧迫，王材凌晨进入西苑，拜见侍奉嘉靖帝斋醮的严嵩，辞语哀恳，说到动情处声泪俱下：杨继盛之死不足惜，但关系国家甚大。老先生还当为天下后世考虑。严嵩似乎被打动了：皇上未必有意杀他，哪里来的救解？王材说：传闻很快就会降旨。严嵩不悦：你不任法曹，不安职守，岂知皇上旨意与此前不同？王材急迫中说漏了嘴：这是王世贞说的。严嵩闻言色变：此事与王某有何相干？王材只好搪塞过去。

严嵩迫于公论，有所动摇，欲上疏论救，犹豫不决时求神问卜。他的心腹，大理寺少卿胡植、太仆寺少卿鄢懋卿在旁冷言道：此何用卜，杨继盛是徐阶的得意门生，徐阶一旦当国，杨继盛出而佐助，我们将死无葬身之地，正所谓养虎自贻患啊！严世蕃率领几个孙子又跪在严嵩面前，哭着说：爹如救杨某，举家皆为杨继盛鱼肉也。严嵩乃变色，假托神卜大不吉利。

王世贞以刑部郎中的身份多次到狱中探望，也把外面的各种消息讲给杨继盛。他告诉杨继盛，这次怕是难免一死。杨继盛心如刀绞，自他决定上疏之始，就把生死置之度外，但令他痛心的是，自己的满腔热血并没有换来皇上丝毫的醒悟，更没有撼动严嵩。他提笔写下《和凤洲王年兄诗韵》：

> 未酬拼死恨，虚负再生身。
> 和泪原非假，谊书太任真。
> 寒收燕谷夕，烟锁汉宫春。
> 扰扰欲投石，君何相问频。

五岁的小儿杨应箕去狱中探望父亲，杨继盛一再让他回家，而小应箕坚持与父亲同宿数夜，那是杨继盛临终前最欣慰的时光：

> 良知好向孩提看，天下无如父子亲。
> 我有乾坤大父母，孝情不似尔情真。

当小儿向父亲索要画骑马官时，杨继盛将父子问答写下：

> 我已因官累，尔何又爱官。
> 街前骑马者，轰列万人看。

杨继盛的妻子张氏伏阙阶下，上《愿代夫死疏》，由于词语不雅，经王世贞润色、改拟。其中有：

> 闻今岁多官会议，适与张经一同奏请，题奉钦依，依律

处决。……倘蒙鉴臣蝼蚁之私，少从末减，不胜大幸；若以罪重不赦，愿即将臣斩首都市，以代臣夫之死。夫虽远御魑魅，亲执戈矛，必能为疆场效命之鬼，以报皇上。[5]

有"三秦杰士"之誉的临洮狄道县人张万纪，时任给事中，也上疏论救，说狄道县乃是臣的故里，臣十分清楚杨继盛贬官后，忠肝义胆，起居食息不忘陛下高厚之仁，益加砥砺臣节；他矢志报国，置生死于不顾，进京后弹劾奸臣。请将其发配边远或革职为民。倘若以臣为杨继盛之党，将臣处死，万不足惜。张万纪被贬官庐州。

杨继盛是十月二十九日那天被执行死刑的。此前他在狱中得到两个有关自己生死的版本：一种善意的说法是，张经因防剿倭寇失事，皇上先已告庙，必欲杀之，张经用两万两银子买通严嵩及其党羽，为其出脱。严嵩党羽考虑到杨继盛是皇帝记挂的人，于是把张经与浙江巡抚李天宠的死刑判决与杨继盛的奏本混在一起，请嘉靖帝裁决，以为如此操作，张经就可以与杨继盛一同免死。另一种说法是，严嵩知道张经是皇帝必杀的人，因而将杨继盛的名字放在张经之后，一同上奏，嘉靖帝一见张经之名，即降旨"依律处决"，附在后面的杨继盛，连名字都没有机会被御览。

史学家谈迁驳斥了这两种说法：嘉靖在位时裁决的奏章数以万计，每天都不会有存留，何况处决死囚犯这样的重大奏章，岂能有漫不省览就草草令处决的道理！谈迁的结论：杀杨继盛的不是严嵩，而是嘉靖帝。

万历时名臣范守己曾在徐阶处，亲见嘉靖帝改定内阁大臣的拟奏：凡是阁臣所拟的，嘉靖帝一一省览，有的改定到原拟不留几个字；即便全部合于他的意旨，也一定改易十几个字，以示明断；有不合意的驳令再拟，再不合意，阁臣定会受到处罚。他的结论是，凡属于"大张弛、大封拜、大诛赏，皆出独断，至不可测度"⁶。

杨继盛得祸，实因触犯嘉靖帝的隐衷。上疏中说"皇上聪明刚断，乃甘受（严）嵩欺"，又说皇上"堕其术中而不觉"，这分明表示：一向以聪察自诩的嘉靖帝实则忠奸不分，是被严嵩父子操纵的玩偶。

杨继盛赴义前一天的夜里，在给妻子留的遗嘱中引用司马迁说的"死有重于泰山，死有轻于鸿毛"，并说我死在你前头，你是一个烈性女子，两子皆幼，一个女儿尚未出嫁，你要戒掉烈性子，以儿女为重，坚持活下去。

杨继盛也给应尾、应箕两儿留了遗嘱，先嘱咐其立志，立定志，涉及未来一段说：读书若中举、中进士，思我之苦，不做官也是。若是做官，必须正直忠厚，赤心随分报国，固不可效我之狂愚，亦不可因我尽忠受祸，遂改心易行，懈了为善之志，惹人父贤子不肖之笑。尤叮嘱兄弟二人要孝敬母亲，和好到老。遗嘱最后说：

> 覆奏本已上，恐本下急，仓促之间，灯下写此，殊欠伦序。然居家做人之道，尽在是矣。拿去你娘看后，做一个布袋装盛，放在我灵前桌上。每月初一、十五，合家大小，灵前拜祭了。把这手卷，从头到尾念一遍，合家听着，虽有紧事，也休要废了。⁷

斗转星移。二百多年后，乾隆帝开《四库全书》馆修书，其馆臣得览杨继盛遗嘱原稿，大为感叹："遗嘱一篇，作于临命前一夕，墨迹至今世守；仓卒之际，数千言无一字涂乙，足见其所养；词虽质朴，而忠孝之意油然，尤足以感动百世。"

临刑前，杨继盛将在狱中自书的年谱交给儿子应尾，告诉他十年后方可拆开，并作二诗诀别：

> 浩气还太虚，丹心照万古。
>
> 生前未了事，留与后人补。
>
> 天王自圣明，制度高千古。
>
> 平生未报恩，留作忠魂补。

杨继盛弃世当天，朝臣慑于嘉靖帝和严嵩的威势，大多不敢送别，只有王遴、王世贞、吴国伦、宗臣与之诀别。他们看着行刑完毕，次日出宣武门，收尸治殓，炙鸡斗酒，且酹且哭。吴国伦写了六首长诗，祭奠好友。好友还派人把杨继盛遗体移送容城老家安葬。

进退失据的王世贞

杨继盛被害数年后，王世贞给同年进士张居正写了一封长信，谈及他自己因料理杨继盛丧事而招致严嵩怨恨，致使他的父亲蓟辽总督王忬含冤而死，希望张居正看在同年情分，为其父平反。

此时张居正已进入内阁。我们没有在张居正的文集中查到张居正的回信，而经他一手编定的《世宗嘉靖实录》却明确记载，王忬之死并非严嵩加害，而是嘉靖帝亲自改判，这与王世贞的私人著述大不相同；加之王世贞自视甚高，对张居正出任首辅后给他安排的职位大为不满，导致二位同年之间的恩怨纠葛持续了很长时间。其晚年所作《首辅传》，极力丑诋张居正，这与清朝压制臣权，"无名臣乃国家之福"的基调又极为吻合，因此清修《明史·张居正传》等，多沿用王世贞的说辞。

王世贞出身名门，生有异禀，读书过目不忘。显赫的家世，江水灵性的陶养，再加上几分才气，使他养成了狂妄、不羁、睥睨一切的性格。据说他少年时就好酒成性，中进士时只有二十二岁，可谓少年得志。授刑部主事时，好为诗文，与李攀龙、宗臣、谢榛、梁有誉、徐中行、吴国伦互相唱和，提出"文必西汉，诗必盛唐，大历以后书勿读"。这些人交往密切，以讥谈时政为快意之事，互相标榜、称许，动辄曰"吾党我辈"，曰"我二三兄弟"，曰"海内中原"，傲视古今，朝中显宦、达官贵人，在他们眼里都是俗人。他们被称为"后七子"，也被视为狂人。而李攀龙、王世贞相继为"后七子"领袖。后来"江右四大家"的艾南英评价说：后生小子不必读书，不必作文，但书架上有王世贞所作的前、后《四部稿》，每遇应酬，顷刻裁割，便可成篇。骤然读之，无不浓丽鲜华，绚烂夺目，细一品案，都是一腐套耳。

王世贞在刑部出任郎中时，因他的父亲王忬是严嵩的门生，故与严氏父子交往甚好，王世贞也是权门相府的常客。但他看不起小阁老严世蕃，每与他宴饮，都会出恶言取笑。嘉靖三十八年（1559），王世贞的弟弟王世懋中进士，严嵩为此对自己的子孙进行了严厉责备，认为他们应该争气。严世蕃颇为妒忌，经常在父亲面前讲王世贞兄弟的坏话。

嘉靖每日斋醮，喜怒无常，这是典型的病夫治国。相传宫中常见鬼祟，有十目十手。一次，嘉靖帝降旨问真人陶仲文，真人也不能解。有人说王世贞博识多闻，一定知道。王世贞说："何必博识，《大学》不是说'其严乎'？"意思是鬼祟就是严嵩。又有一次，王世贞路过严世蕃家，当时二人关系尚好，王世贞想便道探访，严家把门者报称：主人说他今日伤风，不能出来见客。王世贞大为不悦，讥讽说：爹居相位，儿子岂能说出伤风的话？！门者告知，严嵩父子恨之入骨。

至嘉靖三十五年（1556），王世贞任刑部郎中已九年，仍不得升迁，他使酒骂座，写了大量讥讽时政的诗文。严嵩说，老夫年事已高，本以为轻薄少年，都已赶出朝廷，不会再见到了，没想到还有一个王某。这些话传到父亲王忬那里，他非常不安，质问儿子究竟做了什么事惹怒相国。王世贞说自己无罪可究，如果罢官，愿用十年时间读尽天下书，再用十年自在悠游。

当年五月，王世贞与友人夜里前往保安州（今河北涿鹿）拜访沈炼。沈炼是浙江会稽人，嘉靖十七年（1538）进士，庚戌之变后他弹劾严嵩父子收受将帅贿赂，误边误国，嘉靖帝把他发口外为民，编籍宣府之新保安。沈炼向来狂直自负，在口外开办书院，招四方游士，公议朝政得失，凡遇士大夫往来，必骂严嵩父子。有时他会驰马至居庸关下，南望京城，手持戟唾骂严嵩老贼，接着痛哭流泪，人们都以为他得了癫病。他又做三个人偶，一是唐朝李林甫，一是宋朝秦桧，再就是严嵩，每日在人偶上射箭以为乐趣。他还多次扬言，要传檄京师，欲起义以清君侧之恶。严嵩父子对他恨之入骨。王世贞夜访沈炼之事，也逃不出严嵩的眼线。严嵩想借故把王世贞发往王府长史，让他一辈子不能升迁，后因徐阶力救，王世贞升任山东按察使副使，兵备青州。青州乃盗伙重地，历来难治，此次升任是严嵩以危险之地暗中构陷王世贞。王世贞与父亲王忬商量，想辞职回乡读书，父亲不同意：你这样做将置老父于何地？年少之人，学未成而背君，且使长辈亲执干戈之役，而保卫其子弟徜徉于鸡狗之乡，可乎？王世贞当即向父亲谢过。

王世贞在青州任上，还专程拜访罢官里居的诸城人丘橓，此人是在张居正死后对其进行抄家沉族的急先锋。王世贞还去看望了罢官居家的作曲家李开先。李开先完成传奇《宝剑记》，以林冲参奏高俅、童贯结党营私，祸国殃民，最后被逼上梁山的故事讥讽严嵩父子。李开先对王世贞设宴款待，并让家里的戏班出演，还谦逊地说，本有善歌者数人，都下乡去各地演出了，现在有老苍头上演，博君一笑。后来王世贞又多次造访，沉浸在歌舞戏剧声中近一个月。

嘉靖三十六年（1557）十月，沈炼及其二子被杀于保安州，执行者是宣大总督杨顺、巡按御史路楷。杨顺本是严嵩的门客，当时应州堡被俺答攻破，杨顺怕失事坐罪，放纵吏士杀人，随即以功上奏自解。沈炼得到实情后，写信讥讽。杨顺密报严世蕃，说沈炼结纳死士，击剑习射，伺机杀相国父子。不久，巡按御史路楷赴京拜访，严世蕃置酒设宴："如果有人为我除掉吾疡，事成之后，大者封侯，小者升公卿。"路楷明白，小阁老所说的"吾疡"就是沈炼，于是回任后与杨顺合谋杀害沈炼。沈炼被害后，杨顺果然荫一子锦衣千户，路楷选五品卿。王世贞为沈炼写墓志铭，说他不胜酒力，饮少辄醉，醉则击磬呜呜，咏《出师表》《赤壁赋》后，慷慨曼声长啸，泣数行下。

沈炼被害一事发生在边关，时任蓟辽总督王忬知悉内情，他对此愤愤不平。王忬精于吏事，为人正直。他任御史时，巡视中城，弹劾东厂太监宋兴。宋兴通过近侍给严嵩送两万两银子，请从中说情。严嵩是王忬的老师，又刚进内阁，以为王忬能给这个面子，但王忬不听，宋兴被罢免。严嵩拿了钱没办成事，感到很惭愧，讥讽说御史是好手，一份白简就让太珰（太监）散两万金。严嵩想把有才干的王忬收为自己人，而王忬不愿与其同流合污，一心想出外为官。他遂任浙江巡抚，抗击倭寇；后调任大同巡抚，进入抗虏前线。蓟辽总督杨博升任兵部尚书，王忬接任。杨博掌兵部后，边将大臣升降之事多听取王忬的意见，这无形中断了严嵩父子的财路。王忬性格刚直，与徐阶又是姻亲，严嵩觉得王忬明显站队徐阶，遂忌恨在心。

在此前后，还发生过王忬向严嵩进献赝品《清明上河图》的事。宋朝张择端所绘《清明上河图》有真本、赝本之别。真本上的人物、舟车、桥道、宫室皆细如发，且又老到遒劲。赝本也大有来头，据说是张择端的稿本，功力绝好，笔势遒逸惊人，一般行家也看不出破绽。只有大家才能看出赝本腕指间乏力，与真本有别。

严嵩出任首辅后，各种珍宝盈溢，后来他爱上书画、古董之雅事。最初他的义子鄢懋卿以都察院副都御史总理两淮、两浙盐政，胡宗宪、赵文华督兵吴越，这三人秉承严阁老的意旨，搜取古玩字画，不遗余力。当时传闻有《清明上河图》手卷，乃宋人张择端所绘。经过数百年的流传，先为大学士徐溥所藏，后为大学士李东阳所得，李兴奋之余，题写长诗以记其盛。自此，《清明上河图》身价倍增，后来辗转到了陈湖陆氏家。而陆氏之子因负官债，把图押给了昆山大族顾梦圭家。

严嵩为搜罗古字画，家中养了不少门客，其中有以善装潢而知名的汤臣，人称"汤裱褙"，还有王彪、张四等人。汤臣最初流落江湖，王忬任浙江巡抚时与他结识，知他有独特技能，于是把他推荐给了严世蕃。此时严嵩父子经过明察暗访，已知图的下落，遂让汤臣游说王忬，前往购买。王忬当时以总督镇守蓟门，知道这是严嵩的意思，不好拒绝，于是先一口答应了汤臣。但藏家也知道这是稀世珍宝，无论出什么价都不肯出手。汤裱褙不时前往王忬处催要，要挟恐吓，无所不用。王忬后悔当初草率答应，无可奈何，遂私下请了一个名叫黄彪的苏州人，让其临摹来应对。黄彪乃画家中的高手，所摹各本无人可以辨识真伪。王忬拿到画后就送给了严嵩，严嵩高兴之余，通过严世蕃给了王忬一千二百两银子，以表谢意。自此严嵩把它视为稀世珍宝，是其所有藏画的压卷之作，每次置办酒会，压轴的节目就是与诸贵人欣赏一番。一两年间，也不曾有人识破。

兵部派遣职方司署郎中唐顺之前往核查。唐顺之是嘉靖八年（1529）进士，嘉靖十八年（1539）因欲朝见太子而被削籍。赵文华视师江南，向严嵩推荐唐顺之。他奉旨进行实地考察前，去往严阁老家拜访。严嵩知道唐顺之对书画鉴赏非常在行，便拿出《清明上河图》请他鉴赏。唐顺之仔细观赏，发现这是一幅摹本，而非真品，但因为有他人在场，加之阁老兴致很高，唐顺之没有当众捅破，于是敷衍称赞。但这一情节瞒不住精明无比的小阁老。过了两天，严世蕃追问这件事，唐顺之只好以实相告。小阁老半信半疑：何以证明这是赝品？唐顺之说：这也不难。相公只看屋角雀是否一脚踏二瓦便可证实。严世蕃回到相府与父亲一起观看，果然如唐顺之所说。严世蕃大怒，说严家出了一千二百两银子，入手的竟是赝品，这是王忬有意为之，我们父子让人给耍了，自此对王忬恨之入骨。还有一种说法，唐顺之怨恨王世贞兄弟，于是揭露摹本始末。后来严嵩父子构陷顾梦圭之子顾懋宏，借查抄之机将真本弄到了手。

严嵩败落后，据参加清理、鉴别、查抄江西严嵩府第书画的文徵明之子文嘉在其所著《钤山堂书画记》载，张择端的《清明上河图》就在被查抄的书画当中。他明确说，《清明上河图》乃苏州陆氏物，严嵩以一千二百两银子购买，但得到的是赝本，因严嵩识破，最终致数十家破败。据王世贞讲，赝本藏在他的弟弟王世懋家，因当时各个画院图画汴河之风盛行，而有甲本、乙本之别。王世贞的家乡人将其弟弟所藏鉴定为真稿本。王世贞还说，真本初落墨相严嵩家。后来严嵩被抄家，籍入宫廷，为隆庆帝所珍爱，饰以丹青。此图万历初年落入了冯保之手。

唐顺之经过一个月的查勘，回到朝廷上奏说：蓟辽额兵*原本有九万一千人，现在实存只有五万七千人，又多是羸弱、老疾不能参战的，总督王忬、总兵欧阳安、巡抚马佩等人奉旨练兵，现在出现三万多的缺额，总得有人承担责任，皇上谕旨所言"一卒不练"，足见圣上明察。唐顺之的奏报让王忬陷入极为被动的状态，为挽回嘉靖帝的信任，他请求给三年时间练兵。严嵩认为过去八年都没有练成，三年又怎么能练成？王忬因此被降俸二级。一次，嘉靖帝问严嵩：调边兵入卫，是旧制吗？严嵩回答：以前并没有调边兵入内的事，王忬任总督后才开始尽调边兵守卫要害，去年又征调全辽士马入关，致使贼寇乘虚入犯，辽左一空。如果年复一年，调发不已，不但糜费饷银，更有其他方面的忧虑。嘉靖帝由此异常憎恶王忬。

　　嘉靖三十八年（1559）二月，俺答犯辽东，王忬率兵败之，斩首八百多人。按照惯例，斩首两百即可以报捷，四百即可以大捷奏闻。但俺答也非等闲之辈，随后他率众数万，采取声东击西之计，使王忬中计。本来春防兵力只有秋防的一半，加之因操练戍卒又减少两成，致使兵力不足，又调兵防东，俺答于是从潘家口越过长城，渡滦河后兵分一路向西，直逼三屯营，大掠遵化、迁安、蓟州、玉田，驻内地五日，京师震恐。嘉靖帝降旨，斥责王忬防御不力，致使京畿受祸。御史王渐随即参劾王忬及总兵欧阳安、巡抚王轮有罪。嘉靖帝大怒，将欧阳安下狱论死，贬王轮于外，令王忬停俸，将功补过。

---

*　额兵：指登记在军籍册上食饷银的卫所军丁。明朝军籍通常有三份：一份是将逃亡及死亡名单登录在册的清勾册，一份是郡县军户原籍的家属户口册，再一份是收军册。本来卫所军籍父死子继，军丁必须有妻，不许独身，缺额要勾军，以补足原额。但明中叶起，由于军丁被私人役使，加之大量逃亡，军丁严重缺额，战斗力明显下降。

副都御史鄢懋卿是严嵩义子，又与严世蕃结为姻亲，他还是王忬的进士同年。五月，他受严嵩指使诱骗王忬：相国本来想用蓟辽困住你，现在边镇重地不再能困住你，因而想放你回朝。你可奏请回朝，即可无罪。王忬想：鄢懋卿是我的进士同年，不会出卖我，他说得有道理。于是奏请归朝。鄢懋卿又主使直隶巡按御史方辂弹劾王忬。方辂曾在王忬手下工作，不想参劾老长官，鄢懋卿劝道：你上弹章对王总督不会有妨碍。现在阁老欲放回王总督，王总督也自请归朝，此举对两人都有交代。方辂答应了，但觉得鄢懋卿起草的参劾王忬的文辞太重，想自己起草，鄢懋卿又说：用辞不重，则皇上不听。皇上不听，而王总督不得回朝，这样做既对王总督无益，又与相国的本意相悖。于是方辂接受了鄢懋卿草拟的参劾疏，说王总督调度无策，贻害地方，有三失策、四可罪，请罢黜为民。嘉靖帝得奏，派锦衣卫官处治王忬，蓟辽总督由山西总督杨博代之。

镇抚司在审理王忬失守潘家口，致使敌虏入掠近京一案时，认为王忬二月抵御俺答有功，功过对消。严世蕃则建议抹去功次，将其送刑部议罪。尚书郑晓按照守边将帅守备不设，致使贼寇入侵境内掳掠人民，将王忬判拟戍边。嘉靖帝手批不准：诸将皆处斩，这是军令指挥之误，而出令者却不治，这是什么法律？应当从重拟罪。五月二十日，王忬以失陷城寨的罪名，与中军游击张伦以贻误军机的罪名，均被拟斩，监候待决。

王世贞得知父亲王忬下狱，他上疏弹劾自己，并解除自己的山东按察副使印绶，辗转十日进京，想与弟弟王世懋伏阙上疏，请代父服刑。王忬在狱中得知后，极力劝阻：我没有辜负国家，皇上也会念我过去的微劳，或许不用多久就忘了潘家口的事。现在皇上正处在盛怒之下，你们这一举措无异于火上浇油，怎么能再去激他呢？莫非是想让我死得快些吗？且严氏圈套太深，我已深受其害，你们兄弟还想重蹈覆辙？王世贞兄弟不得已，每日囚服垢面，匍匐在严嵩的门前，跪泣求解。严嵩不时用谎言来宽慰，告诫说不要激化此事，应当静静等待；并说皇上并没有治罪之意，只是不想立即释放，以弛边臣之心。

王世贞兄弟身穿囚服，跪于道旁，见到贵人车马即拦住，祈求帮忙解救，又挨户请求平日认识的权贵出手相救。权贵们都避而远拒。当他们向徐阶求救时，徐阶也回答说，要默默等待皇上回心转意，不应该速激，避免更生不测。嘉靖帝的心思，确实谁也猜不透。当年冬天，王忬并没有被执行死刑，案子暂缓了下来。因母子在京，日用拮据，王世贞受父命南回家乡，筹措资费。刚刚到家，他又得知父亲狱案紧急，于是立即返回京城。

王忬的性命与嘉靖帝的喜怒相关，也与俺答对内地的进犯相关。嘉靖三十九年（1560）春，俺答犯宣府。十月初一，王忬被杀于西市，年仅五十四岁。王世贞兄弟当时在外，得报后急奔西市，跪舐父颈之血。当年冬天，王世贞扶父丧南归，自此发誓不出为官。

对父亲之死，王世贞将其归罪于严嵩，乃至在《首辅传》中把严嵩塑造成一代奸臣。这也为清修《明史》所沿用，似乎严嵩的奸臣形象已成定论。而在王忬死后乃至晚明，史学界多不认同王世贞的说法。万历时史学家支大纶评论说：嘉靖帝本来重视军政，即使有功勋的皇亲国戚也很少宽恕，王世贞把王忬之死归罪于严嵩，甚至以秦桧杀岳武穆（飞）相比拟，并不是事实。谈迁也说：王中丞是因为边疆之事而死，并非死于严氏之手。隆庆初，王世贞为王忬申辩冤屈，归罪于严氏，这是一家的诉说，怎么能作为定论呢？！

乡居六载的张居正

同年进士杨继盛被判死刑的第二年，张居正留给老师徐阶一封长信，飘然回到家乡闲居，一住就是六年。正是这六年乡居，让这位经常感叹人生易老的翰林院编修，在最好的年华度过了凶险而煎熬的一段时光。他的好友耿定向后来回顾严嵩柄国时期（1548—1562）官僚士大夫的归宿时，仍心有余悸，说：

> 分宜柄国，倚铨为市，一时人士靡然顾化，卑卑者无论，即素负瑰玮英俊者，十九败坏其中。秉道居贞，执德不回，则为之拟挡摧陷几尽矣。[8]

分宜是江西袁州府的大县，是严嵩的家乡。古人常以地望指代其人。上文大意是说，严嵩当国的十几年，把选官当成做生意，一时间士大夫都被铜臭熏染，那些卑琐的人不用说，即便有志向的英俊之人，也十之八九败坏其中。而坚贞不屈秉正道而行的人，几乎被他摧残殆尽。

重新回到朝中后，张居正在给与他交往颇深的湖广老乡吴国伦的回信中，颇为自得地谈及了他的处世之道：我与你有桑梓之谊，早年交情不浅。后来我因病乡居，你也遭受了无根据的猜疑，我们联系少了很多。去年春天一别，我感慨颇多。你的才华，你的超凡脱俗，脱颖全楚，但也因此而受牵累。为什么？洁白纯净的素丝最容易受到污染，长相美貌的人最容易蒙垢。古往今来，士大夫背负伟抱卓才而遭受坎坷、一蹶不起的人不可计数，难道这都是世人的过错吗？毛嫱、西施是天下最漂亮的女子，鸟儿见到她们都要高翔，鱼儿见到她们都要游入其处。同处一室，侍奉一主，就有争妍而取怜，就会发生楚姬、班女那样的事，招剿而兴悲也。那些有才华的人，不知含光葆真，收敛他们的美，相反却穿上华丽的服装，扮靓、涂红粉，以此沾沾自喜，如此想求得那些长相平庸的人的接纳，不是太难了吗?！我非常欣赏晋朝隐士孙登对嵇康说的话：生而有光，而不用其光，果然在于用光。人生有才，而不用其才，果然在于用才。故用光在乎得薪，所以保其耀；用才在乎识物，所以全其年。假令屈原、贾谊这些有才华的人稍加留意于此，屈原可能不会投汨罗江而死，被贬到长沙的贾谊不会写出感伤身世的《鹏鸟赋》。我的才能不如你，但得益于时代垂怜，早得清高显贵的位置。自省十余年来，我生性朴实，粗疏傲慢，按理足以招致怨尤，但结果却大不同。吴公你屡次跌倒，我却安然无恙，你伤痕累累，我却完好无损，则有幸有不幸啊。自今而后，我们要从事于至人之学，才能步入玄同之轨。你的来信也检讨了过去跌跌撞撞的缘由，这真是苍天启发高明，以此去做，未来定会获得福祉。我不揣愚陋，妄有所献，希望你能垂听接纳。

张居正饱读儒、佛、道各家经典，但他不是书呆子，他读出了智慧，读懂了人生。此信之所言，也可以视为张居正在嘉靖朝昏暗时期所奉行的生存智慧。他对典故信手拈来：信中的楚姬，指被楚怀王夫人郑袖害死的美姬；班女指西汉班况之女，成帝的婕妤，为赵飞燕所害。

"后七子"之一的吴国伦于庚戌之变那年中进士，以五律、七律诗最为有名，钱谦益评价他"才气横放，跅弛自负"。严嵩最初也很欣赏他的才华。他中进士的次年九月，严嵩以内阁起草皇帝制、诰的两房缺官，奏改吴国伦为中书舍人。这是接近中央决策的核心官职，最能锻炼人，上升空间也大，但吴国伦不入严嵩之彀，与杨继盛、王世贞等交往甚密，彼此唱和，讽议朝政，四年后擢兵科给事中。杨继盛去世后，吴国伦首倡为之奔哭、赙赠、作挽诗并料理丧事，他所作的挽诗六章，尤称悲愤。吴国伦的所作所为传到了严嵩那里，严嵩恨恨地说：我本来看重吴生，现在看来他非长厚之人。随即，吴国伦在考察科道时，被以浮躁之由贬为江西按察使司知事，后调为南康推官，再调归德知县，最后被迫弃官回乡。十几年的仕途遭际，让他变得成熟起来，"但得宽严谴，微官任屡迁"。他在写给张居正信中检讨既往所为，也一改往日狂放诗风，在"后七子""五子"中最为老寿。

张居正的回信，透露出他不想像杨继盛那样做"铁脊之鬼"，对王世贞等同年以诗文显世也颇为不屑。早年的军籍出身和个人经历，以及湖广特有的地域熏染，使他对王朝的积弊和危机有更深的体悟，他希望通过切实的改革寻求解决之道，而不是空谈性理。他更不愿拿自己年轻而单薄的身躯，与他丝毫不能撼动的王朝抗衡。

"有一时之富贵，有万世之事功；有目前之荣辱，有身后之褒贬。"这是同年杨继盛写的。张居正从不想做富家翁，也不想要什么万世之事功。他要积蓄能量，待时而动。王世贞说，嘉靖二十六年和二十七年，张居正在翰林院这段时间，所有的进士都赋文作诗，文必秦汉，诗必盛唐，竞相仿效，互相砥砺。张居正却不屑于此，潜心钻研国家典故与政务之切要。每有地方实务官员（如管盐政的盐司，掌关税的关司，职屯田马政的屯马司，理刑罚的按察使司）到京城，张居正总要带上一壶酒迎接他们，并向他们密询地方的一些机要事务，回到住处后，奋笔疾书，详记下来。

西方有一句谚语：港湾永远不会为没有目标的水手开放。张居正则是有着极强目标感的人。王国维在《人间词话》开篇说：古今之成大事业、大学问者，必经过三种之境界。张居正眼下经历的正是第一种境界。

张居正的先祖张关保，是安徽凤阳府定远人，元朝末年追随朱元璋的大将徐达平定江南，后来受封到归州，成为长宁所一个世袭千户。明朝的卫所制度规定，千户统兵一千一百二十人，正五品，属中级军官。

因千户长由长子承袭，张居正的曾祖父张诚是次子，不能承袭父职，于是携家人从归州迁到湖广荆州府。张诚说话口齿不利落，人称"謇子"，但他为人仗义，急公好义，常积德行善，有钱就拿出来周济贫困，致使家无余财，日子过得很拮据。由于善举很多，他在当地颇有影响，里中父老常以他的话训诫子弟。他曾多次发宏愿，愿意把自己的身体作为蓐荐，使人在上面安设床榻，寝处游息。"蓐荐"是荆州一带农户用稻草挽成绳子编织而成的一种卧具，可以替代褥子，俗称草垫子。张诚的言行对张居正的一生极有影响，他的担当、献身精神，可以从此处找到根源。张居正后来经常谈及曾祖父甘为蓐荐的事。

张诚有三个儿子，长子张钺善于经营，家庭富有；三子张钛业儒，是县学生员；次子张镇，即张居正的祖父，豪宕任侠，不事生产，又不业儒，却深得张诚的喜爱。张镇有个儿子叫张文明，即张居正的父亲。张文明出生后，张诚说：我平生做了很多周济穷人的事，后世一定会有振兴家业、光大门户的人，大概就是你这个儿子吧！明朝的军籍隶属都督府，是世袭的。要脱离军籍，只有三种途径：一是与宗室联姻，二是取得军功，三是通过科举考试。张文明是个美男子，到谈婚论嫁时，不少大户女子都愿意嫁给他，有个宗室女子的家长也来提亲。但张诚很有见识，说：我以此儿光大门户，岂能凭妇人显贵？！不许。当时居住在荆州的宗室是简王的后代，想联姻的或许就是后来与张家结怨的朱宪㸅长辈的女子。

张文明也想通过科举之路，改变一家人的命运，但对于寒籍子弟来说，这条路比登天还难，他到了成年才成为补府学生员。在后来的近二十年中，他七次参加乡试，年逾不惑尚未中举。此后不久，出任湖广学政的许少华在荆州府选拔优异人才，张文明有幸被选中，在书院进行研习。先后在书院学习的人都考取了科甲，唯有张文明一直榜上无名。

这对心气很高、颇为父亲看好的张文明是个不小的打击。不过这位性情刚烈的湖北汉子并未因此气馁，他把科举这个接力棒交给了下一代。张居正成了家族人的希望。

张居正童年时，家庭条件非常艰苦，但他先天禀赋极好，属于绝顶聪明的一类，三岁就开始认字。因家人经常夸奖，张居正的大伯不服气，说：你儿子这么聪明，我今天教他读几个字，过两天看他能不能认出。大伯正在读《孟子》，指着"王曰"两个字给张居正看。过了几天，张居正确实认了出来，神童之称由此传开。旧时儿童开蒙，多从大字本的"千百三"（《千字文》《百家姓》《三字经》）入门，句读通常要晚些。张居正五岁学习句读（阅读节句），要比同龄儿童早两三年；十岁时通《六经》大义，十二岁取中生员。这在中国古代名人榜中应该是最早的。

在中国地域文化当中，明清时期的江南处于第一层级，江南人也因此有极强的优越感。明朝科举分为南、北卷，后来又分南、中、北卷，这样区分是为调节地域差别，以示公平。但江南人对此愤愤不平。顾炎武明确反对分卷，说这不是为天下选人才，而是调停之术，非造就之方。他说北方人自宋朝时就有京东、京西、河北、河东、陕西五路举人不善于文辞声律的记载，又经金元之乱，文学（文字学）一事不及南方人已久。今南方人教小学，先令对对子，这还是唐宋以来相传的旧法；而北方人都不这样做，所以要找到习比偶、调平仄的人，千室之邑几乎没有几人，而八股之外一无所知的人则比比皆是。顾炎武还回忆说，他幼时读《四书》本经，读的都是全注本，后见平庸的师傅想要速成，多为删抹，而北方则有全不读者，甚至不知《十三经注疏》为何物。所以现在北方有二患：一是地荒，二是人（才）荒。[9]

湖广略强于北方，但与南方相比仍望尘莫及。万历元年（1573），张居正请名士王世贞为湖广乡试写程文（示范文章）时，特别说道：楚人闻见非常浅陋，真诚希望得王公大雅之作，以为示范。这绝非谦逊客套的话。

张居正在参加府学考试时，受到荆州知府李士翱的激赏，李知府取《春秋公羊传》中"故君子大居正"，为他改名"居正"。张居正的早慧并非因他后来的成就而牵强附会。接任李士翱荆州知府的李元阳在他的文集中明确记载：他监考诸生，看到张居正的试卷后，认为张居正必是国家大器——六百人当中他考了第一名。当时张居正年仅十二岁。

第二年，张居正赴湖广贡院参加乡试，结果考中了举人。湖广巡抚顾璘找来监考的冯御史，对他说：（张）居正聪明天授，即便让他早日进入仕途也无不可。但我以为不如再锤炼他几年，他日成就会不可限量。不过这是御史大人管的事，还是由你做主。中国人有早享大名为不祥的理念。十二岁中生员，十三岁中举，未免过于顺利。人一生的能量是一个逐渐释放的过程，如同花儿一样，如果开放得过早，就没有绚烂多彩的盛放期了。冯御史采纳了巡抚的建议，把张居正从举人的名单中移除了。

鉴识人才是古代大人物应有的本事，所谓知人则明。顾璘是弘治九年（1496）进士，江南吴县人，寓居南京上元。嘉靖十五年（1536），他自山西调任湖广巡抚。他下车伊始，访察人才，一见张居正便以国士相许，二人年龄差距很大，他呼张居正为自己的"小友"，还经常与布政使、按察使这些官员说：此人是将相之才啊。过去张燕公识拔李邺侯于童稚时，我识拔张居正，也差不多吧！（张燕公，指唐朝张说。史载李泌少有奇才，唐玄宗召见，让张说试其才，张以"方圆动静"四字为赋，李泌答：方若行义，圆若用智，动若骋材，静若得意。张说对玄宗说，这是奇童。）同时，他又解下犀牛角打磨的腰带赠给张居正：你将来肯定会有更贵重的，此物聊以表吕虔（三国魏人，能用贤才）之意。

有一天，顾璘留张居正一起吃饭，他让小儿子顾峻出来拜见张居正，并说：此荆州张秀才也。将来一定当枢要，汝可往见之，必念其为故人子也。两年后，顾璘以工部侍郎督修嘉靖帝父亲的陵寝（显陵），张居正亲往安陆拜访，顾璘对张居正说：古人都说大器晚成，这是对中等人才说的。我没有把你当中等人才看，却耽误你晚三年才做了宰相。一个有大成就的人，必须学养深厚，磨砺自己，即便再晚十年也不迟。我当年与冯御史说，希望你能学做伊尹、颜渊这样的人，不要因为早中秀才而沾沾自喜。顾璘还赋诗一首以作勉励。嘉靖十九年（1540），张居正再次中举，时年只有十六岁。顾璘则于四年后被参劾回籍，次年病卒。张居正则高中嘉靖二十六年丁未科二甲第九名进士，在三百多人中总排名第十二，这是很靠前的，因此考选庶吉士，进翰林院深造。翰林院是为朝廷储备人才，培养出色政治家的尊贵殿堂，从翰林院出来为官者，皆属于天子近臣，备皇帝顾问。在明朝一百七十多位内阁大臣中，由翰林院出来的占到了百分之九十以上。非进士不入翰林，非翰林不入内阁，几乎是明代不成文的规定。张居正的不同之处在于，他要把循资历养声望的翰林做成实学，他信奉"学不究乎性命，不可以言学；道不兼乎经济，不可以利用"。在他的心目中，只有通天、地、人才可以谓之儒。他经常说：整顿国家纪纲，矫正社会风俗，这些都有赖于我们的作为；安定国家，使得蛮夷不敢内犯，也都有赖于我们为之经营。而写一些不痛不痒的文章，那只是文人骚客用心做的事情；揣摩章句，构思诗文，那是为参加考试的童生们做的事情。如果不敦本务实，不预先储备学养知识，一旦以渺渺之身，而任天下之重，必定忙无所从，成为一个平庸官员。在他看来，那些希望借助诗文之长以自显于世的想法，浅陋至极。张居正是实干家，他骨子里与王世贞不是一类人。"但恐须臾间，魂气随风飘"，他珍爱自己的生命，清楚再多的血肉之躯也无法唤醒斋醮中的嘉靖皇帝。

张居正刚踏入仕途的这段时间，明朝讲学之风最盛，各种书院多达数百所，其中以传播王阳明心学为最多。晚明大儒黄宗羲总结说：明朝人的事功文章，未必能超越前代；至于讲学则超过了以往。张居正入仕之初，也是满腔热血，拼命向那些实务家学习，他对国家典章制度尤为在意。他说自己广交海内名士，而与礼部官员交往最多。礼部所掌的，恰是国家典制礼仪。他与先后出任礼部尚书的徐阶、欧阳德都建立了非同一般的关系。欧阳德是王阳明的真传弟子，他任礼部尚书期间，"致良知"学说风靡天下，而自称欧阳门人者最多。嘉靖三十二（1553）、三十三年（1554），欧阳德与大学士徐阶、尚书聂豹、侍郎程文德主盟京师灵济宫（永乐帝所建皇家道观），讲阳明心学，学徒云集数千人，盛况为数百年所未有。

张居正最初也向往理学，与理学名家多有交往，但他很快认识到，理学空疏不务实际，根本不能解决王朝累积的问题。复古派他不参加，心学他不苟同，为此他内心苦闷，成为一个孤独的思考者。乡居前他致信兵部尚书聂豹，指责近时学者言行颇不相符，张居正不愿沽名钓誉，与这类人混迹。他说学问必须从社会实际中根究而来，如果只是人云亦云，终究会落入佛经所说的"阅尽他宝，终非己分"的尴尬境地。

泰州学派代表罗汝芳，被誉为明末三大思想启蒙的先驱，他虽然也讲理学，但致力于解决社会问题，曾一度放弃科举，用十年时间考察社会，走近下层百姓，对佛学也深有研究。张居正引为同道。罗汝芳出任宁国知府，很有政绩，张居正对他说：学问既知头脑，须窥实际，欲见实际，非至琐细、至猥俗、至纷纠处，不得稳贴。如火力猛攻，金体乃现（修养到家）。我常遗憾自己在翰林院没有下过苦功夫，不曾做过外官。于人情物理，如纱窗里看花。张居正才大心细，他说的"实际"就是根本。只有抓到了根本，才能游刃有余。

将帅必起于卒伍，宰相必起于州部。与许多有非凡成就的人一样，张居正也为自己没有在地方做官的经历而感到遗憾。他没有挥霍的资本，从不参加士人的诗酒之会，更没有浪掷光阴；他利用翰林院事务清闲能读宫廷藏书的机会，拼命阅读典章制度。而他的高明之处在于能提出建设性方案，从大处着眼，抓住问题要害，又讲究策略、方式，而不具体指责任何人。嘉靖二十八年（1549），二十六岁的张居正正式做官。经过两年多的实际调查，张居正以满腔热血上了一份《论时政疏》，这是他第一次为大明王朝把脉。在他看来，国家的问题已非常严重，如同一个病人，病根是气血壅淤不通。他委婉地批评皇帝不理朝政，君臣之间缺乏沟通，由此导致臃肿痿痹的病症有五。他引用扁鹊见蔡桓公的故事，说如果现在不治疗，将来即便下大力气，也难以奏效。在张居正看来，大明王朝还没有出现不治之症，臃肿痿痹不是什么大患，如使一身之中血气升降而流通，则五种病症可以一治而愈。如何让血气升降？关键是皇帝。张居正开出的药方很对症：皇帝要亲近辅弼大臣，群臣百官都有机会与皇帝讨论国家大事，上下之间思虑贯通，君臣之间没有格碍，则人人都想效其所长，从而积弊便可消除。他认为以下五种病症必须着力解决。

第一种病症是宗室问题。这是张居正最先关注的问题，也是他的切肤之痛。他柄国后着力推动改革，临终前，他坦然地说，唯有宗室这个问题他没有解决好，认为自己顾虑重重，不敢轻易尝试，因为它牵动的是皇家。他还不指名揭露与张家有过几代恩怨、同处荆州的辽王。

第二种病症是百官不履职，背后的原因是人才问题。人才的培养在平时，而用人必须慎重。古代一个职位一定有多人能胜任，因此不会出现人才匮乏的问题。平时不重视培养人才，用人又不当其器，一旦有言官参劾，就罢官解职。等到缺乏胜任的人才时，只好按资格来递补，结果是新补的人远远不如被解职的人。现在存在的问题是，有才能的人没有得到任用，或者只因为小过失就永远废弃不用。他提出把人才从各种束缚中解放出来，只要不是贪婪、品质低下之人，尽可能随才任使，发挥他们的一技之长。

第三种病症是考课问题。府县官是亲民官，他们能否认真履行职责，关键在于按察使、布政使等大员能否行使监督责任。国家的制度本来很周密，但因为考课不严，只走过场，名与实也不核查，府县官对上级只是奔走承顺，以"簿书期会为急务，承望风旨为精敏"，监司以此评定其贤否，然后上报吏部、都察院，吏部、都察院也不深察，只以监司的评价作为升降的依据，因此出现"贿多者阶崇，巧宦者秩进"，最终导致吏治问题百出。张居正后来以"考成法"作为牵引改革的一把钥匙，对考课大加改革，把制度的运行作为做实事的工具来使用。

第四种病症是边备不修。他甚至预言了随后发生的庚戌之变。他说中国自古以来就有边患的问题，但今日边患尤甚，有可能冲击宣府、大同，有可能深入内地，小入则小害，大入则大害。守边的文臣武将，把所有的精力放在侥幸而不是大害上，不再有图万世之利、建难胜之策的人。他引用《孙子兵法》里的一句话："无恃其不来，恃吾有以待之。"他认为，边备不修的后患，还没有被充分认识到。

第五种病症是国家财用匮乏。现在国家财赋主要取自东南，但民力有限，无用的开销太大，且毫无节制。特别是皇室支出，比国家初建时增加了数十倍之多，户部屡屡告乏。如果以天下奉皇帝一人，虽然费用过多，也不至于掏空国家，而耗费国家财力的不仅仅是这一个方面。他引用《淮南子》中的一句话："三寸之管而无当，天下弗能满。"三寸的管子如果没有底，再小的容器都装不满。更何况现在绝非没有底的管子，绝非三寸而已，所以国家财政才有大匮乏。他后来以极大的勇气和耐心，通过清丈土地、实行一条鞭法等，解决了赋役分担不均和国家积贫的问题。

尽管二十六岁的张居正提出的问题切中时弊，但嘉靖帝每天仍以斋醮为名行其宣淫之术，首辅严嵩一如既往地贪婪，次辅徐阶等大臣也只是讲学。张居正的一腔热血仿佛洒向了冰冷不见底的空室中，一点儿声息都没有。他不想浑浑噩噩、得过且过，更不愿同流合污。

黎忠池赴福建上任，他送到潮白河，看着好友上了运河的船，他惆怅而诗：

余有归与兴，抱病淹朝秩。

君怀济世心，揽辔辞朝邑。

以兹负羁羽，美彼搏云翼。

况多感慨情，世虑缠胸臆。

盈盈别泪泫，漫漫歧路及。

不惜去日远，我怀谁与析。

世路方险巇，修名苦难立。

愿以皓首期，无为索丝泣。

——《送黎忠池》

失望、苦闷中，同年杨继盛被判死刑，他受到极大冲击，感到仕途倾险，接连写下《适志吟》《蒲生野塘中》《述怀》等诗，最终决定回乡久居。

有欲苦不足，无欲亦无忧。

羲和振六辔，驹隙无停留。

我志在虚寂，苟得非所求。

虽居一世间，脱若云烟浮。

芙蕖濯清水，沧江漂白鸥。

鲁连志存齐，绮皓亦安刘。

伟哉古人达，千载想徽歆。

——《适志吟》

蒲生野塘中，其叶何离离。

秋风不相惜，靡为泉下泥。

四序代炎凉，光景日夕驰。

荣瘁不自保，倏忽谁能知。

愚暗观目前，达人契真机。

履霜知冰凝，见盛恒虑衰。

种松勿负垣，植兰勿当逵。

临市叹黄犬，但为后世嗤。

——《蒲生野塘中》

先天而天弗违，后天而奉天时。张居正感慨李斯临刑叹黄犬，而自己像蒲草生在野塘，朝不保夕。这时他的结发之妻顾氏病故，扔下一个牙牙学语的孩子——长子张敬修。他不再迟疑，以养病为由，平生第一次主动选择了自己的道路——乡居。

临行前，他写了一封名为《谢病别徐存斋相公》的信给徐阶。这封近两千言的信，是张居正为数不多的长文，字里行间皆是其对时局极度失望的情绪，结尾部分与他嘉靖二十八年所上《论时政疏》的内容相近。而改变朝政仍是长信的主旨，因此也有对徐阶的失望与批评。

他首先感谢徐阶的知遇之恩，说相公如果发起周、召辅成王那样的千古大业，我张居正愿意追随左右，或者拾遗补阙，参谋大事，进可以效力身边，退可以效齐国杞梁之死。但令我感到失望的是，老师却选择"内抱不群，外欲浑迹"的委顺之路，致使纪纲风俗颓败一仍其旧，登进之路比踏荆棘还危险，如果等到更多的邪恶之人登上高位，有抱负而正直的人受到排挤迫害，那时相公的"内抱不群，外欲浑迹"岂不是太难了吗？而后他话锋一转，劝老师不要计较个人得失，应当与浑浑噩噩的世道和当道者"慨然一决其平生"，如果皇帝幡然醒悟，千秋功名可期；即便正道不得伸展，太平无期，再回归您的超群脱凡之志，遗弃尘世而独往，也是人生一大快事！何必每日郁郁寡欢，私底下长吁短叹呢！再者说来，宰相是天子最注重的位置，近年来，君王与大臣之间越来越隔绝，朝廷大政已经到了毫无言责的匹夫都想在天子面前进行高谈阔论的窘境，而宰相却不敢发一言，这不是浪费国君给予的爵位和俸禄吗？！

随后，就百姓穷苦之状，张居正告诫大臣要节俭爱民：现在财用匮乏，习俗奢靡，贫穷的人衣不遮体，而在位者连身边的婢妾都衣锦饰绣；百姓食不果腹，而在位者或役使之人则早已厌腻了美食佳肴。这些在上者就是损下益上的人。

给徐阶的信中还提及张治，张治也是张居正交往颇深并寄望甚高的老师。张居正中进士后，选入翰林院庶吉士，张治时任教习，是张居正的老师。隔年，张治进入内阁。他学识渊博，议论天下大计，谋思如江河之不穷，对问题的预见如龟策之不爽。张居正推想：如果张治在位，一定会使朝廷尊荣，边疆安定；他正色立朝，如果久于其位，必能以刚直之节，整肃百僚。遗憾的是，张治次年去世。张居正极为悲痛，写下

《祭张龙湖阁老文》以示纪念，文中感慨道：

> 难成者，事也；难得者，机也。以其硕德宏器，负海内
> 之望者二十余年，曾不得大展于时，而竟然憔悴以殁，谓之
> 何哉！……不悲公之死，而悲公之志未伸；不悲公之一人亡，
> 而悲后学之无所师承也。

如同历史上很多有才华的年轻人把改变现状寄望于大人物一样，张居正写给徐阶的信，是他内心深处对革新政治的呼唤。

别了，紫禁宫阙，荆州的山水在召唤。张居正行前是翰林院编修，他按例奏请把自己的封诰改授父亲，张文明大为感慨：吾束发读书，业儒四十年，自视不比别人差，困厄至此，这大概就是命吧！遂就封。

明朝自成化三年（1467）制定了内外官员病假不得超过三个月的休假制度，但在执行上非常宽松。不少大臣的履历中，都有休长假的经历。严嵩借为母守丧之机，在家乡建造钤山堂，一住就是八年，表面的理由是养病，实是为度过正德朝宦官刘瑾乱政的那段至暗时刻。

历史总是把经验留给后人。在中国人的信念中，往往会在人生最困厄的时候眷恋生养自己的家乡。嘉靖三十三年，张居正在极度失望中回到江陵。他没有在自己的老家居住，而是在城东门外天井渊买了一块地，在小湖山中锸土编茅，架上三五根椽子，盖了一间房，取名乐志园。他在园子里栽种半亩竹子，还养了一只象征吉祥高洁的鹤。自此，他把自己封闭在这块世外桃源中，与世人断绝了来往，终日闭关不启，只令二三童子在庭前洒扫。他喜好家乡的大红袍茶，煮茶、洗药都亲自动手。有时看看书，与古代先贤进行跨越时空的心灵交流。他完全放松自己，此时安养身体是他最大的事。外面的人仿佛也忘记了这位当年名声颇盛

的"神童"、如今的翰林。这样的日子久了，他感觉神气日壮，于是开始博览群书，贯穿百家，究心当世之务。

张居正一定熟悉南齐学者周颙隐居南京钟山的故事。周颙把小湖山上所盖的草堂名为钟山堂。张居正在《学农园记》记述自己这段难忘经历：谢绝所有亲故，在田中辟地数亩，植竹种树，编茅结庐，惬息其中。

> 林深车马不闻喧，寒雨潇潇独掩门。
>
> 秋草欲迷元亮径，清溪长绕仲长园。
>
> ——《山居》

诗中元亮是陶渊明的字。张居正的《山居》诗借用陶渊明的《归去来兮辞》和东汉仲长统的词句，为自己营造了超尘脱俗、意趣盎然的情境。但张居正做不了陶渊明。三年后的嘉靖三十六年，他曾短暂回到朝中，但朝政比过去更加腐败。于是他又回到家乡，继续蛰伏，乡居六年之久。

大概有抱负的人，对光阴流逝总是特别敏感。张居正"时时称老易"，对人生苦短有更强烈的认识。他常说：夫人身百年耳，而精神意虑，每随血气以为盛衰。往往见人其盛时，气若奔马，颜若樱华，或奋于义气，临大难、决大疑，议不反顾，计不旋踵，虎视一世而心雄万夫；及其形摧力尽，志靡心灰，盖有百炼之刚，化为绕指者矣！故骐骥疲于迟暮，强弩顿于末力。他对"日月易往，与众俱尽"充满恐惧，说自己"多病早衰，平居气不充形，临事力不副意，昔人所谓已成老翁，但未白头耳"。他有时也相信命运，但他更相信这样的道理：积累深厚的人一定发之必远，积蓄力量大的人一定用之充足，这好比物产，吸取的精华多而接受的养分充足，那么它生长的时间就会漫长，而其果实一定会饱满茂盛。

张居正强抑自己，在家乡度过了而立之年。他的思想更成熟了，对百姓艰辛讨生活有了切己的感受。在《学农园记》中，他对高高在上的达官贵人每天过着绮衣灿烂、钟鼓馔玉的生活进行了无情鞭挞，讥讽这些人剥下自润而不睹其艰。他经常穿行于阡陌之间，与田父、佣叟一起测土壤燥湿，比较谷物收成先后，观察气象以知岁时丰凶。他看到农夫们每天在田间被风露、炙熇日，一年从早到晚劳累，仅免饥饿。年成稍差，即便妻子儿女都不相认，而官吏催科征赋却急如星火，未尝不恻然以悲，惕然以恐。有时得老天照顾，赶上年谷顺成，黄云被陇（王安石《木末》："缫成白雪桑重绿，割尽黄云稻正青"），岁时伏腊（杜甫《咏怀古迹（四）》："岁时伏腊走村翁"），野老欢呼，家人父老仅做一日之欢。他谦逊地说，自己的才能无法救时，只有力田疾作，时得好食物以养父母。君子志，其远者、大者，而自己只是个微不足道的小人物，只忧餐食不足，并无其他志向。

人是环境的产物。他爱上了家乡的一草一木，渴望像竹林七贤一样终老于此，不再问世事。他为七贤无力用世，每日只能在杯中浇心中块垒而辩护说，人的见识有长短，人生的轨迹有明晦，又岂能全让世人看得明白！假如他们生逢清明之世，又有适当的位置，也能上赞兴王之业，下树不朽之声；而沉沦滓秽，无所表现，默默老去，并不是他们想要的生活！[10]

张居正的内心苦楚，通过赞赏七贤展现出来，也是他面对种种讽议的别样抗议。由此我们可以窥见，张居正选择久居乡下，绝非一时心血来潮，而是权衡利弊后的明智选择。

孔子说，五十学易，可以无过。乡居时，张居正正值而立之年，他精研《易经》，并不时与好友分享心得。被贬为广平府（今河北邯郸一带）通判的同年胡杰，在任吏事精核，完全不像被贬的官员。张居正致信对他说：小弟为年兄感到忧虑的，恰恰是没有参透其中的玄机啊。《易经》所谓"困亨"者，并非因为"困"就能"亨"人，是指处于困境而不失去其应有的作为就可以了。小弟非常喜好杨万里的《易传》，座中放置一帙，便于时常玩味。小弟认为，《六经》所记载的，除《易经》外，无非是些格言警句。至于圣人君子涉世妙用，全在《易经》一书。自起居言动这些日常细微之事，乃至经纶天下的宏大韬略，无一事不有微权妙用，无一事不达到至高境界。至于它的精妙之处，即便白首到老，也不能阐述；即便圣人不能道尽。如果能够精通其中一二，就可以做到超世拔俗。年兄您本来就是深研《易经》的，闲暇时重新拿来观览品味，不要专从训诂上咬文嚼字，而单纯观览其宽宏豁达的根本，必定会有得力之处而无穷。

仕途有时是"碰境"，入仕即如戴罪之身，而进退又有许多不可言说的奥妙。山东潍州人刘应节是张居正的同年进士，因在罗旁镇压反抗者而引起非议，他向张居正诉说苦衷。张居正回信现身说法：弟自为官以来，暗中观察，发现一个人仕途顺利与否，好像冥冥之中，总有什么东西为你默默主持一样。概括起来，不出下面几种情况：有的被压制却反而发达，有的被举荐推助却反而颓废抛弃，有的按理应该顺畅如愿却反而运气不佳——总是事与愿违。从人事来看，也有完全相反的情况。风能刮掉即将脱落的树叶，而不能使挺拔有力的树干立即枯萎；咒师能测算人的寿命，而不能使长寿的人短命。人初入仕途犹如浮萍，任凭时运推移，丝毫不能做主，唯吾道之兴废，又何必计较怨仇呢！《国语·鲁语上》说，爰居这种鸟能够预测海上有灾，躲避三天后便可渡过劫难；《庄子·列御寇篇》有"虚舟"随泛，说的是空船任其自然，随波漂流。这两种方式，都是高明之士符合天地万物混同如一的自然之道。

今天下之势，莫亟于东南。海波未靖，内奸伺隙，庙堂忧之。愿年兄勉就功名，以答群望。**11**

嘉靖三十五年，是张居正在家乡度过的第二个元旦，他对镜感怀，看着鬓边白发，想起晋朝的美男子潘岳，有才华而不得志，滞留官场十年不得升迁，一时不能自已，赋诗以记：

> 青镜流年惜暗移，江湖潦倒负心期。
>
> 被嘲扬子玄犹白，未老安仁鬓已丝。
>
> 直北烟云占斗气，隔江梅柳媚春姿。
>
> 闲愁底事淹芳序，且尽尊前柏叶卮。
>
> ——《元日感怀》

"被嘲扬子玄犹白"一句，指扬雄在哀帝时不得志，写了《太玄》，有人嘲笑他"以玄（黑）尚白"。白，意为空，空无禄位。

这年十月，张居正一连八天与友人徜徉山水间，寄情古今事。他从汉口而西，登临赤壁之战的遗址湖北蒲圻，实地观看孙权刘备联军与曹操大战之处，慷慨悲歌，俯仰今古。向北眺望乌林，感慨曹操在这里败走，使其一统天下的雄心受挫；东望汉口，羡慕雄姿英发的周公瑾（周瑜），羽扇纶巾的诸葛亮，真是生逢其时啊！这些豪杰上演的史诗般的一幕，浮现在张居正的眼前，他遐想徘徊，不能自已。继过岳阳，观看洞庭湖，长涛巨浸，惊魂耀魄，茫茫无际，一瞬皆空。天地真的神奇已极，它吞吐万象，包罗八方。张居正想起在《三国志》中曹操对"英雄"的定义：夫英雄者，胸怀大志，腹有良谋，有包藏宇宙之机，吞吐天地之志者也。有大志向的人该当如此。张居正随后登上衡山，览洞壑之幽邃，与林泉之隈隩，不觉心旷神怡，又好像历遐远蹈险景这样的事，并不难为。他再次发问，人心与大自然的神奇有不同吗？今我所历之境，与往昔没有不同，而我之感且愕且爱且取者，乃知向来所云者，尽属幻妄。是心不能化万境，万境反化心也。

乡居六年，张居正多次应就藩荆州的辽王朱宪㸅之邀，游览王府名川，这也勾起了张家几代人的屈辱往事。明朝开国后，朱元璋派诸子镇守北边。洪武二十五年（1392），朱元璋改封其第十五子朱植为辽王，镇守辽东。传至第七代，辽王朱致格于嘉靖三年（1524）受封，但他身体不好，王府之事全交由其妃毛氏打理。毛妃通晓文墨，沉毅有断，又有王府承奉王大用佐助，府中严肃，毛妃贤闻天下。嘉靖十六年（1537），朱致格去世。隔年，庶出的第一子朱宪㸅被封为第八代辽王。朱宪㸅，号贞庵，别号种莲子。他少时顽劣成性，承袭王爵后，骄奢淫逸，王国体统逐渐废败，加之三教九流蛊惑其中，愈趋下流。他酷虐淫纵，又信符水，奸黠少年无赖群依归之。朱宪㸅恣为不法，是荆州城远近闻名的一大害。

辽王有一座庞大的藏书楼，名"味秘草堂"，藏书一万多册。

张居正与辽王同龄，早年无数次随祖父、父亲奔走辽王府。乡居之初他应邀前往，并作《味秘草堂卷为贞庵王孙赋》留念：

别业初开小苑东，翠微佳气郁葱葱。

瑶章惊锡蓬莱阙，羽节高悬太乙宫。

采药但教云作侣，应门常使鹤为童。

独怜尘世遥相隔，惟听琼箫度碧空。

二人之间，诗文唱和颇多，把盏杯盘更是常事。辽王长于诗，尤以作艳曲自鸣得意。所著《庚申稿》，徐学谟为之作序，称赞辽王逸材命世，蕴藉今古，对客挥毫，一伸纸即千数百言立就，一时骚坛之士莫能难。现存辽王所写《望龙山》，颇有意境：

> 桓公展高宴，乃在龙山巅。
>
> 大会文武士，冠盖相周旋。
>
> 谁知孟参军，天质任自然。
>
> 堕帽了不惊，请笔词翩翩。
>
> 兹风已千载，朝市几递迁。
>
> 山前有故邑，化作陌与阡。
>
> 我欲矫双鸟，荆棘谁可攀。
>
> 延伫发长慨，万壑生塞烟。

嘉靖三十七年（1558），张居正应辽王邀请，为其所作《戊午稿》作序，文中说：嘉靖三十三年（1554），我病归，因乡里偏僻，谈艺之人屡绝于户，只有辽王殿下好名重士，时常以文翰派人往返我处，遂忘其寂静。嘉靖三十六年，我重新回到朝中，次年秋因朝廷差使，又回到家乡，拜谒辽王。辽王拿出近稿三册，诗作二百多首，这是从春到秋数月而成的。他酒酣赋诗，动辄令坐客拈韵限句，依次比律，无不奇出，人皆闭口不能出一语，辽王则挥毫落纸，累数百言而稳帖新丽，越在意表，倾囊泻珠，累累不匮，故其著述之富如此之多。我读他的诗，往往称说曹植、李白，在我看来辽王的才气与之相略。我为文数日仅得一篇，常常不满意，随即又弃去，但最终也不能超越他人，而辽王认为我们有谈文之交契，嘱我作序。今皇上赐以真人之号，又献财帮助国家，捐禄救济斯民，皆被敕奖。

张居正虚与委蛇，语带讥讽，称赞辽王的诗可与李白相提并论。吹嘘的话未免肉麻，但张居正的内心深处永远不会忘记辽王对祖父、父亲的侮辱。毛妃听闻张镇的孙子张居正了不得，经常拿自己的世子朱宪㸅与同龄的张居正相比，说他事事不如张居正。一次，毛妃在酒桌上当着张居正的面对朱宪㸅说：儿不成才，终当为张生穿鼻也。穿鼻即任人摆布的意思。后来世子袭爵成为第八代辽王，便对张居正充满嫉妒。张居正中举后，他以请张居正的祖父张镇喝酒为名，对其羞辱备至。张家人有纵酒传统，但张镇毕竟年纪大了，不胜酒力，却因辽王逼着喝，最后竟然给灌死了。

辽王还对张居正的父亲张文明施以笞杖之刑，这给张居正的心里留下永不磨蚀的暗影。据清人查继佐的《罪惟录》记载：辽王府中用矾红，因为成效不足，辽王命人将生产矾红的张文明绑来，施以笞辱之刑。此时张居正已考中举人，父亲受此大辱，他怨恨的心里留下了复仇的种子。中进士后，张家终于不再仰辽王鼻息过日子了。在乡里养病期间，张居正多次到辽王府做客，对这个难以摆脱的恶邻心生厌烦，不过他也借此了解到辽王的许多不法之事，他写的《辽府承奉正王公墓志铭》和《王承奉传》，表露出对辽王的极端鄙视和对王承奉的高度赞扬。核心内容是辽王认外子为继承人之事，这也是隆庆二年（1568）辽王被废、除辽王国的第一条罪状。

张居正在前文中说，他任翰林院编修时，喜欢询问前朝史实。在几个老太监向他讲述孝宗朝事时，他感慨欲泣。后来回湖广，他了解到辽王府的承奉王大用也是孝宗时人。谈到过去的事，王承奉便娓娓道来。王承奉是霸州府大成县人，事孝宗时刚刚成年，后来成为乾清宫、坤宁宫的六品太监。明武宗好武，宫中太监都练习骑射，他经常跟随武宗在上林苑打猎，后被升为御马监太监。王承奉性格耿直，对自己要求严苛。嘉靖即位后，从安陆来的太监得到重用，他不愿与这些人为伍，被排挤出宫，成为辽王承奉。因其在宫中时间久，对国家事了解颇深，到辽王府后，他奏启辽王革除王府积弊，府中顿时整肃。嘉靖十六年，辽庄王去世，朱宪㸂年幼，由毛氏主政，毛氏谙习书史，沉敏有断，大小事务都由她裁断。朱宪㸂袭封后，骄奢淫逸，荒淫无度，王大用每事力谏。

由于当时辽王得嘉靖帝宠信，张居正为一个承奉所写的墓志铭，只能委婉书写辽王之恶。嘉靖、隆庆之交，张居正再写《王承奉传》就不再闪烁其词，而是直接写出辽王恶行。这篇传记与辽王被废或有关。《王承奉传》中说：辽王朱宪㸂聪敏善辩，贪利而刻薄，长大成年后多为不法之事，常出数百里外而游戏，地方官不敢阻止，他更加无所忌惮。承奉直谏，王不能忍受，说"承奉老了，应该免朝请"，意思是不想再见到你王承奉了。从此承奉很少能见到辽王。辽王宫中有无数女子，但没有人为他生子。后来他宠幸的女乐人为其生子，被安置在外舍。而后辽王患了阳痿，推断自己不会再有孩子了，于是将安置在外的儿子接入宫中。当时此子已八岁，被谎称为宫人某某所生，想向朝廷奏报。按照明朝皇家故事，王子一出生，承奉司要立即将其生母姓名及产媪状向长史报告，得到皇帝准奏后才能附入玉牒。辽王将此事交给王承奉办理，王承奉大惊，说："辽王哪里来的儿子？承奉不知道宫人有妊娠及产子的情况，不敢奉命。"辽王大怒说："老奴敢这样，不怕死吗？"遂把王承奉及手下办事的所有人都抓了起来榜笞数百，加以重罪，以此胁迫王承奉，王承奉终不为所动。辽王见硬的行不通，又改变策略召见王承奉，好语劝说：你难道不知本王有病吗？事成，则本王有后主继承王爵，你也可以长保富贵，奈何为他人效忠？王承奉伏地叩头，流着泪说：老奴受国厚恩，死无以报，只是事涉欺罔，法例甚严。王子非真子，外人皆知。如果将来被揭发，祸且不测。老奴死不敢奉令。辽王假装感谢说：

承奉的话是对的。事后以计哄骗，将承奉印夺去，自己署上承奉的名字，将外子招入宫。承奉知道自己受了欺骗，无可奈何，愤懑得以首撞壁，大声喊叫道：我生不幸为刑余之人（宦官），又被弃外藩，今王所为如此，我不能匡救，祸不旋踵。实在不想老了见刑狱。他当即闭户自缢，后恰逢有人施救，才苏醒过来。此后他日夜哭泣，失明而死。辽王一国都为他悲痛。

张居正为一个老承奉作传，又写墓志铭，这本已不正常，再看所写内容，都是辽王不法之事。联想他嘉靖二十八年所上《论时政疏》，第一种病症大讲宗室问题，所引据的又多是辽王之事，后来废黜辽藩的第一罪状，便是张居正所写的纳外儿为子的事。以上种种似可证明，张居正家族与辽王府的恩怨，绝非无中生有。

"文园卧病岁华移，又见飞花楚水湄。"张居正不想如木槿花一样朝开暮谢，他要做百炼之钢，等待国家召唤的那一天早日到来。张居正更不会忘记父亲的教诲：我平生没有实现的愿望，全部交给你了。

张文明见儿子在山中居住近三年，丝毫没有回朝的意思，为此常常闷闷不乐。张居正问父亲大人为何焦劳不乐？张文明连看都不看一眼张居正，立即起身离开，而他又把希望儿子回朝的意思告诉亲近的人。张居正是孝子，他怕在山中再住下去会伤了父亲的心，于是决定走出山中。

嘉靖三十八年，张居正重新回到朝中。这一回，就是整整二十载光阴。

注释：

1. 明世宗实录：卷三六四.

2. 杨继盛.杨忠愍公集：卷二 // 丛书集成初编.商务印书馆，1936：19—20.

3. 唐顺之.荆川先生文集：卷六.四部丛刊初编缩本.上海商务印书馆.

4. 杨继盛.杨忠愍公集：卷二 // 丛书集成初编.商务印书馆，1936：12.

5. 杨继盛.杨忠愍公集：卷一 // 丛书集成初编.商务印书馆，1936：5.

6. 谈迁.国榷：卷六四.张宗祥，点校.北京：中华书局，1958：4037.

7. 杨知秋，注评.杨继盛诗文注评.昆明：云南人民出版社，2002：249.

8. 耿定向.耿定向集.傅秋涛，点校.上海：华东师范大学出版社，2015.

9. 顾炎武.日知录集释：卷一七.黄汝成，集释.长沙：岳麓书社，1994：614—615.

10. 张居正.张太岳集：下册.张嗣修，张懋修，等，编撰.北京：中国书店，2019：9.

11. 张舜徽.张居正集：第二册.书牍.武汉：湖北人民出版社，1994：1271.

第二章

家国之事，一手相托

隆庆即位伊始，徐阶一手把资历并不突出的张居正送入内阁，被耿定向誉为"相业中第一筹"；休致后又把家国之事，一手相托。而师徒二人的处事方式及为官之道，尤其是对待明朝政治上的两股重要力量——言路与宦官，又迥然有别，这是二人身后命运截然不同的重要原因。

海瑞罢官，可以视为隆庆改革在江南的一次预演，它给后来者以重要启示：改革一旦涉及势豪权贵，即便拿出破家沉族的勇气和担当，也不一定能成功，更何况那些被悠悠之口所牵制的人。

万历十年（1582）四月初九，张居正病情危重，他自知时日无多，交代家人自己的装殓衣服放在何处。他还催促儿子张懋修，立即请吏部侍郎许国起草代朝廷慰问徐阶八十大寿的优礼疏。许国把草拟稿呈递上去，张居正阅后颇不满意，挣扎着重写了一份。

徐阶的生日是九月三十。张居正清楚，他熬不到那一天。因此，他提前让家人致敬了一份厚礼，同时又亲自为老师写下充满无限眷怀和感恩的祝寿序。他说人生在世，士君子报效国家通常有两种方式：一是尊礼君上，庇护子民，定经制、安社稷，这是用其自身而达致；还有一种是不必身亲而为之，但以其治国安邦之道行于天下，泽被苍生。这两种方式能兼而有之的，只有吾师。

张居正归美恩师，又何尝不是对柄国十年的自我告慰啊。一个多月后，张居正撒手人寰。徐阶为爱徒撰写了《祭张太岳太师文》，师生感情跃然纸上。约一百天后，徐阶在家乡华亭庆贺八十大寿，次年闰二月去世。

徐阶与张居正师生三十五载，私人交情极厚；隆庆、万历之际又先后为首辅，治国方略有承继，有分歧，更有开新。张居正柄国十年，把改革推向深水区，而改革实际肇始于徐阶在嘉靖、隆庆之交的开启之局。隆庆即位伊始，徐阶一手把资历并不突出的张居正送入内阁，被耿定向誉为"相业中第一筹"；休致后又把家国之事，一手相托。而师徒二人的处事方式及为官之道，尤其是对待明朝政治上的两股重要力量——言路与宦官，又迥然有别，这是二人身后命运截然不同的重要原因。

权力争斗中的微妙平衡

张居正中进士后被选为翰林院庶吉士，时为翰林院学士的徐阶是张居正的馆师，二人师生关系渊源于此。王世贞说，当时诸老先生如徐阶等人都器重张居正，竞相推许。徐阶看重张居正沉毅渊重的性格，更看重他躬行践履的为学精神，以此深相期许，说张君他日定是国家倚重的忠臣。

嘉靖一朝最重礼部。张居正自嘉靖二十八年十月庶吉士散馆*后，授翰林院编修，至三十三年回籍乡居；在京五年，交往最多的恰是礼部。编修属于史官，掌修国史，凡天文、地理、宗潢、礼、乐、兵、刑诸大政，以及皇帝所下诏、敕、书、檄，都查考典籍而书记，以备实录。翰林虽属天子近臣，但升迁非常慢，编修九年方升侍讲，自七品升到五品的学士，往往要经历二十多年。因此，凡在翰林院为官，都要用很多时间钻研国家典故与制度。张居正因为编修的便利，每日阅读大量宫廷收藏而不为一般官员所能见的典籍，这也是他工作的一部分。其间，他与先后两任礼部尚书徐阶、欧阳德都有很深的交往，不但是徐阶家的常客，还就心学问题不时与欧阳德交流看法。欧阳德早年从学王阳明，为验证王学，两次放弃会试。继徐阶掌礼部后，他冒着世宗"二龙不相见"的讳忌，坚持早立太子；裕王母亲康妃去世，他上丧礼仪注，依成化年间纪淑妃（孝宗之母）故事，世宗虽不从，但欧阳德以此在士人中

---

* 散馆：永乐二年（1404）在翰林院设置庶吉士馆，在进士中选文学优等及善书写者送院学习三年，取《书经》"庶常吉士"之义，称为"翰林院庶吉士"，简称"庶常"。在馆期间无俸禄，仅给酒馔、房舍及纸笔膏烛费用。三年期满考试，少数优者留翰林院为编修、检讨等官，次者出为御史、给事中，或出任州县官，谓之"散馆"。

树立了很高威望。不幸的是，欧阳德于嘉靖三十三年去世，张居正为他不得大展才能深表痛惜。

徐阶是松江华亭人，为生员（俗称秀才）时，深得当时在华亭任知县的聂豹赏识，并跟随其学习阳明心学。嘉靖九年（1530），徐阶因争孔子祀典，被贬为福建延平府推官。这次仕途的大跌蹶，让徐阶付出了十年的代价，而他平素积累的心学功夫，却在此时有了切实用处。其所著《学则》也是在更多地检讨昔日狂躁轻率之病。多年后，他回到朝中，如涅槃再生，以稳健持重为法。徐阶短小白皙，眉目清秀，仪容端正，举止得体，天性聪颖敏捷，处事缜密稳重，不泄露人言，史书称其"有权略，而阴重不泄"，说的就是徐阶重新回到朝中后的表现。

嘉靖二十四年（1545），四十三岁的徐阶出任吏部侍郎。他以前车之鉴，在壁上题写诫语，用以自警。按照惯例，吏部大僚接见下官不能得数言，以此表示严冷。徐阶认为这样不能了解人才，遂礼贤下士，每有下官来必深坐长谈，向他们咨访吏治民生、边境腹里要害，且嘘寒问暖，对寒士尤表同情，因此深得下属之心，大家都愿意为其所用，徐阶声誉大振。嘉靖二十八年，徐阶升任礼部尚书，入值无逸殿。他三年后进入内阁，转年为次辅，自此开始了与首辅严嵩从联姻到争斗十几年之久的仕宦之路。其间，许多原来与徐阶关系不错的人都主动疏远了他，而张居正却并不避讳是徐阶的门人，与徐阶的关系一如既往。张居正有一个门生，以严嵩门客自喜。张居正得知后当众训斥说，李树不代桃僵，请立即离开，不要侮辱我的门庭。张居正比严嵩小四十五岁，比严世蕃还小十二岁，且与严嵩父子地位悬殊。严嵩作为内阁首辅，是翰林院的长官，如此说来严嵩也是张居正上司的长官。张居正对严嵩有敬重，也有几分同情，即便后来严、徐矛盾逐渐公开化，他仍与严嵩保持着良好的个人关系。他给严嵩写过一些祝寿诗，虽说是应酬文字，其中也有真情流露。如《寿严少师三十韵》：

> 语缄温树密，宴和柏梁篇。
>
> 履盛心逾小，承恩貌益虔。
>
> 神功归寂若，晚节更怡然。
>
> 密勿孤忠励，仪刑百辟先。
>
> 还将调燮理，却养寿祺绵。
>
> 德邵身弥健，形和气自延。
>
> 三朝见元老，七衮俨真仙。
>
> 不睹松乔寿，焉知柱石坚。

嘉靖三十九年（1560）三月，因四方多盗，考察守令，御史耿定向认为掌铨选的吏部是根源，上疏列六款实据，弹劾尚书吴鹏，内容涉及首辅严嵩。严嵩每天私下派遣巡逻的兵在耿定向门前窥视动静，多人因此受到牵累，被调往外地做官。作为耿定向的知交，张居正却毫不在意，策马到耿定向居处，极力安慰道：我能忘人，人自忘我。危疑中持一"忘"字，这大概是我现在送你的要诀。意思是不要在意弹劾这件事，让时间化解一切。耿定向大为称许。次年三月，吴鹏致仕。

因清修《明史》，《严嵩传》多采用王世贞的《首辅传》，而王世贞的《首辅传》，有关严嵩的内容又多来自徐阶，严嵩也如同脸谱人物，似乎被定格为奸臣，这与历史实际相去甚远，也远非真实的严嵩。

徐阶本想安排耿定向去南都出任提督学政，但被更有力的吴遵所得。嘉靖四十年（1561）耿定向升任甘肃巡按，他上任前与徐阶辞别，徐阶告诉他，此次安排是过渡性质。当时有个约定俗成的惯例，凡巡按御史等出京到任后，要以数百金向严阁老致谢，耿定向问同事是否必须如此，同事告诉他：是不得已。他权势如日中天，我们把生死交付万里以外，一有利害相关，谁能保护你？故不得不如此。耿定向认为，天下风俗奢靡，巡按代天子出巡一方，应当挽回颓风，不应向首辅交保护费以求自身平安，因此一反常例，给严嵩写了一份奏记，除了简述职责外，还用古义对严阁老劝谏，另加当地特产枸杞果一囊以表达心意。严嵩得书，不但没有怪罪耿定向，反而回信感谢，叹赏不止，其意甚为殷切。

一年后，耿定向回京，向严嵩进言：相公秉国，当为天下求士。同时耿定向推荐二人，其一就是张居正，并对严嵩说：此人他日可以承担国家大政。另一人是罗维德，说罗维德是阁老的同乡，有厚德，异日必不负阁老。不久，严嵩落败，原来蝇附者全都离之而去，只有罗维德怜爱而朝夕存省，严嵩大为感叹，对罗维德说：我认识罗公太晚了，回想耿公曾对我说到你。耿公，圣人乎！[1]

耿定向敢于向严嵩举荐张居正，至少说明在严阁老的名册中张居正不是另类。而能够在首辅与恩师这对斗得死去活来的政敌之间游刃有余，也足以说明张居正具有处理复杂人事关系的超高能力。在严嵩倒了之后，张居正在万历初实行改革，除了指出严嵩贪墨外，并没有说过严嵩的其他不是。张居正深知"君明臣良"的道理，在他看来，嘉靖帝才是鼓动大臣内斗的幕后推手。万人之上的严阁老表面风光无限，又何尝不是牺牲品。在严、徐之争走向台前的数年间，严嵩没有因为张居正是徐阶的门人而打压他，反倒不时称许张居正。王世贞说张居正"沉深有城府，莫能测也"，足见他娴于处理微妙的人际关系，有极高的从政天赋。

在张居正看来，嘉靖一朝累积的所有问题的核心在皇帝本人。嘉靖帝是兴献王的独子，个性顽梗，早年身体羸弱，极易患病，每次得病都须三五天才能痊愈。即位之初的几年间，他也曾勤于政务，但自嘉靖十三年（1534）病咳两个月后，就开始怠政，乃至例行的早朝也时断时续。他还向礼部解释，惰于早朝是因为体弱促喘，架着笨重的朝服，穿绕登降，难以完成烦琐的朝仪。他既怕冷，又怕热，少穿一件衣服会着凉，多穿一件衣服又会伤热。到嘉靖十八年（1539），他不再临朝理政，在西苑专意斋醮，秘炼长生不老之术。嘉靖二十一年（1542）的元宵节次日，他居西苑内，皇太子自宫中往见，绝冰河而过，当时内阁大臣夏言有词"胡床稳坐度层冰"，说的就是太子往西苑朝见父皇嘉靖的事。

嘉靖斋醮的地点在西苑永寿宫，在无逸殿附近。无逸殿是嘉靖帝在西苑建造的早期建筑，面阔五间，取周公告成王戒逸之意，旁边是豳风亭，取诗书不忘稼穑艰难之义以重农务。宫殿初成的几年，嘉靖不时率大臣游宴其中，又命内阁大臣李时、翟銮等人坐讲《诗经·豳风·七月》之诗，赏赉有加，还添设户部堂官，专掌稼穑之事。嘉靖二十一年发生宫变后，永寿宫成为他每日驻跸之地，严嵩、徐阶等撰写青词的大臣则簇拥在无逸殿东西的小厢房里。多少年来，为能进入这所小房子，无数人尽历宦海沉浮的百般波折。

大学士直舍即内阁，在午门内西南隅，外门西向，阁南向。入门有一小坊，上悬圣谕，过坊就是内阁。嘉靖十六年，因内阁狭窄，嘉靖帝命工部进行扩建，以阁中一间奉孔子四配像，旁四间各相间隔，开户于南，作为阁臣办事衙署。阁东诰敕房装为小楼，贮藏书籍。阁西制敕房南面空地，添造卷棚三间，用来安置各官书办，自此内阁体制始备。

自嘉靖帝在西苑永寿宫每日玄修，内阁距离永寿宫颇远，且要乘划船渡太液池而西，故无法即时奉诏，为此，他将无逸殿东西厢房辟为阁臣入值西苑的地方。但内阁是出政之本所在，为解决阁臣都想入值西苑，致使内阁本职荒疏的弊病，嘉靖帝规定，可轮流派一人往内阁处理政务奏章。严嵩解职后，内阁只有首辅徐阶和次辅袁炜二人，而二人都借口

"不能离陛下"，拒绝回内阁。后来高拱入阁，跟徐阶说：徐公是朝廷元老，常值（西苑）可矣，不才（高拱）与李（春芳）、郭（朴）两公，愿每天一人轮流到内阁，办理日常事宜。这无异于逼徐阶也要回内阁轮流入值，徐阶怫然不乐。这是二人矛盾的起始。

嘉靖帝炼丹药的地方在无梁殿，位于养心殿西南。因其建造不用一根木材，全以砖石砌成，故名。丹药红丸乃燥热之物，因嘉靖中年后常年服食，其原本多疑的性格愈加反复无常。病夫治国，这让大臣无所适从。

徐阶虽已入值，但不得嘉靖信任，每日战战兢兢，甚至心灰意冷，想要辞职归家。他在给唐顺之的信中说：此中朋友甚少，大概十几年来交往密切的都已摧折殆尽，只存得一味慎默无识见的人便为高品，此外都是贪佞谀险之徒，他们互相结纳交构，坑堑满前，使人一毫不得施展。他感慨道：士居今世，其欲有为也，岂不太难了！他得出"格主之心固难，格士大夫之心犹不易"这种近乎绝望的结论。

嘉靖三十一年，徐阶入阁。在南京署翰林院事，有经世之才的王维桢写信给徐阶，历数今日宰相有"三难""一至苦"：

> 天子明圣，群臣莫能及，而思有以裨益之，一难也；事下中书，责应于斯须，得失轻重关焉，二难也；造膝之言，廷臣不得闻，廷臣所得闻，远臣又不及知，而拟议转注，易动唇吻，三难也。此三难者又不敢以告人，故曰至苦也。[2]

这段话大有深意，指出嘉靖这个多疑又聪颖的皇帝的所有决策都不按正常程序推进，多是在仓促之间做出，又辗转传宣难以对证，出现问题受到责罚的必是内阁大臣。徐阶当嘉靖帝日事玄修之时进入内阁，此时的嘉靖帝决策模糊，给阁臣带来了极大挑战。王维桢所说的阁臣"三难"，又何尝不是嘉靖中后期所有内阁大臣遇到的"至苦"之境！徐阶毫无作为，因此受到对他充满期待的士人的批评。徐阶的得意门生张居正在乡居前，写信对他表达的是失望；另一爱徒杨继盛，甚至在弹劾严嵩的奏疏中，不忘对徐阶的渊默发声。后来黄景昉评价说：徐阶在翰林院时的名声高于他任礼部尚书时的，任礼部尚书时的名声又高于任内阁大臣时的。在翰林院时，他以争孔子圣像被贬官；任礼部尚书时，因请册立储君、议祧庙几遭大祸，意气即张，声望亦美；进入内阁后，意气消沉，声望也不美。³徐阶每日所做的就是"忍隐"。职位高了，可徐阶的血性也磨蚀几净，他选择明哲保身的为政之道，"四面观音"的绰号大概也是从他进入内阁才有的。虽说高处不胜寒，可十几年后走上高位的张居正，却选择了"以其身为蓐荐"。明乎此，才能理解张居正为什么在高拱与恩师徐阶争斗时选择中立，其实这是张居正对徐阶的无所作为无声的抗议。

稍后几年，徐阶给远在湖南的同年进士朱廷立写信，诉说"大苦"心境：兄不能来，南野（欧阳德）不能活，双江（聂豹）不能留，孑然此身如残芦败苇，独立霜风之中。无奈之下，徐阶多次去寺庙占卜，结果都是"当剥复之机"，但他实在不敢确定，是否真的到了"剥复之机"，他问这位同年是否也听到别人如此议论。后来他又告诉朱廷立：此中可愧、可叹、可忧、可惧之事亦日益增。徐阶不想同流合污，但他又无能为力。内心的苦楚，内阁次辅的位置，尤其是士人对他的希望，这之间种种强烈的反差时刻撞击着他的灵魂。他说自己"徒积岁年，竟无补益，每上怀古人，中念良友，下计后世，辄悚然惕然，汗流浃背。中夜跃起，对食投箸。思振衣奋袂，言返故园，更触谗锋，辗转生谤。畏避陷阱，旋复中止，杜门愁寂，欲得一二可与剧谈悲歌之士，暂相披豁，而自午山、东湖外，绝无其人，即在二君，亦不能数见，于是益信山林之高尚，慨世途之悲浊"[4]。人生走到了仕途巅峰，内心却是如此无奈，进不能，退也不能，这种心境，当时的张居正、杨继盛是无法理解的。张居正柄国后，在给老师的七十寿序中谈到这种转变，"庚戌而上，暨于嘉、隆，君子小人之进退，士风民俗之清浊，朝廷边鄙之休戚，如阴曀复开，如冱寒复燠"，转移之道正是老师之力。此话虽然部分属实，但更多的是客气。

徐阶在忐忑中努力拉近与严嵩的关系。

由于戏曲话本的渲染，加之徐阶、王世贞的有意涂鸦，特别是清修《明史》对权臣的极大讳忌与贬损，严嵩的形象似乎被定在"奸臣"一格。万历时官员李乐说，（嘉靖间）严嵩做礼部尚书以前，人品尽好。天启时，大学士朱国祯也说严嵩任礼部尚书"以前极有声，不但诗文之佳，其品格亦自铮铮，钤山隐居九年，谁人做得南大司成分馔（撰），士子至今称之"。他还说，江西人至今对严嵩尚有余思，袁州人尤甚。为验证传闻真假，朱国祯亲自去严嵩家乡走访，"问而亲得之。可见舆论乡评，亦自有不同处"[5]。严嵩掌礼部时，素行遂变，而徐阶的变化延后到进入内阁。

人的出身是无法磨去的印记。严嵩属于因为贫穷而累官的一类人。他起家寒素，少年丧父，为祖父抚育成人，家中仅有薄田数亩，穷到给老师交束脩的贽礼都拿不出。他个子很高，耸瘦如削，大概是营养不良。"一官系籍逢多病，数口携家食旧贫"，他的诗文清新典雅，即便贵为阁臣，仍不乏以贫穷入诗句，可见早年潦倒的生活是他一生挥之不去的阴影。他是弘治十八年（1505）的进士，殿试排名二甲第二名，这一科的状元顾鼎臣和他的同年翟銮都先他入阁。庶吉士散馆，严嵩授编修，却在家乡盖了几间草屋，王守仁巡视南赣时，造访他乡居的钤山堂，两人相谈甚欢，王守仁为之题写匾额。"无端世路绕羊肠，偶以疏慵得自藏。种竹旋添驯鹤径，买山聊起读书堂。"严嵩在家乡的"龙蛇之蛰"历时八年。早年对张居正有着深刻影响的顾璘，曾研究过严嵩的诗文，称其是弘治以来的南宗领袖。张居正的出身、家世与严嵩相近，他也认真研究过严嵩的仕途经历，其乡居六载，肯定是受到了严嵩的启发。嘉靖初年，江西籍人在朝中为官，冠甲云从，严嵩先得费宏举荐出任国子监祭酒，后得夏言力荐出任礼部尚书。两年后，慑于世宗淫威，严嵩将从未君临天下的世宗的父亲（兴献王）祔入太庙，从而为持续十七年、让无数人头落地的"大礼议"画上句号。这是严嵩仕途中具有决定意义的一步，他的骂名也因此滚滚而来。他向皇帝诉苦说，"二载之间，臣独立而当百责"，"愈勤劳，愈敏速，适足为人嗤笑"。

严嵩任礼部尚书前，在京城西四里有一处住所。他在入值西苑后，买下西长安街一座大宅，翻新后取名"日鉴堂"，因其北瞻宸居，君父在上，如同每天临监于此，遂取《诗经》语以名。可惜的是，严嵩很少光顾这所寓意深远的大宅，因为他要日夜守候在无逸殿旁的直庐里，服侍嘉靖帝修道成仙。嘉靖所需要的是君逸臣劳。君逸，皇帝就有更多时间消遣淫乐；臣劳，大臣就要承担更多有形无形的责罚。不要简单地怪罪这些青词宰相为争宠而各献奇技，乃至养童男童女，饮其尿液，秘炼"秋石"，以博君王一赐。"文武兴，则民好善；幽厉兴，则民好暴。"只有张居正看得清楚，帝制的一切，归根到底在于皇帝。严嵩一心一意侍奉嘉靖帝修道成仙，他得到了回报，升任首辅，直庐也从无逸殿厢房中搬出来，单独建造了一所，厅室南向，别馆庖厨，一应俱全。嘉靖把家安在永寿宫，严嵩就把家安在独立的直庐里。但嘉靖的多疑并没有因此有丝毫改变。嘉靖三十八年元旦，八十岁的严嵩获准回府与家人共度佳节，而后回到直庐谢恩，其中有"元日赐假，子孙罗膝，捧觞宴乐，皆高厚所庇"的话，嘉靖御览后顿生疑态，批示：观卿所奏，似为劝我之意。父子至情，朕岂有异于人？往岁宫变，赖上天恩赦，我已世外人矣，故别居西内，奉玄修，令其母子自为欢聚耳。[6]嘉靖以见家人特别是"小龙"为深忌，如此批语，这让严嵩戒惧不宁，于是忧疑多日，寝食难安。"元首明哉，股肱良哉，庶事康哉。"《尚书》的这句话，可以反过来读，没有英明的君主，想做良臣实在是一种奢想。

徐阶与严嵩在内阁相处时，有很长一段时间是和谐的。更早的时候，严嵩还保护过徐阶。徐阶的长子徐璠是徐阶四子女中唯一由原配沈氏所生，但年仅周岁母亲便去世，父亲徐阶也随后贬官福建。他自幼孤苦，故深得徐阶怜爱。嘉靖二十八年，二十一岁的徐璠参加应天府乡试，雇请他人顶替进入考场事发。南京给事中万文彩与监试御史杨顺参奏徐阶纵子犯法，请求把徐阶罢免，徐阶被迫上疏求去。科场舞弊是极重之罪，为此丢掉性命的科场案屡见不鲜，作为礼部尚书的徐阶没有受到处分，仅将徐璠革除。严嵩的调护之功在其中发挥了关键作用。徐阶投桃报李，徐璠之女与严世蕃之子随后结亲。庚戌之变后，二人携手把危险的戎政府[*]大臣仇鸾除掉，史书记载徐阶"阴重不泄"，表明他参与了世宗许多的"造膝之言"和严嵩的密谋，以及一些不可宣说的秘事。

徐阶早年连给儿子娶媳妇都凑不够彩礼，而后靠为官积累了庞大的家族产业，价值丝毫不逊于严阁老。他以家乡松江府华亭风俗浮侈为借口，多次想迁到民风淳朴的地方，但一直没有成行。后来吴中受到倭寇侵扰，徐阶在江西选了一块地，表面上是为躲避寇乱，实则为与严嵩拉

---

[*] 戎政府：嘉靖二十九年在京军三大营（五军营、神机营、神枢营）之上设置了戎政府，设武臣一员，称"总督京营戎政"，文臣一员，称"协理京营戎政"；下设参将、副将等官。

近关系。江西人非常看重"乡谊"，徐阶大造声势，请地方官为之立牌坊，大治宅第，当这些完成后，他徙家江西，户籍也从江南迁到南昌。加之两家联姻，严嵩高兴，一次还向徐阶讲起他受夏言侮辱的事：我平生为夏言所狼藉，不可胜数，而最不堪的有两件事。一件是我为礼部尚书时，夏言为内阁首辅，趁一起在直之便，我多次欲置酒宴请夏言，夏言多不许，偶尔一次许准，至宴会前一日辞掉，而我数日来征集购买的红羊、貒狸、消熊、栈鹿之类，俱付之乌有。又有一日，等候夏言出直，乃敢启齿再请，次辅诸城人翟銮从旁也一起劝，夏言则曰：某（夏言）以某日赴宴，自内阁出，直接造访严公，不回家了。到了这一天，翟銮先在西朝房小憩等候，而夏言则回到家里，睡在姬妾所居的地方，待到薄暮始至。夏言就座后进酒三勺，喝了一盅汤，略沾唇而已。夏言忽傲然而起，长揖命轿子，翟銮亦不敢留下来。三人竟不交一言。另一件受夏言羞辱的事：夏言家富厚，房屋高大，屋脊雕题，广囿曲池之胜，媵侍便辟及音声八部皆选服御，膳馐如王公。按照先例，阁臣每日由官府供给酒馔，应当一起会食，夏言与严嵩共事二载，夏言从不食官供，他从家所携酒肴甚丰，什器皆用金。与严嵩每天对案，严嵩自食官供，寥寥草具，夏言不以一匕及严嵩。当时有语：不睹费宏不知相大，不见夏言不知相尊。[7]

嘉靖三十九年五月，张居正迎来仕途中的第一次升迁，由编修升任右春坊右中允，管国子监司业事。此次任命无法确定是否出自徐阶的举荐，但有个非常重要的背景，即郭希颜的安储大案。郭希颜是江西丰城人，嘉靖十一年（1532）进士，曾任东宫僚属，嘉靖二十八年因刊刻所著庙议被革职。嘉靖三十九年岁首，他秘密派人入京，在城门闹市区遍贴匿名揭帖，内容是严嵩欲谋害裕王，随后他又上长文《安储疏》，法司以妖言惑众律，将郭希颜判拟处斩，嘉靖帝下诏命所在巡按官即时将其处斩，并传首于四方。

在此期间，张居正成为东宫属官，意义非凡。十月初十是立冬日。嘉靖夜半降旨：景王府造成已经数年，当遵祖宗大制，令就国。首辅严嵩立即将皇帝谕旨颁示，吏部请设王府官僚，兵部请选充仪卫司，礼部铸印颁给，工部遣官至德安修葺府第。这表明，暗中争斗十几年的储位之争已尘埃落定。张居正辅佐的裕王隐然已是储君，不出意外将继嘉靖帝而君临天下。

自此，严家的命运也发生了转折。嘉靖四十年闰五月，陪伴严嵩六十多年的结发妻子欧阳淑端去世。张居正写了长篇祭文，其中有"国之隆昌，必有元臣……家之隆昌，必有贤配……惟我元翁，小心翼翼。谟议帷幄，基命宥密。忠贞作干，终始惟一。夙夜在公，不遑退食"[8]之类极具礼敬安慰的话。按礼制，作为独子的严世蕃，当扶母柩回故里守丧。但严嵩老了，他离不开小阁老，无奈之下破例向嘉靖帝奏请，说自己年已老耄，不可无世蕃在侧，嘉靖帝特许留世蕃侍养，不必守制，令严嵩之孙严鹄护送祖母灵柩回江西，赐给驿递以行。

嘉靖一向重礼，对严氏父子此举，心实厌恶。十一月二十五日夜，嘉靖醉酒，与宠爱的尚美人在貂帐内玩烟火，大火将永寿宫付之一炬，皇帝乘舆、服御及先世宝物全部烧毁。嘉靖帝只好暂居玉熙宫。玉熙宫位于太液池西，棂星门北，狭隘潮湿，且地旷近水，嘉靖颇不满意。工部尚书雷礼提出尽早修复永寿宫，而更多大臣则主张皇帝应回大内，居正殿。按理，严嵩、徐阶都应劝皇帝回大内，但二人不敢请，而徐阶又以此作为离间严嵩与皇帝关系的绝佳机会。严嵩提出，现在三大殿正在施工，府库空乏，不宜再兴永寿宫大工；他又唯恐皇帝回大内有宫变阴影，遂提出暂住南城离宫，即重华宫。重华宫不在皇宫，位于皇宫东南，东邻瓷器库，西邻玉芝宫，相对独立而又宽敞，且修缮完固。严嵩的意见既可以解开皇帝回大内的忌讳，又可不兴大役，节省大项开支。但严嵩百密一疏，重华宫是景帝幽禁太上皇英宗的地方，即所谓"逊位受锢之所"，嘉靖因此颇为不悦，说这是"欲幽我"。徐阶却赞成礼部的意见，煞有意味地说：皇上今居玉熙宫，犹如露宿一般，臣子何忍安枕？请用修三大殿所剩的余材，交雷礼施工，费用省而兴工容易。嘉靖大悦，命徐阶之子、尚宝司丞徐璠兼工部营缮司主事督工。工程完竣当日，嘉靖帝就徙居永寿宫（后改名万寿宫），随即进封徐阶少师，兼支尚书俸禄，予一子中书舍人，徐璠超升太常寺少卿。自此，嘉靖问事也不再问及严嵩，即便有所及，不过斋词赞玄之事而已。

严嵩也清楚徐阶即将代他接任首辅，一日邀请徐阶到府上做客，席间呼子孙家人向徐阶跪拜，说：严嵩将不久于人世，我的这些家人只有拜托徐公看护了。徐阶连称不敢当。嘉靖四十一年（1562）五月十九日，徐阶通过他推荐的道士蓝道行，扶乩（占卜吉凶）所得"仙语"，又暗中令太监将消息透露给御史邹应龙，邹应龙上奏参劾严世蕃。当此危急之时，一手策划扳倒严嵩的徐阶却前往严阁老府拜谒，一再安慰严嵩说，他会让参劾的事消歇。严嵩大喜，严世蕃也把妻子托付给徐阶。徐阶从严府回来，其子私下对他说："大人平时受严嵩侮辱已极，这正是下手之时。"徐阶佯装激愤，大骂道："我们徐家没有严氏照顾，岂能有今日，我岂能做负心的事？！"严嵩密派私人前往侦伺，徐阶所语如前。严嵩离京后，徐阶仍然书问不绝。时间一久，严世蕃也忘旧事，说"徐老不会害我"，于是聚集工匠大修馆舍。

嘉靖帝令严嵩辞去官职，驰驿回乡，仍每年赐给禄米一百石；严世蕃发配雷州卫，中书舍人罗龙文以严世蕃党的罪名，戍浔州；邹应龙升通政使司右参议。

嘉靖四十一年六月初二清晨，京城大雾紧锁，严嵩离开二十多年的内阁朝房，由广渠门东行，经运河而南。当天，这位八十三岁的老人感慨万千，赋诗《六月初二出都作》八首，最后一首意境颇深：

> 弱冠幸随计，束书来上京。
> 齿稚气方锐，沼视江湖轻。
> 俯仰五十年，辛苦事浮名。
> 世路多险艰，风波使人惊。
> 兹游意已阑，无复少壮情。
> 见鸟羡高逝，望云思遐征。
> 云山遥在梦，日数故园程。

严嵩一路南下，皆有诗作。到了嘉兴，知府李默盛情相待，严嵩以"世情翻覆见交难，歧路逢君一解颜"相赠。七月十二日，严嵩到吴江，总督胡宗宪在唐楼陈兵以迎，严嵩有"六省归节制，万户起歌讴，天子有胡公，得免南顾忧"之句。[9]

严嵩并没有得到他想要的清净生活。嘉靖四十三年（1564），袁州府推官郭谏臣至严府，见工匠数千人正在修建园亭，遂向巡江御史林润告发严世蕃谋反。林润随后上疏说，严世蕃日夜与罗龙文诽谤时政，动摇人心，道路都说两人通倭，变且不测。嘉靖命将严世蕃等逮捕入京。

次年春天，严世蕃等被押解到京。严世蕃自以为"贪贿"的事无法掩盖，故意增加杨继盛、沈炼下狱为词，以激怒嘉靖帝而脱罪。刑部尚书黄光升等三法司官员不知是计谋，拿着完整的文稿前往徐阶处商议判决书。徐阶本已预知严世蕃之意，装作不知情的样子问："稿安在？"吏人从怀中拿出呈进，徐阶阅毕，说"法家断案良佳"。徐阶请三人入内庭，屏去左右："诸君子说说看，严公子当死乎？生乎？"众人："死不足赎。"徐阶又问:"如此,本案将杀之乎?生之乎?"众人又说:"用杨继盛、沈炼正欲抵死。"徐阶慢条斯理地说:"我不这样看。杨继盛、沈炼之死,诚然犯天下公恶,而杨继盛是因被人用计,恰好正中皇上忌讳所在,处死他是取皇上的特旨(未经内阁草拟等程序),沈炼暗中加入(犯人)招册之中,取的是并不确定名单的泛旨。皇上英明,岂肯自己承认过错!一经御览,皇上会立即怀疑这是法司与严氏一起把过错归于皇上,如此皇上必然震怒,那样的话,凡参与定罪之事的人都会受到惩罚,到那时,严公子就会安然无事,骑马出都城了。"

众愕然,请重新商议。徐阶说:"如果稍迟数日,万一事情泄露,从中败事的必多,事情就会发生变故。现在当以原疏为主,而阐发聚众本谋,以试探皇上之意,然须大司寇(刑部尚书)执笔。"刑部官员谢不敢当,大家公推徐阶。徐阶于是从袖中取出早已准备好的一篇长文,说:"此稿鄙人拟议久矣。诸公以为如何?"众人表示赞同。徐阶于是说:"日前嘱咐带上大印及写本吏一同来,莫非忘了吗?"大家说:"都带来了。"随即关起门户令疾书,用印封识。而此事严世蕃一点儿也不知情。

不久,用徐阶改疏奏上,只讲严世蕃通贿僭侈状,且说:"罗龙文招集汪直余党,密谋与世蕃外投日本。世蕃班头牛信,径自山海弃伍北走,拟诱至北寇,相为响应。"嘉靖览疏,果然大怒,说:"此逆情非常,你们只简单引述林润上疏的几句话,何以昭示天下?其会都察院、大理寺、锦衣卫鞫讯,具实以闻。"嘉靖而后命众人都退下。徐阶袖之出长安门,法司官俱集。徐阶略问数语,速至私第,具疏以闻。疏中极言"事已勘实。其交通倭寇,潜谋叛逆,具有显证。请亟正典刑,以泄神人之愤"。嘉靖帝命斩严世蕃、罗龙文于市。

严世蕃将被处死,徐阶的孙女也到了出嫁之年。一天早晨,徐璠给父亲请安,徐阶面露怒色而不语。徐璠侦知父亲之意,狠心给女儿喝了毒酒将其毒死。回报老父时，徐阶心中戚戚然久之，但并无异词。隔日，严世蕃被处死。徐阶把南昌所有的宅子全部卖掉，重新回到华亭。沈德符说："严虽深险，然为华亭所笼络，移乡贯、结婚姻，时时预其谋，因以心膂相寄。"[10] 所谓道高一尺，魔高一丈，狡黠的严嵩遇到了比他狡猾的徐阶。

提及人一事，张居正主持编修的《明世宗实录》认为罚不当罪，其中说严世蕃的罪状应该作奸党之条，而林润上疏指为谋逆，法司拟以谋判，都不是援法断罪。后来籍没严氏，株蔓无辜，一省骚扰。《明世宗实录》乃张居正一字一句所裁断。这段话委婉地说出了严世蕃父子案背后的隐情。

从严家抄得黄金三万三千两，白银二百零三万两，田地山塘一百万亩以上，仅江西南昌和宜春，就有五十七所房子，每所多达一百多间，总计六千六百多间。京城十三所，有一千七百多间。当然，以上资财并非都是严氏所有，其中很大一部分是攀扯无辜所得。只是，张居正万万不会想到，这一切在他身后会重演。

自宜春严府被抄没后，严嵩回到分宜故里，由孙儿严鹄陪伴，住宿在介桥村东一座关公庙里。嘉靖四十五年（1566）四月，八十七岁的严嵩去世。死时不能具棺椁，也没有吊唁者。隆庆三年（1569），徐阶已解职回乡，张居正给严嵩家乡的父母官分宜县令写信，吩咐备棺安葬严嵩。县令遵办后，张居正写信说，听说故相严公已经安葬了，你积阴德于枯骨，假如死者地下有知，不知会如何回报你。

秘密参与"嘉靖遗诏"的起草

嘉靖以来的首辅，没有不由倾轧排挤而得到的，而首辅与次辅之间多以生死相倾，从夏言到严嵩，隆庆元年（1567）的徐阶、高拱之争，隆庆四年（1570）的高拱、赵贞吉之争，隆庆六年（1572）的高拱、张居正之争，无一不是制度病灶发作的外在表现。

徐阶自嘉靖四十一年（1562）代严嵩为内阁首辅，至隆庆二年（1568）解职。嘉靖把严嵩的直庐赐给了徐阶，徐阶在直庐朝房的暖壁上悬挂三句话作为"政纲"："以威福还主上，以政务还诸司，以用舍刑赏还公论"。这代表一个新的不同于以往的内阁出现了。

但这个"政纲"有的无法实现，口惠而实不至。威福还主上，意味着过去严嵩行使了皇帝的部分权力，现在要还给皇帝。但嘉靖一如既往每天斋醮，他最需要的恰是要通过内阁首辅而操纵天下。所以这一条，是一句根本无法实现的空话。以政务还诸司，这是朱元璋废除丞相制以后的架构，诸司主要是指六部及通政使司、都察院等职能机构。鉴于以前内阁首辅权大，六部尚书不得供职，特别是严嵩任首辅期间，把吏部、兵部长官作为外府，稍不如意便或诛或罢，二部长官对首辅如下属待官长，奉行文书而已。徐阶注意发挥部、院的职责并加以保护。嘉靖四十二年（1563）十月，俺答自墙子岭进犯通州，京师再度戒严，嘉靖帝慨叹"庚戌事又见矣"。兵部尚书杨博得急报时，嘉靖帝正在斋醮，传命章奏一概不得进呈。杨博只好向徐阶问策。俺答随即向东大掠顺义、三河而去。事后，嘉靖帝杀蓟辽总督杨选以泄愤，怒责杨博为何不早奏，杨博恐惧异常，怕有不测。徐阶请求优容，责其后效。严讷当时任吏部尚书，他与朝士约定，有事到朝房商议，不准谒私第，解任后他感慨道，掌管选拔人才的吏部必须与内阁大臣同心，乃对国家有益，我掌吏部二年，徐阶当国，"以用舍刑赏还公论"，事无阻碍，故举无失人。有记载说，徐阶为首辅，一时间朝士侃侃，得行其义。但言路得以发抒的同时，为随后的朋党之争提供了温床，导致后来张居正改革时，要用极大的精力和时间处理政府与言路的对立问题。

"政纲"是渐进路线，无法回应对新政的急切期盼。徐阶承受着很大的压力。他为自己解释，一再强调要循序渐进。

决策方式也发生了变化。徐阶一改过去由内阁首辅代皇帝起草诏书谕旨的做法，认为这是出现个人专权的原因，而专权就会产生营私舞弊的现象。袁炜是嘉靖四十年十一月以户部尚书进入内阁的，严嵩罢相后，他递升为次辅。徐阶向嘉靖奏请，袁炜当值之日，每天发下章疏，他与袁炜一同票拟。嘉靖帝最初批示：一般事情不必一同票拟，重要事情一同票拟。徐阶再次上疏，请求除暮夜及紧急事情，值守内阁大臣来不及会同其他内阁成员商议外，每件事都一同票拟，这样可以永杜弊源。嘉靖帝见徐阶讲得有道理，"同众"票拟的做法得到肯定，从而改变了首辅专票的做法。会同票拟是集体负责制，代表的是内阁整体而不是内阁首辅个人，这也会对皇帝形成某种制约。

后来张居正回忆说，嘉靖有一天突然怀疑裕王，命简述明成祖与仁宗故事，徐阶为之从容开解，其疑乃释。此事只有张居正一人知道，诸臣皆不得闻。

成祖与仁宗的故事，是指朱棣立长子朱高炽为太子前后，一直犹豫是否应该传位给他。朱高炽同母弟、朱棣次子朱高煦身长七尺有余，两腋若龙鳞者数片，且英勇善战，英武颇类朱棣，在其父争夺皇位的靖难之役中屡立战功，朱棣曾许诺事成后立其为太子。但朱高炽早在朱元璋在世的洪武二十八年（1395）就被立为了世子，因此永乐二年（1404）朱棣虽然犹豫，但还是将朱高炽立为太子，封朱高煦为汉王，就藩云南。朱高煦以云南万里如同发配为由拒绝前往，遂改封山东青州，但又请留于南京。

成祖曾命太子及汉王高煦、赵王高燧、皇太孙同谒孝陵。太子体肥重，又是个跛子，两太监一左一右扶掖方能成行，还经常失足。朱高煦从后面见此情景，戏言曰："前人失跌，后人知警。"皇太孙应声曰："更有后人知警也。"朱高煦回顾色变。皇太孙就是后来的明宣宗朱瞻基。

当时，生性多疑的嘉靖对徐阶说，怀疑裕王"昔日久等之怨"。一向思维敏捷、奏对如仪的徐阶听后感到费解，不敢贸然回答。徐阶猜想，皇帝所说的"昔日久等之怨"大概是指裕王与景王对不立太子而心生怨气。因事关皇家隐私及储位传承，徐阶只好默不作答。

这件事是宫廷最高机密，又涉及皇位继承，徐阶只向张居正讲过，由此可见他对张居正的信任。随后，张居正的命运也出现了重大转机。嘉靖四十三年六月，领衔修《承天大志》的徐阶认为张居正有"良史之才"，推荐他以右春坊右谕德兼翰林院侍读，出任副总裁官。徐阶因首辅事忙，把修志的事情全部委托于爱徒。承天是龙飞之地，嘉靖帝对故土的怀恋之情寄托于此，《承天大志》此前两年一直没有修成。张居正自幼好"三苏"文，为文典雅有蕴藉。他接手后仅历时八个月即脱稿，作龙飞纪、圣孝纪、陵寝纪、宫殿纪、礼乐纪等十二纪呈上。以内阁大臣领总裁事的袁炜未看中张居正草拟的稿子，并将之删削殆尽，张居正颇感不平，不满的话也传到徐阶处。次年三月，袁炜以病笃致仕，归途而卒，后来徐阶把张居正草拟的稿本呈进，并请世宗撰写御制序文。或许嘉靖帝不满意，命下年春天进呈。嘉靖四十五年二月，徐阶进呈后，嘉靖帝对张居正没有任何迁赏，却提出要南巡故里，说"朕得病已十四个月了，不见全复，现在借《承天大志》修成的机会南巡承天，拜父母亲陵，取药服气。这是朕出生之地，必会有效。诸王也不必朝迎，从官免朝。用卧辇，往返三四个月，至七月就可回到京城"。南巡一事经徐阶一再婉劝乃止。

张居正在担任副总裁官的次月，也成了裕王府的讲官。此时景王已去世，裕王成为唯一的皇位继承人，而嘉靖帝于年初重病不愈多日，百官奉表起居。徐阶此种安排，显然是为新君即位做准备。嘉靖四十五年四月，张居正以翰林院侍读学士掌院事，这是为起草"嘉靖遗诏"做铺垫。

嘉靖帝的身体越发糟糕，连起卧都很困难。方士向其进药，十月十五日呕吐不止，至三十日病笃，宸札*从此不再出，谣传颇多。十一月初三，方士王金等伪造仙方并制金石药同进，因药性燥烈，嘉靖服食后病情恶化。二十五日，高拱得误传，转报裕王府内官承奉李芳，说皇上已晏驾。李芳疑惑不解，说如有此事，徐老先生何不来报？于是立即派人问徐阶。徐阶大惊，说"圣躬无恙，哪里得来这类妄言？！且裕王殿下于皇上亲则父子，名分则是君臣，这难道是可以禀报的好事吗？为我转告李芳，请他谨守礼法，不可稍有妄动"。李芳得徐阶所言，命所有太监不要接纳报事之人，封锁各种传闻。

徐阶在封锁各种消息的同时，为嘉靖的后事做准备，其中最重要的是起草皇帝遗诏。十二月十四日，嘉靖帝已进入弥留状态，从西苑抬回大内，午时便在乾清宫去世。至此，朝仪废而不讲已二十多年，而自明武宗去世，嘉靖帝享国四十五年，这近半个世纪以来，登极、吉凶大典众皆茫然不知，元老重臣只有徐阶一人。徐阶依据旧典，拟定丧葬、即位典礼仪注。因裕王没有被立为太子，但他又是嘉靖唯一的儿子，即皇

---

* 宸札："宸"的本义是指"屋边"。古人将北极星称为"宸"，众星围绕它旋转，即"众星拱北辰"。"宸"的引申义与帝王有关，如帝王所居宫室称为"宸轩"，帝王书写的旨意称为"宸札"。

位继承人，徐阶因此淡化裕王的太子身份。

嘉靖晚年，"革新""新政"等词不但出诸臣工，嘉靖也称天下希望新政。由此，遗诏如何对嘉靖时期的弊政进行清除，最为重要。同时，遗诏需要照顾父子君臣的关系，还要振朝廷纪纲，活亿万民命。如果在登基诏书中发布革新政治，就要冒"子改父之政"的风险，让即位的新君背上不孝的骂名；而以遗诏出现革新之事，又必然会对嘉靖帝评价过低。徐阶陷入两难的境地，不知如何才能兼顾。他不想因为此事在内阁中形成纷争。嘉靖帝去世当天夜里徐阶起草遗诏，为防止内容泄露，避免发生争执，他把内阁成员李春芳、高拱、郭朴三人排除在外，秘密派人找来张居正商量。当时张居正正在给裕王讲授经书，得密诏后连夜进宫，参与起草遗诏。张居正为文一如其人，简洁明快，意涵隽永，无论多么繁难的事，在他笔下往往数语而解，书札写得尤其好。经张居正的大手笔，遗诏在天亮前得以完成。东方放白时拜请裕王，请入临大行皇帝毕，把草拟的遗诏进呈，经过裕王认可，遂颁诏天下。

嘉靖帝在位四十五年，累积的问题太多，积怨太深，如果不能妥善处理，会成为矛盾的爆发点。遗诏全文只有四百余字，除指定皇位继承人、举行丧礼仪式等必要事项外，核心内容有两项：一是嘉靖帝对其为政过失的检讨，二是纠正弊政。关于过失，遗诏委婉地说是嘉靖帝身体原因所致：

> 朕远奉列圣之家法，近承皇考之身教。一念惓惓，本惟敬天勤民是务。只缘多病，过求长生，遂致奸人乘机诳惑，祷祠日举，土木岁兴，郊庙之祀不亲，朝讲之仪久废，既违成宪，亦负初心。

关于纠正弊政，遗诏说：

> 自即位至今，建言得罪诸臣，存者召用，殁者恤录，见
> 监者即先释放复职，方士人等，查照情罪，各正刑章。斋醮
> 工作、采办等项已经劳民之事，悉皆停止。[11]

遗诏最后说："子以继志述事兼善为孝，臣以将顺匡救为忠。"这是为规避"三年不改父之政"的说辞，"将顺匡救"语出《孝经》，原文是"将顺其美，匡救其恶"，意思是臣子奉侍君主，"君有美善，则顺而行之"，如"君有过恶，则正而止之"，这本来也是规避徐阶作为首辅的责任，高拱等认为大不妥。

遗诏颁布后，文武群臣，六军万民，无不感动，甚有喜极而泣者。臣民五味杂陈，对嘉靖帝原有的怨愤、不满，因遗诏中的悔艾之词而消解了。崇祯时的大学士黄景昉说，"妙在遗诏一著，曲终奏雅，亦天意有以成之"。

张居正是参与起草嘉靖遗诏的人。这对清除嘉靖时期的恶政，开启隆庆改革大局，具有重大转折意义。张居正给徐阶写信说：

> 不肖受知于老师也，天下莫不闻；老师以家国之事，托
> 之于不肖也，天下亦莫不闻。丙寅之事，老师手扶日月，照
> 临寰宇，沉几密谋，相与图议于帷幄者，不肖一人而已。[12]

"不肖"是自谦的话。丙寅即嘉靖四十五年，"丙寅之事"指嘉靖去世、隆庆即位前后发生的重大历史事件，所谓"手扶日月"是指帝位承袭。

对嘉靖朝四十五年的历史，晚明史学家谈迁评价为"一代升降之

关"，即大明王朝步入衰落的转折。清修《明史》评价为"百余年富庶治平之业，因以渐替"，表达的意涵与前者大概相同，并将嘉靖帝盖棺论定为"中材之主"。

在师友争斗中巧妙中立

在以皇帝诏敕为运转核心的王朝政治中，遗诏和即位诏具有最高的效力和最尊崇的法律位阶，而这两份诏书不仅预示着朝政格局的改变，也在为新君的大政定调子。

张居正"图议于帷幄"的嘉靖遗诏，通过隆庆即位诏（登极诏）得到具体细化与完善。但从程序到内容，遗诏都成为隆庆初年内阁纷争的焦点所在，徐阶与高拱之争由此愈演愈烈，不可调和，并为后来高拱与张居正三十年生死之交的破裂埋下伏笔。

徐阶是一手提拔自己的授业恩师，高拱是志同道合的生死知己，张居正不知该站在哪一方，艰难中他选择中立。徐阶解职回籍后，张居正觉得愧对恩师，说自己经老师提拔进入内阁，这是世间罕有的知遇之恩，说日夜都想报主恩、酬知己，后来体悟到人事不齐，时局屡变，使老师经纶匡济之业，未能全部展现，不肖感激图报之心竟成隔阂。两年后，张居正又检讨平生对恩师有"三大罪"：

元年之事，选懦中立，不能昌言以树正帜，一罪也。及谗言外哄，中人内构，不能剖心以明老师之诚节，二罪也。公旦远避流言，于今三年，不能以一语悟主，使金縢久闭，郊礼不行，三罪也。[13]

以张居正的旷世之才向老师郑重检讨三罪，事情的严重程度与张居正内心的痛楚可见一斑。"元年之事"是指隆庆元年高拱因遗诏等事向徐阶发难，张居正选择静观其变。"二罪"是指徐阶在言路和宦官的构陷中，张居正没有站出来，致使老师致仕而归。"三罪"引用历史上周公姬旦被周成王怀疑的典故，借喻徐阶不被隆庆帝信任。"金縢久闭"是指周武王病重，周公作祝词愿以身代，史官把祝词记于典册，藏于金縢之匮，武王怀疑周公，后来看祝词才知道周公忠诚。张居正检讨三罪后郑重承诺：现在所能做的就是改正过去的错误做法以报答老师，不再让内心的愧疚埋在心底而不落在行动上。他还乐观地预见，自今以后，局面又当一新。此时的张居正踌躇满志，感到自己能够掌控大局。

景王就藩前，裕王储君的地位不明，徐阶、高拱、张居正都是裕王的坚定维护者，他们目标一致，利益攸关。而嘉靖的内心是希望景王成为继承人，但他又没有魄力明立其为太子，几次密谕徐阶查询成祖与仁宗故事，都被徐阶劝止，后来只能以拖延时间的方式顺其自然。嘉靖四十四年正月，景王去世，这是对嘉靖帝极为脆弱的感情世界的一次重击，他得了重病。次月，高拱主持会试，第一题为"绥之斯来"，这是《论语·子张篇》的一句话，全文是"夫子之得邦家者，所谓立之斯立，道之斯行，绥之斯来，动之斯和"。这段文字本没有问题，但后面的话触犯了嘉靖的大忌："其生也荣，其死也哀，如之何其可及也。"嘉靖本来讳忌颇多，此时又患重疾不起，对高拱出题涉及"生死"极为厌恶。第三题《孟子》又有两个"夷"字，嘉靖最苦北虏之忧，讨厌见到"夷""狄"之字。嘉靖大怒，欲严刑惩治高拱，经徐阶诡词解释，高拱转危为安。六月，高拱晋为礼部尚书，召入西苑直庐，次年三月同郭朴一起进入内阁。

高拱三十二岁为官，经过二十三年努力终于进入内阁，这是他一生中的高光时刻。但他有一个很大的遗憾，即没有男嗣。因为斋醮，嘉靖帝几乎过着日夜颠倒的生活。阁臣入值，也是每天从晚上到天明。为就近方便入值，高拱把家迁到西华门附近，趁入值结束、嘉靖就寝时，高拱回家与妾氏求欢，晚上再进入西苑。有一天嘉靖病危，误传驾崩，高拱把他放在直舍的一些书籍带出。吏科都给事中胡应嘉就以上面两件事，参劾高拱不忠。胡应嘉是南直隶人，是徐阶的同乡，高拱怀疑这是徐阶授意。他反驳说：皇上所赐直房前后四重，为楹十有六，前此入值之臣所未有，说臣嫌其狭隘，不合情理；因臣家贫无子，又很少雇用仆人，为就近方便取衣食，更想久侍皇上，才搬到西华门附近；说臣私运直庐器用，更是子虚乌有，因为每遇紫皇殿展礼，在直诸臣必携所用器物而去，旋即移回，相率沿以为惯例，今臣日用常物都在直房，陛下试一赐验，有无可睹。因嘉靖已进入弥留状态，徐阶拟旨令高拱照常供事。

嘉靖去世后，徐、高两人矛盾随即爆发。高拱质疑徐阶违反遗诏由阁臣草拟的惯例，内阁同僚也惘惘若失。遗诏颁布后，郭朴捶胸顿足地说："徐公欺谤先帝，应该处斩。"高拱也认同老乡郭朴的看法，于是与郭朴入室对案相向说："先帝是英明君主，在位四十五年所行，非尽不善。现在皇上（隆庆）是大行皇帝的亲子，非他人，三十岁登极，非幼小，乃在新君前，明揭先帝之罪以示天下，何以对先帝？此举有伤父子之情。且斋醮之事，先帝几次想停止，紫皇殿赞玄事，是谁所为？还不是徐阶。这些难道都是先帝之罪吗？！大兴土木的事，一丈一尺都是徐氏父子亲自操持，岂能把罪过全归为先帝？诡随于大行皇帝生前，而诋于身后，我忍不下去啊。"说完，相视泪下。两人的对话也渐为外廷所知，忌恨者对高拱侧目以视。高拱还认为，遗诏未经裕王参与，是暗箱操作，内容是欺谤先帝，是"罪己诏"。

因裕王登极在即，四位阁臣分别拟了新君的年号，裕王选用了高拱所拟的"隆庆"。

鉴于遗诏引起内阁纷争，徐阶草拟登极诏时，在整体基调保持与遗诏相呼应的前提下，也尽量吸收高拱等内阁人员的意见，如"考察"一款，高拱担心徐阶借此发动言官参劾他，认为不应列入。但徐阶坚持，高拱不得已，增加"科道官公同评议，不许匿名投匭，暗肆中伤"一句加以限制。议登极赏军以激励将士一款，高拱以为国库空乏，财用不支，也不是祖宗旧例，一时拿不出四百万。徐阶不听，坚持按嘉靖即位的事例行，高拱无法改变，后来户部果然不支。

登极诏共有三十款，前面五款最为重要，是根据遗诏而来的。

西苑是嘉靖斋醮的地方。嘉靖朝的问题因斋醮而起，故嘉靖去世后，按照登极诏，将嘉靖在西苑所建的宫殿除无逸殿外，全部拆毁。

为嘉靖朝上疏言事而受到迫害的人平反，是遗诏、登极诏的核心内容。登极诏颁布当天，海瑞被释放；十天后，将吴时来等三十三个建言得罪者召用。而后又把建言已故诸臣分为三等，死者杨继盛、沈炼等排在第一等，予以复职、赠荫、赐祭。查核、纠正工作历时一年，涉及的人多达数百，堪称明朝规模最大的一次集中清理冤案。而关于总督王忬是否应该平反，徐阶与高拱意见相左。

自父亲王忬被杀后，王世贞与弟弟王世懋一直以"罪人"里居，从邸报中看到嘉靖遗诏中有恤录旧臣一款后，二人即于隆庆元年正月前往京城，伏阙为父疏冤。当王世贞到达京城时，张居正已于二月同裕王府讲官陈以勤进入内阁。王世贞除以原山东按察使副使的名义为其父申冤上公疏外，分别给首辅徐阶，次辅、同年状元李春芳，同年张居正，吏部尚书杨博，刑部尚书黄光升等人写了私信。因高拱、陈以勤两位内阁大臣与王忬都是嘉靖二十年的同科进士，王世懋又是这二位阁老的弟子，王世贞兄弟遂以通家弟子的身份，给二人一起写信。[14]随后兄弟二人居住在寺庙中等待消息。

早在王忬下狱时，王世贞就曾向高拱求救，高拱当时侍裕王府邸，从不干预外事，与严嵩父子也没有交往，人都以长史视之；并且王忬贵盛时对高拱相待甚薄，故高拱以无能为力婉拒。[15]此次进京求救，徐阶力持平反，高拱却说王忬之案是先帝钦定，罪不可原，徐阶是示恩于人而扬先帝之过。为此两人争执不下。张居正此时作为新晋内阁大臣，在六位阁臣中排在最后，他没有给王世贞回信，也没有介入徐、高就此事的争执，采取作壁上观的态度。

因平反事件需要查勘，案经直隶巡按御史郝杰调查，大体讲王忬功过相抵，刑部原来判拟充军，而最终处死，是权奸用事。经都察院转咨吏部，尚书杨博奏请复王忬原职。[16]当时有人问徐阶何以要援手王世贞，徐阶回答说："此君他日必操史权，能以毛锥杀人。"毛锥即笔杆子。王世贞自述"晚而从故相徐公所得，尽窥金匮石室之藏，窃亦欲藉薜萝之日，一从事于龙门、兰台遗响"[17]。金匮石室指国家秘藏典籍文书。龙门代指司马迁故里；兰台是汉朝宫廷修史的地方，后来代指修史。可惜王世贞终究没有摆脱文人痼习，不但未能传承司马迁秉笔直书的史家风范，而且把个人恩怨笔之于书。他在得意之作《首辅传》等作品中极力诋毁高拱、张居正。而高拱解职是在隆庆元年五月，查勘是在八月初，王世贞把账算在高拱头上，是误伤善类。

一波未平一波又起。胡应嘉论考察，致使徐阶与高拱矛盾激化：根据登极诏，五品以下文职官员，由两京吏部官员会同考察，应罢黜、降调、革职、致仕的，分别向皇帝具奏；科道官对考察实行全程监督，认为考察不公，行使参劾权，称为"拾遗"。隆庆元年正月，吏部、都察院考察庶官，吏科都给事中胡应嘉也参与其中。吏部尚书杨博主持考察时对科道官极严，因考察科道而去职者近半。胡应嘉在"拾遗"环节说杨博庇护乡里，以私愤指责给事中郑钦和御史胡维新，参劾杨博考察不公。按照制度，胡应嘉参与考察，如有不同意见应该在考察过程中提出，但他事后以"拾遗"而出此举，是违制行为。阁臣都认为胡应嘉作为科道官的首领，这么做是党护同官，挟私妄奏，首犯禁例，当拟旨处分。徐阶让轮值阁臣起草处分旨意，最后由他斟酌改定。当时内阁大臣郭朴担当执笔，他愤然说："应嘉是小臣，皇上刚即位，就敢越法，无人臣之礼，应削籍为民。"高拱因胡应嘉与自己有前嫌，不出一语。徐阶揣度郭朴此举是为高拱报复，侧目高拱，见他怒目攘臂，也不便再说什么，于是拟旨将胡应嘉革职为民。此举引起言官上疏请留。兵科给事中欧阳一敬与胡应嘉关系密切，他在论救疏中有意把高拱牵进来，并说杨博切齿台谏已久，此次因考察去职的半数是科道官，明显是泄私愤，而杨博家乡的科道官并无一人，这是曲庇，还说辅臣高拱奸险横恶，与宋朝的奸臣蔡京没有什么两样，将来必为国家巨蠹。他还像煞有介事地宣称，胡应嘉前次上疏，我实际参与谋划，我的才识与胡应嘉相比差得很远，罢黜胡应嘉，不如罢黜我。

　　徐阶一向以结交言路为当官妙法，他后悔处置胡应嘉过重，于是把矛盾上交，并透露处置胡应嘉是高拱、郭朴的意思，又将胡应嘉革职为民改为调外任。徐阶出尔反尔的做法委实不妥，无异把高拱、郭朴推到了台谏的炉火上。郭朴虽出于义愤，但给科道官留下了口实，这恰恰是徐阶的策略——不出一语，暗中诱高拱于丛棘之中——是真正的智老而滑。

　　高拱看出徐阶的机诈构陷，一次会食时，高拱突然质问徐阶："我高拱夜里寝不安榻，按剑而起者多次。徐公在先帝（嘉靖）时，以青词求媚，皇帝刚去世就一反以前的做法，现在又结好言路，一定要驱逐国家腹心大臣，这是为何？"徐阶见气氛紧张，良久才回答："高公错了，言路之口本来就多，我岂能一一结交？又安能使之攻高公？且我能结交，高公独不能结交吗？我不是背先帝，乃是欲为先帝收人心，使恩自先帝出。高公说我导先帝为青词，固然是我的罪，高公独不记得在礼部时，先帝以密札问我：'高拱有疏愿得效力于醮事，可许否？'此札今尚在。"高拱一时语塞，不再说什么。徐阶自此坚卧不出，次辅李春芳等邀人去徐阶宅谢罪，但徐阶仍不出。

徐阶把高拱推到最前面，成为言路交攻的焦点。高拱无奈上疏乞休，并就欧阳一敬所谓"奸横比之蔡京"申辩。隆庆帝与高拱有患难之交，即位之初百业待兴，极为倚重高拱，降旨不允辞。而高拱性格刚烈，虽然在官场浸润二十多年，但他吞不下这口气，于是再疏乞休。火一旦烧起来就难以浇灭。四月初五，欧阳一敬再劾高拱，有"威制朝绅，专擅国柄，亟宜斥罢"等激愤之语。

就在言官交章攻讦高拱的时候，高拱的乡试门生御史齐康看不下去了，于是弹劾徐阶专权蠹国，并引出两大敏感话题，试图将徐阶一拳打倒：一是先帝欲建储，徐阶坚执不可，及皇上登极，他有疑惧心，遂诈称有疾以尝试皇上之意，又与大学士李春芳声势相倚；二是先帝要传继，想把皇位传给皇子，徐阶不赞成。这两大话题涉及大臣事君以忠的问题，如一枚炸弹，彻底引爆了隆庆元年的政局。当齐康上疏时，科道诸臣齐集阙下交口相骂，欧阳一敬首先疏参齐康，齐康也参论欧阳一敬，互相指为党邪。

徐阶为自己进行了详尽的辩护。关于几个儿子请托之事，他说有各部文卷可查，皇上也可以令厂、卫访查。关于建储之事，徐阶详列向先帝奏请立太子的日期，以及如何消除先帝疑心，并说先帝御札及他的四次奏请均有案可查。关于"传继"一事，徐阶解释说，先帝赐给臣御札，并未尝谕以册立，臣恐启他衅，委实不敢赞成。徐阶最后请求放回田里，自此坚卧不出，隆庆派官员到宅邸传旨，徐阶也不应。

徐阶越是如此，越能引起满朝对高拱的攻击。包括南京在内，共有三十多疏参劾高拱，甚至有请尚方宝剑诛杀高拱的极端者。

其中影响最大的是大理寺丞海瑞的上疏。当此巅峰对决时，海瑞坚决站在徐阶一边，说徐阶辅弼先帝十五年，不能改变修炼神仙、大兴土木等过错，作为大臣诚然有亏，但他后来任首辅，天下很快得到治理，这未尝不是徐阶出力；其心在社稷，虽然有畏威保位的缺陷，而随事调和，足小补于天下。而且徐阶不招权、不纳贿，古之所谓休休有容，徐阶堪当此美德。海瑞的结论是，徐阶是社稷之臣，我海瑞代表的是中外公议。

接下来评论高拱，海瑞毫不客气，说狡饰凶狠的高拱才力不能辅陛下，而能祸天下，今天下正应该崇惇大、养和平、续一线之脉，而高拱像个凶医一样对国家再施毒剂，有见识者都知其不可；齐康是非颠倒，欲陛下斥徐阶而用高拱，不知是何用心。高拱不可一日担任内阁大臣，南北科道十三疏中已经再三申明，这也是中外所共知的。齐康受高拱指使，顾一己爵禄，不顾天下安危，其罪又浮于高拱，望罢斥高拱，将齐康重加刑治，使徐阶、李春芳得以安位行志。

海瑞的上疏除了激愤之词外，值得注意的是，他提出隆庆朝应该施行宽大的治国方略，不应用凶医、下猛药。这与高拱、张居正对时局的认识截然不同，后来海瑞也对此做了深刻而全面的检讨。

南京提学御史耿定向，也认为这是"邪正消长之渐"，他也没有缺席这场政治斗争，上疏参劾高拱："唐德宗时赵璟构陷名相陆贽，宋朝李沐排挤赵汝愚，唐宋覆辙可鉴。齐康参劾首辅徐阶，大家都说是高拱唆使的。像高拱这样褊心蜂气、毫无大臣度量的人，陛下为何要用他？"**18**

言官们的几十份参劾疏如同锋利无比的箭，一齐射向高拱，令他难以招架。结果齐康被降二级调外任，高拱连续十二次乞休，最后用上了"皇上哀怜，使得生还"这样的乞语。隆庆帝仍然不舍，惊问身边人："高先生病耶？"对曰："病甚。"五月二十三日，隆庆命高拱驰驿回乡调治，仍赐白金等物，遣行人护送。

在徐阶、高拱之争的关键时刻，张居正选择了中立。这不是因为张居正擅长"骑墙术"，而是在情感与治国的方略上他也难以"二选一"。就情感而言，他无疑与恩师徐阶的感情更深，他不希望老师受到伤害，但他显然不赞同徐阶的"慢节奏"；相反，他与高拱的理念一致：疗治沉疴的大明王朝必须用猛药。有记载说，他见高拱被参劾，大为不平，往请徐阶挽留高拱，徐阶不听。一日，徐阶以政务咨询，张居正冷冷回答："某今日进一语，明日为中玄矣。"中玄是高拱的号。从当时的情形，特别是徐阶解职后张居正写给老师的信中可知，劝留高拱之事或有可能。王世贞在《首辅传》中记载说，高拱不为徐阶所容，张居正为高拱谋划，使高拱得善归。所谓"得善归"，指朝廷以礼相待。

高拱回到家乡新郑，写《闻蝉》七言绝句，表达经邦济世愿望无法实现的失落：

> 何处寒蝉抱叶吟，日高风静响沉沉。
>
> 无端清切惊残梦，暗引悲秋万里心。

在隆庆心中，高拱地位尊崇，君臣关系固结于患难之时。当年高拱出任祭酒，裕王哽咽而别。十多年共同经历的心惊胆战，使得隆庆对高拱的特殊倚重有别于其他任何人。高拱解职回乡，徐阶始出视事，隆庆心里很不是滋味，对徐阶的信任由此动摇，而对言官的厌烦也油然而生。这无论是对隆庆本人还是隆庆朝政治来说，都是不好的征兆。高拱归里后，徐阶又故意挑起郭朴维护高拱而惩罚胡应嘉之事，于是言路又把靶子对准郭朴，郭朴遂于当年九月休致，回到家乡安阳。

徐阶感慨说，他对高拱有恩无怨，不知高拱为何以怨报德，齐康又为其所愚所唆，清白世界有此一番鬼魅跳舞号呼，言之可叹可恨。但"太假言路"也让徐阶引火烧身。嘉靖朝被废黜的言官在平反后得到起用，他们恃徐阶而强，攻高拱成功后，斗志更盛，事不论大小，群起而争，致使隆庆朝的政治向失控的轨道滑行。嘉靖朝的问题是"格君心之难"，而隆庆朝又走向另一方面：舆论泛化，言路过张，致使皇帝与阁臣、阁臣与言路、言路与内廷之间互相倾轧。在五年半的隆庆朝中，内阁先后有九人，史书说他们都是正人，但在如何认识、处理嘉靖朝的政治遗产和推进改革上，却难以形成共识。徐阶希望回归"三杨模式"，用渐进的途径解决嘉靖朝的弊政，但阁臣权力分散，没有形成相对稳定的核心和权威，缺乏总括性的改革纲领做指引，同时又受到言路的极大牵制，致使隆庆一朝的作为极为有限。张居正是唯一一位与隆庆朝相终始的内阁大臣，他见证了这一切。徐阶是从与严嵩的博弈中胜出的，政治经验无出其右，他认定只要隆庆皇帝在，高拱迟早会再起，而能够牵制高拱与之抗衡的人，只有张居正，这也是他把家国之事一手相托的原因。

徐阶解职后，张居正迫不及待地抛出统领改革的六事政纲，使得朝野期盼几十年的新政有了方向。于慎行是内阁首辅李春芳的学生，他总结说，嘉靖末隆庆初，徐阶以宽政辅佐隆庆，百姓稍稍安定下来，沐浴德泽。李春芳继其后，博大优柔，天下熙熙，罢相后，继任者急于治功，以法家绳约天下，天下又几重足不起。这是明显站在徐阶一边，对高拱、张居正颇有微词。

权力之争一旦与治国方略相混杂，结局往往更难预料。在中国先民的政治智慧中，自全其身容易，高拱担心自己得狗马疾，毅然选择回乡；一年后，徐阶走了同一条路。只有张居正，政治是他永远的热恋。而能够做到自全其身，又能自守其道的，也只有张居正。多年后，当张居正位居首辅时，他把自守其道看得比自全其身重要百倍，他也为此付出了常人难以承受的代价。

君臣遇合多少有运气的成分。两道诏书颁布后，徐阶最初对隆庆充满希望，"自古有臣，常患于无君，而有君亦患于无臣"，他以满怀兴奋的心情对友人说："今则有君矣，建立功勋，不正是吾辈之责吗！"但与高拱之争后，他顿时有了无力感，说自己既于朝廷无所补益，又不能主动引退以给贤者让路，为此忧惧愈甚。隆庆帝在潜邸十几年，朝夕危惧，噤若寒蝉，小心翼翼地过着煎熬的日子，这种不正常的环境使他的才能、个性受到极大压制。从常理而言，他即位后需要一次释放。

隆庆元年八月，隆庆提出到天寿山秋祭，并命人做好相关准备。天寿山是成祖迁都北京后诸帝陵寝所在，在京师北约五十公里外。徐阶以秋防俺答为由劝止，隆庆不高兴："朕旨一出，卿当即举行，又何有此烦言？"徐阶大讲这是危险之举，他不敢以国家之事轻试于危险。隆庆只好作罢，推迟到次年春天举行。隆庆又命在西苑演练骑射，这本是讲武之事，又有先例可循，但徐阶等一闻"西苑"二字就想起先帝斋醮的事，也加以劝阻。隆庆二年三月，隆庆欲临视南苑（西苑），除徐阶本人劝谏外，还发动九卿、科道轮番劝谏，这次隆庆就是不听，徐阶仓促随从，归来后又称病不出，引起隆庆极度反感。

隆庆想做的事一再受到阻止，于是不经内阁的"中旨"频出，这成为彰显皇帝权威的无奈选择，也表明他与内阁首辅徐阶的对立。隆庆在藩邸久矣，即位后所用宦官多是旧人。隆庆元年九月传旨，命内臣坐团营，并以《大明会典》为据令内阁拟旨。徐阶的第一份正式工作，竟是给宦官授书。他清楚，嘉靖帝有千错万错，但有一好，即抑制了成祖以来宦官势力逐渐坐大的势头。他拟旨反对内官坐团营，隆庆不高兴，指责阁臣："怎么主意不遵？"隆庆二年四月，宦官许义以事请托，巡城御史李学道没有答应，许义竟然追着御史詈骂，李御史愤怒之下命杖责许义。此举激怒了宦官群体，一时聚集上百人前往宦官衙署的总管司礼监，要求重治李御史。徐阶以中官私出禁门本来罪重，但慑于宦官集体的威势又不好处理，只好将此事压下。而御史们也不好安抚，上疏参劾许义，宦官们不依不饶，一百多人趁御史退朝，在午门群殴御史，都御史王廷想上疏参劾这些宦官，征询徐阶的意见，徐阶已许，但又担心事出叵测，于是派人致信司礼监文书官尚文，对他说："诸贵人群殴御史，不知何以处置？"尚文装作桀骜的样子："内外各有体，相公不要但为御史顾惜体面，吾属内臣也有体面。"徐阶说："我非为御史顾惜体面，而是为国家顾惜体面，为司礼诸公顾惜体面。"尚文说："这是什么道理？"徐阶说："姑且不论御史还是内臣，在天子临御之所而群殴他人，一旦为皇上所知，能不怒乎？诸公何不立即查清是何人所殴，速奏皇上，如此即便外廷有奏，处置轻重则在诸公之手，而皇上必不怒，诸公体面可保。"尚文觉得有理，即告知司礼监滕祥，将参与群殴的宦官全部查清参奏，将首恶三人杖责一百，发配边远，其余九人各杖六十，发南京净军*。

这次明朝两股权势极大乃至左右朝政的力量——言路与宦官——交

---

* 净军：由宦官组成的军队，多由失去皇帝信任或犯有过失的宦官充任。取其"净身"（阉割）之义。通常让其承担洒扫、值更、司香等贱杂之役。

锋的背后，是皇帝与外朝失和的信号。虽然此次以阁臣为首的外廷在与宦官的斗争中大胜，却潜伏着更大的危机。史书说徐阶所谏净多是宫禁之事，得行者十之八九，一时宦官侧目。阻止宦官掌团营后，他忧心忡忡，说不知将来宦官又会出何等奸谋，也不知到那时我还能不能阻止，内心忧虑，唯有告老回乡啊。

> 连章未遂乞休情，猿鹤谁寻旧日盟。
> 乡思难消如瘥酒，客怀靡定甚悬旌。
> 虚传大隐居朝市，实恐微才负圣明。
> 欲作家书频阁笔，归期何以报江城。
>
> ——徐阶《乞休未报》

> 一春归计又成虚，奏章空裁二十余；
> 窃禄畏看支俸籍，劳生羞读炼形书。
> 孤灯照雨嗟难曙，短翼凌风叹不如；
> 强饮浊醪求暂睡，梦魂偏到旧山居。
>
> ——徐阶《乞休不允》

在隆庆二年春的两个月间，徐阶八次上疏请休，情感真挚，语气坚定。他每天携带药剂到内阁值房煎服，并告诉皇上因病势日增，连朝参、赴阁都无法参加，他请求给假调理。

他称量自己，畏谨、平实都难以做到，加之衰年重病，即使自己贪恋官爵，不愿求退，皇上为国家着想也应当罢免自己，更何况已屡次乞休。四月十六日，他以近乎哀怜的口吻，向内阁同僚请求票拟把他放归：此事诸公肯自票拟，则阁臣去留尚出同僚友，他日公论尚有所仗；若再三推避事出宦官，则世宗四十五年费尽心力所收回政权，一旦复为取去，这才是深为可惜且异常堪忧的啊。

体制存在的缺陷，往往要以牺牲个人作为代价。我们看到嘉靖以来的内阁首辅几乎都以悲剧收场，无论他们做了什么，做得好还是不好，做了该做的事还是不该做的事。据此我们有理由推论，废除丞相制度后糟糕的决策机制，使得内阁大臣扮演着异常尴尬的角色。徐阶见惯了刀光剑影，他的政治智慧不允许他被同一块石头绊倒。他痛彻心扉地说：

> 仆才识陋庸，性资暗懦，若使处平世、守成法，抚摩伤残，保护正直，与斯世相安于安静和平之中，或可勉也。……故自知甚明，自计甚审，两年以来，求退凡二十疏，即令人能见容，犹不敢一日苟安其位，况重以繁言，希巨珰之意，受权势之唆，从旁攻之哉！

这段话说得非常明白，如果要做一个太平宰相，他勉强胜任，但在种种矛盾交织中披荆斩棘，大刀阔斧推进改革，他办不到。所谓"不敢一日苟安其位"，说明他还是为国家着想，要让更有能力、有气魄的人担当大任。更何况从自身平安卸任，晚场善收而言，他也不愿成为众矢之的。由此可知，徐阶的乞休是内心世界的真诚表达。

徐阶在煎熬中迎来了难堪的一击。隆庆二年七月，给事中张齐疏劾徐阶不职，指责说：徐阶服侍世宗皇帝十八年，神仙、土木之误都是他所赞襄而成，及世宗去世，手草遗诏历数皇帝过失；徐阶与严嵩内阁同处十五年，缔交联姻，并无一言相忤；及严嵩落败，立即背而攻之；徐阶为人臣不忠，与人交不信，大节久亏；……唯知养交固宠，擅作威福，天下惟知有徐阶，不知有陛下。

张齐弹章，原文不见，内容并无新意。徐阶除对赞世宗玄修、复建永寿宫二节简单疏辩外，特别对涉及内阁大臣职掌详细辨析，字字透露万般无奈：

> 我朝革丞相，设六卿，兵事尽以归之兵部，阁臣之职止是票拟，亦犹科臣之职止是建白。凡内外臣工论奏边事，观其缓急，拟请下部看详，及兵部题覆，观其当否，拟请断处。闻值事情重大紧迫，拟旨上请传行。盖为阁臣者，其职如此而已。

徐阶疏辩一上，去意决然，即便隆庆帝三番五次下令命他出来视事，并把张齐谪发于外，他也毫不迟疑。他连上三疏乞休，称臣"既无经世之略，亦乏救时之能，迩者屡疏乞休，固已具陈不堪之状矣。今重任不减于前，……年力衰迟，不胜鞭策。……力微道远而行不止，则颠蹶必随；腹小量盈而食不休，则疾病必作"¹⁹。十九日，隆庆帝允准休致，特命驰驿，遣行人护送以归，有司岁给人夫八名，月给廪米六石。

徐阶休致，多家记载与太监李芳有关。李芳原是裕王府承奉，嘉靖时在庞大的太监机构中一直当的是闲差。他颇好读书，自负为吕强、郑众一类人，他为人持正，甚恶严嵩奸贪，而鄙薄徐阶不能救正。隆庆即位后，他升为内官监，地位仅次于司礼监，而先后掌司礼监的大珰滕祥、孟冲、陈洪深得隆庆宠信，争饰奇技淫巧以取悦隆庆，办鳌山灯会，诱导隆庆长夜宴饮。短短两年，隆庆而立之年的身体就被掏空，李芳劝谏，隆庆不悦，并受到了司礼监的打压。看着宫廷内的这一切，他心焦如麻，如同外朝由首辅主政一样，内廷只有司礼监才能对皇帝施加影响，他私下向徐阶请求，推荐他为司礼监，徐阶对宦官本来极为小心，于是便以司礼监人事任用在皇上，内阁无权干预此事为由拒绝了李芳。李芳还多次抗章言说外廷事，相关衙署以宦官不得干政对他痛加裁抑，李芳将此归咎于徐阶，说是徐阶主使，徐阶也察觉到李芳对他心存不满之意。

徐阶解任还牵涉门生张居正。有记载说，张居正不愿意老师徐阶久居其上，而且与高拱有宿约，徐阶一再乞休时，他写密纸报给李芳，说徐阶确实不想做内阁首辅了，于是隆庆许休。张居正在裕王府邸时与李芳确有交往，邸中中贵*一致认为张居正贤能，李芳还跟随张居正学习过一段时间，并多次向他请教书中的微言大义，其中很多都涉及天下事。但说张居正不愿意恩师徐阶久居其上，则纯属猜测之词。道理很简单，在阁臣中张居正属于新进，资望最浅，有恩师做首辅，在云谲波诡的内阁争斗中就能多一分保障。当时，张居正已体察到老师为政艰难，厌倦了宦海生涯，遂去意已决。且徐阶已六十六岁，当时又在病中。更为关键的是，二人在一起时，就国家和徐阶家族的私事曾多次商议，商议的结果是徐阶把家国之事一手托付给了爱徒。这在当时几乎尽人皆知。徐阶回到家乡十几年，在与友人的通信中谈及谢政之事，从未涉及张居正只言片语。

徐阶谢政的主要原因是他对隆庆帝的极度失望，他不想再像迁就嘉靖一样，辅佐一个看不到未来的皇帝。徐阶谏诤的大多是宫禁之事，也就是皇帝私人生活的领域，皇帝采纳的十有八九，这至少说明隆庆帝还有从善的美德，但皇帝背后是一个庞大而几乎无所不能的宦官群体，徐阶令宦官侧目的同时，又无形中把自己拉到了皇帝的对立面。

隆庆的平庸，恐怕在明朝皇帝中能够排前三。他几乎不视朝，即便偶尔视朝，也引领四顾，从不发表意见，绝大多数场合都是派内官传

---

* 中贵：泛指皇帝的宠臣，这里指宦官中有权势的人。

呼而已。所谓"临朝渊默""未尝发言"等记载，并非由于他心不在焉，而是对军国大政缺乏基本的处理能力。史书对他最不堪的一句评价是"望之不似人君"，直白地说他不像皇帝。隆庆即位伊始就怠政疏懒，大臣劝谏，拿他和他的父亲对比，说先帝晚年虽然不临朝，但亲近辅臣，皇帝奈何初政就懈怠如此！凡夫俗子尚有几分热血，隆庆没有把登基前小心翼翼的十几年光阴用锐意进取来补偿，相反，他要用无尽的女人来填充以后的人生。隆庆二年正月，他命人代为祭享太庙，徐阶像开导小孩子一样劝说道：这是国家大典，列祖列宗只有皇上亲祭，且自皇宫到太庙路途不远。次年年底，尚宝司丞郑履淳上疏说，近年来万民失业，四方多故，皇上应卧尝薪胆于宵旰也。而您御极以来恭默三年了，试问可曾召问一大臣、面质一讲官、赏纳一谏士，以共画思患、预防之策了吗？自开辟以来，唯有如此才可以求得江山永安。

有人认为，君主无能，正是首辅大臣施展的机会。隆庆即位时已在而立之年，他不但无法履行皇帝对社稷江山和天下子民的责任，反倒把穷奢极欲的能耐发挥得淋漓尽致。徐阶如果不规谏，就会背负难堪骂名；如果每事规谏，就会成为隆庆的对立者，使自己陷入极度危险的境地。万般无奈之下，进退维谷的徐阶下定了休致的决心。

隆庆二年七月二十一日，徐阶离京。爱徒张居正都门送别，泪簌簌而不能止张居正的悲泣，不只是因为别离，更多的是为当初追随老师匡济天下的愿望落空了，也为自己酬报知遇之恩的心意无法实现。他不禁叩问：这难道是苍天做主，人事难为？大丈夫既然以身许国家，许知己，唯有鞠躬尽瘁。

"相业中第一筹"

耿定向曾致信徐阶，称赞后者"相业中第一筹"，指的就是提携张居正入阁一事。他说，相国的门下士子可以千数，而阁下独属意江陵张君，重相托付，诚为天下得人矣。同志中有识者都说这是阁下相业中第一筹，也只有张江陵确实能为阁老继志传心。

耿定向在明朝中叶以知人识人而名声卓著。接着他笔锋一转，指出了张居正的弱点：

> 其性本简淡，而学亦因之，延纳一节，未能如阁下吐握之勤。朝士有以此少之者，愿尚有以进之。[20]

耿定向没有看错，张居正由内而外都表现出一副"冷面孔"。但他没有看出，张居正外在的表象是"冷"，是简淡不热衷，实则其内心沉稳、收敛，不外露。他交往的人很少，知交更是少之又少。耿定向是说周公一饭三吐哺，张居正身居相位也要礼贤下士，收拢人心。他希望徐阶在这方面要不时对张居正加以训导。所谓"学亦因之"更是有些主观，张居正的学问是经世济民，不是附庸风雅，更不愿彼此唱和。后来耿定向承认自己误会了张居正。这是后话。

耿定向随即说高拱做事强悍，妨贤误国一点儿不亚于前相严嵩，不过幸运的是因其发迹太快，党羽尚未形成。耿定向希望徐阶不要把高拱的人都赶出朝廷，还专门推荐了高拱家乡的人。[21]

耿定向是湖广黄安人，嘉靖三十五年进士，年长张居正一岁，是张居正早年交往密切的人。嘉靖四十年，耿定向巡按甘肃，两人书信不断，张居正谈到时局，忧心忡忡，也有怀才不遇的感触，他说现在贪风不止，民怨日深，倘若有奸邪之人跳梁而出，国家就危险了。只有磊落奇伟之士大破常格，廓清时弊，才能弭天下之患。只是世上"虽有此人，未必知；即知之，未必用，此可为慨叹也"。他还向这位知己询问："西夏风土何如？边事尚可支持否？陇西、北地故多豪杰，今有其人否？方便时频频寄言，乃见爱迪。"

徐阶一手提携张居正进入内阁，不仅要将其送上马，而且还要扶他一程。对耿定向所说的张居正简淡等缺点，他不能不重视，何况这是朝士一致认为的弱点。于是他委婉地劝说了爱徒。张居正给耿定向写信做了解释。在写给洪朝选的信中，张居正说他进入内阁，除了因为皇上念甘盘之旧（他曾是裕王的老师），更主要的是元翁徐阶的接引之慈，他表示此生唯有坚持己见，竭一念缕缕之忠，才能不愧于名教，不负于知己。礼部尚书董份在祝贺张居正入阁的同时，也勉励他著书立说，以立言垂不朽。张居正却极不认同这种态度，他说，明兴二百余年，名世之辅，专门之彦，凡几作，而一代文章，犹不能追踪古者，我这样鲁钝的人，又岂能做到。

徐阶回到家乡最初的一年多里，儿孙绕膝，奴婢千指，过着富足而惬意的生活。其间，张居正一直与老师保持联系，甚至有意请老师再出山。隆庆三年初，他以唐朝名相裴度罢相后在洛阳午桥建绿野堂别墅的事写信给恩师说，绿野之居虽然怡人，而苍生之望方殷，清泉白石，恐怕不是老师最终眷恋的地方。由此，他委婉地表达了希望老师能够回到朝中的想法。他还告诉老师，困扰朝廷多年的秋防（为防备北部俺答袭扰的防御行动），今秋没有拉响警报，眼下朝野安定、平静，这都是老师您留下的成果。

后来他上疏提出六条改革纲领后，担心老师误解，于是做了解释：近来流俗的浅薄之见认为朝野无事，便说这是太平景象，殊不知隐机伏祸，深有可虑；我揣时度力，屡次想乞休归乡，但因身受国恩，未能报答，一再想等待机会使皇帝开悟，迎姬旦于周郊，起潞公于洛下，使得国事有托，然后才可以放心回乡。张居正在此处借用了两个典故。所谓迎姬旦于周郊，是指周公被成王怀疑而出避，后来了解到周公的忠诚，成王亲往城郊迎请回朝。此处张居正以周公比拟徐阶被隆庆皇帝怀疑而回乡一事。潞公是文彦博的封号，王安石变法时他居住在洛阳，与司马光等结成洛阳耆英会反对变法，哲宗时司马光为相，并推荐他一同为相。

张居正重言诺，更重情义。他希望徐阶重新回到朝中，并非言不由衷，更非给老师食口惠。想起自己与老师的约定无法完成，为此他想辞职回乡；但老师最终没有回到朝廷，师生的约定更成了泡影。他仍旧需要等待时机。

徐阶的心腹门生吴时来也希望老师东山再起。经历宦海磨折的徐阶虽然对朝政颇为关注，但面对复出之事，此时的他已心如止水；相反，他对宦官重新执掌大权极为恐慌，他像预言家一样说出了今后的隐忧，也指出今后内阁首辅的境遇会更难：

> 世宗费心费力，四十余年始收得正德间中官之权以付阁下（内阁）。今巨珰虽去，而朝廷政柄亦遂落入彼手。……后虽有贤辅相，恐未易取回，而公卿台谏，亦恐从此渐渐不能与之相抗相争，此等处关系不小。奈何，奈何！ [22]

这段话意涵极深。在隆庆初年宦官与言官的争斗中，宦官取得了压制性胜利，以后的内阁乃至首辅无论如何也拿不回落入宦官手中的大权，他们的出路只有两条：要么碌碌无为，要么与宦官妥协、交结。

退田风波与海瑞罢官

隆庆三年六月的一项任命，彻底打破了徐阶宁静的乡居生活：通政使司右通政海瑞升任应天巡抚。应天巡抚治所在苏州，管辖应天、徽州、苏州、松江、常州、镇江等十府和广德一州，又称江南巡抚，宣德五年（1430）专设。海瑞是广东琼山人，四岁时遭父亲海瀚弃养，他没有兄弟姊妹，全靠母亲谢氏含辛茹苦将他养大，少年海瑞所习《孝经》《中庸》等儒家经典均由母亲口授。嘉靖二十八年，三十七岁的海瑞考中举人。举人称乙榜*，做官起点低，随后海瑞两次进京考进士均落第，因年过四十，家境贫寒，遂到吏部谒选**，嘉靖三十二年任福建南平县县学教官，手订《教约》十六条，认真课士***。当时的规矩：提学御史到县学，属吏须跪拜。海瑞认为学校是师长教士子的地方，拒绝行跪拜礼，遂有"笔架先生"****之号。四年后，海瑞升任浙江淳安知县。他一入县境便看到百姓流离失所，痛苦万状，询问原因后慨叹道："天下事都被秀才官做坏了。"当时官场都把"宁刻民不可以怒上，宁薄下不可以薄过客"奉为做官秘诀，而海瑞则爱民如子，拒绝向乡愿妥协。

嘉靖四十一年，南京提学御史耿定向检查其所管辖的区域，得知海瑞在淳安有风节，为之写传，以此勉励诸学官及弟子员。自此，海瑞清廉为政、勇于任事的事迹也为世人所知。

---

* 乙榜：又称"乙科"，明朝人称考中举人者为乙榜，考中进士者为甲榜或甲科。在官吏选用上，历来重视甲科。

** 谒选：指官吏赴吏部应选。

*** 课士：指考核士子的学业。这里指海瑞认真担任教谕一职，为国家培养人才。

**** 笔架先生：因两边的官员跪拜，而海瑞直挺挺屹立于中间，像笔架一样。形容海瑞不屈从官场规则，很"另类"的意思。

海瑞不畏强御的脾性得罪了严嵩门客鄢懋卿。事情是这样的，户部因两浙、两淮、长芦、河东等盐政不举，请派遣大臣一人总理，严嵩于是荐用了鄢懋卿。明朝旧制，大臣管理盐政，并无一人管理两淮、两浙、长芦、山东四个盐运司的先例。至鄢懋卿以副都御史总理四运司，于是把天下盐政的利益，全部操在自己手中，又有严氏父子做靠山，所到之处，卖权纳贿，府县乃至更高一级的官吏，见他时都跪行匍匐于地。鄢懋卿生性奢侈，用彩锦装饰厕所，如同幄床一般，用白银装饰便溺器具；送给严氏及其他权贵的财物，不可胜计。他外出视察所属盐务，常常与妻子同行，所制造的五彩舆，令十二个女子抬着，道路上看到的人无不惊骇。府县对他的供给如同钦差，犹以没有受到"鄢大人"叱辱为幸。在扬州，一次餐食花费多达千两银子。这名鄢大臣将要前往徽州、严州，发文要求所过府县供办接待，辞令严峻，实为变相勒索。他快到淳安时，海瑞出了手令，说其他府县或可勉强供张，但淳安不行，哪怕竭尽淳安财富也不足办一餐，如果因此得罪大官，我愿以罪去官。他还给鄢懋卿写信，极言淳安困小不足奉迎，如果非要到淳安一定有所得罪，希望取道他处。海瑞这样做已足令盐政大人却步不前，但他一不做二不休，还斥责了鄢懋卿以前所经之处，舆从供张，奢靡太甚，耗费钱财。信的最后他又告诫鄢大人：前人因奢侈而失败的比比皆是，如果鄢大人不顾百姓疾苦，定会重蹈覆辙。鄢懋卿收到书信后，色变良久，于是罢严州之行，且说"县令所议是"。淳安的上司严州知府知道此事后，吓得心惊胆战，说："令何憨，几累我矣！"此前藩臬大吏都讶异鄢大人为何不到严州，后来得知缘故皆相顾失色，吐舌不已。

鄢懋卿在淳安碰了钉子，其下官盐法道袁淳以违抗法令纠弹海瑞。耿定向得知后，立即把所写的海瑞传记悄悄寄给杨豫孙，请他转交首辅徐阶。杨豫孙是徐阶的老乡，与张居正是同年进士。徐阶当国，引他作为高参，凡海内人物、国家典故，徐阶都咨而后行，士大夫想要在徐相国这里挂上名号，要先过杨豫孙这道关。耿定向与徐阶多有交往，又是著名理学家，人称"天台先生"。徐阶不能不重视，得书后对海瑞赞誉有加，将他升为嘉兴府通判。而此时袁淳弹章已上，海瑞自陈后调简缺*，移任江西兴国知县。

鄢懋卿被治罪后，徐阶升海瑞为户部主事。嘉靖四十五年，海瑞因上《治安疏》下狱，祸将不测，耿定向上疏救解，徐阶担心因此激怒嘉靖，将救解疏压下，从中设法保护。嘉靖去世，海瑞从死牢里走出，杨豫孙心有余悸，对耿定向说："吾为子荐此君，惊悸丧魄者逾旬也。"[23]

海瑞出任应天巡抚的任命虽出自首辅李春芳，背景却是张居正上《陈六事疏》启动的改革。海瑞直声震天下，属吏畏其威严，贪官污吏多自免而去。显赫的权贵家族把门漆成了红色的，得知海瑞将至，连夜把门涂黑。江南乃财赋重地，为国家承担的徭役相应也很重，而冠盖如云的豪绅权贵利用特权兼并土地，将应该承担的赋役转嫁到普通农户身上，造成人口逃亡日渐增多，赋税流失极为严重。海瑞上任伊始，锐意兴革，疏浚吴淞、白茆，通流入海，民赖其利。同时接受百姓告状，勒令大户退田，他发布文告称"本院法之所行，不知其为阁老尚书家也"。一时之间前来告状的乡民挤破了巡抚衙门，比集市还热闹。而徐阶诸子在家乡为恶的许多罪行，则是百姓告发的主要内容。

徐家世代为农，徐阶的祖父因家贫而入赘同邑黄姓人家做了上门女婿，父亲徐黼做了十几年的县丞，也没有积攒下家产。徐家积累起远比严嵩家更庞大的家产，主要是在徐阶供职内阁的十七年间，而以六年首辅为最多。

---

* 简缺：指职务清闲、简单的低级官职。

嘉靖二十六年，四十五岁的徐阶已为官二十年，当年由吏部侍郎升任翰林院学士。因家无余资，无法为十八岁的长子徐璠与季氏举办婚事，于是向小弟徐陟的亲戚借贷，方得完婚。

徐阶兄弟四人。小弟徐陟比长兄徐阶小十一岁，其进学是徐阶一手督教，后中丁未科进士，成了张居正的同年。徐阶一直任要职，徐陟所任都是闲散之缺，徐阶觉得特别亏欠自己的小弟。徐阶有三子一女。长子徐璠因科场事被革除荫子，后来徐阶在内阁九年考满，荫子中书舍人，按例应以次子及孙承荫，徐阶蒙嘉靖帝特允，仍以徐璠承荫。隆庆帝即位后，朝廷为嘉靖时期因上疏建言而死难的人平反昭雪，沈炼的儿子也上疏为自己的父亲申冤。徐阶当时作为首辅，没有忘记当年杨顺揭发其长子徐璠替考的事情。受理沈炼冤死一案时，查出从前任宣大总督时，杨顺秉承严氏父子的意图，参与迫害沈炼，为此依照法律将杨顺判处死刑，关在刑部大狱。刑部侍郎洪朝选是徐阶门客，他阿从徐阶旨意，将杨顺困死在狱中。徐阶解职后，徐璠也回到家乡。徐璠有妻妾八房，生十一男四女。徐阶次子徐琨、三子徐瑛，都是张夫人所出，分别小徐璠十五岁、十八岁。徐琨有五男二女，徐瑛有三男四女。徐阶有孙男十九人，孙女十人。徐家子孙绵延，人丁兴旺，成为松江乃至江南第一大族。

鉴于严嵩之子严世蕃从政而败，徐阶于是放纵诸子大治产业，诸子也借助父亲的权势，为恶乡里，致使一方百姓如在水火。

徐阶的家产主要来自三方面。

一是土地收益。徐家田产多少记载不一，多者记载有四五十万亩，少者也有二十多万亩。徐阶自己则说仅有三五万亩，这显然不实。每年所收租金接近一万两白银，仅佃户就有上万人，尚不包括上海、青浦、平湖、长兴的在内。仅华亭一地的田租，每年就有一万三千石。有记载说，徐阶在位时，松江一府的赋税几乎都进了徐家，征税官吏空牒入京，只好到京城的宰相府收税，徐阶以七铢为一两，户部也不敢辩争。徐阶休致家居后，友人王畿规劝他，田产积到二十万亩，何不减少一些，徐阶不答。王畿的话传到徐阶诸子那里，他们攻击王畿是婪索民财，为做说客，徐阶也不表态。王畿再次规劝，徐阶回答说："小儿辈不像你说的那样。"于是王畿说徐阶溺爱子女，不久将大祸临头。

二是纺织业经营的收益。徐阶在位时多蓄织妇，在京城还设有布行，长年经营，自成市场。他的家乡有一条街，是徐家的手工作坊。

三是嫁妆。徐阶几十年为官，子女婚姻嫁娶者非富即贵。陆炳任都督同知，掌锦衣卫事，因嘉靖时救驾有功而受宠。徐瑛娶陆炳之女为妻。陆炳女儿出嫁时，嫁妆价值巨万。陆炳去世后，徐家用尽各种手段吞没了陆炳家的数百万家财，这场争夺财产的官司一直延续到万历时期，经张居正多方调处才得以解决。

嘉靖去世，海瑞先复原官，后迁任大理寺丞，官居五品。当时高拱借遗诏等事与徐阶相争，海瑞上疏力挺徐阶，并给徐阶弟徐陟写信，称纪纲法度被高拱坏尽，肯定遗诏功深，高拱奸横，有识者不站在高一边，劝徐阶担当有为，以补过于方坏之始，但也委婉批评徐阶"动以调停国手自许，然调停处得之者少，调停处失之者多"，并指首相门下谀人满前，动辄以伊、傅、周、召相誉，使得"内自生疑不能执，外不闻过无由改"。[24]高拱解职后，海瑞随即奉命出京，于九月下旬到江西兴国将母亲接回，一路往返费用，都由徐阶暗中帮贴。海瑞写信感谢，称天高地厚，愚子母感激不可胜言！他还告诉徐阶，他在往返途中，所闻全都是称颂徐阶的话，但也提出，"公以身任天下之重，天下亦以天下重责之"。他提出北虏猖獗，是今日善后第一事；而东南困惫，为今日拯救之策，这又是天下最期待相国的。十一月，海瑞升为南京通政使司通政，官居正四品。海瑞到任后已是隆庆二年二月。七月，他家遭不幸，妻妾双亡，在哀苦中得知徐阶致仕而归，深感骇异，立即派人前往扬州迎候，并致书徐阶，肯定其为首辅后的作为，婉劝他如有机会重回朝廷，担当国家大事。说现在的天下与五年前乃至七年前相比已有天壤之别；而南、北并未安宁，用天下太平来衡量，也有天壤之别。纠正以往政策的偏颇，去除弊端，因时乘便，一件一件做起来，这是天下人冀望相国，也是相国能够做到的。[25]

海瑞出任应天巡抚，是他宦海生涯中最重要的一次任命。他踌躇满志，感到自己提出的拯救东南大计终于有了实行的机会，而赋役不均，是他着力解决的首要问题。江南富甲天下，徭役最重，为逃避徭役，百姓将自家田产投献给有权势的大户，最终徭役所征派的都是贫瘠之田、贫困之家，致使富者愈富，贫者愈贫。海瑞到苏州上任伊始，就开始走访调查。苏州、常州、松江三府是仕宦之家最多的地方，但海瑞发现，所谓富甲天下完全有名无实，因为贫富分化极为严重，官宦之家横肆兼并土地，小民无盖藏之积蓄，而势要之家包揽钱粮，致使国家赋税流失严重，各级官吏不仅不敢对权势之家执法，而且大多与之交结，徇私舞弊。为此，海瑞颁布《督抚条约》三十五款，命文到之日，各官当痛改旧习，敢有一事一字不遵，一时一刻迟误的，绝不轻贷。有关民间疾苦、官吏贪毒、实有冤抑而官司分理不当者，准许到巡抚衙门投告。他说：

> 本院法之所行，不知其为阁老尚书家也。府县原有此权，甘自卑琐，自今以后宜痛自奋发，凡有拖欠，府县径拿亲人追治。果为抗拒者走申，本院职在粮储，必为府县张主。[26]

海瑞赋予府县更大的权力，严厉惩办大户包揽钱粮。"法之所行，

上篇 权力之变 · 109

不知其为阁老尚书家",更是把矛头指向有极强势力的乡官。

海瑞把每个月的初二、十六两天定为放告日,即接受百姓投状子的日子。每个放告日,投状的人多达三四千,他选择重要的状子立案受理,每天处理二百份,而有关人命、强盗、贪腐的案子不限定日期,可以随时来告。为深入了解情况,杜绝衙役勾串,他不住在衙署,经常走访村落,召集里老人*,请他们畅所欲言。他得知,拖欠钱粮或不缴钱粮者,几乎都是官宦大户、富户,平民百姓少之又少。当年十二月,他巡历松江府,告发乡官夺取民产的接近上万人,海瑞问为什么松江有这么多告乡官的,有人告诉他:"二十年以来,府州县官偏听乡官、举人、监生,百姓的田产逐渐销蚀,乡官逐渐富有。再后来,官府根本不受理百姓告乡官的状子,加之百姓也畏惧乡官,便不再告状,日积月累,才有今天的事情。"海瑞受理百姓告状时,发现松江府所属的华亭县告乡官的状子最多,而其中告徐阶家的又最多,海瑞慨叹说:华亭乡官田宅之多,奴仆之众,小民詈怨而恨,两京十二省无有也。

海瑞一心为民,"法之所行,不知其为阁老尚书家"的做事原则自然把他卷入与徐阶的恩怨和对立中。海瑞提出徐家退田数额应该过半。徐阶解释说,他家并没有那么多田,多是别人诡寄的。海瑞不让步,复信说近阅退田册,但所退数额不多,敦请再加清理;并说"昔人改父之政,七屋之金须臾而散,公以父改子,无所不可",希望徐阶把诸子在家乡通过各种手段聚敛的田地退还一半。徐阶不想妥协,他向首辅李春芳求救,李春芳转请海瑞斟酌考虑。海瑞也不让步,并委婉表达了他对

---

* 里老人:明初设立的基层教化组织的人员。由年龄在五十岁以上,平日在乡里有德行见识、众所敬服者担任,负责处理基层民事诉讼,在申明亭(明清两代在各方用以张贴榜文、申明教化而建的亭子)召集乡民从公审断。

徐阶在位时因循不作为及内阁变动的看法，希望李春芳振作有为："今天下事靡靡不立，病坐当事人因循苟且，日挨一日。去此成彼，一担当之而事无不济矣。原非时有所难为、势有不可为也。天下以此日切仰望，公以此自处而天下之事集矣。"他还告诉李春芳："存翁（徐阶）近为群小所苦太甚，产业之多，令人骇异，亦自取也。若不退之过半，民风刁险，可得而止之耶！为富不仁，有损无益，可为后车之戒。"[27]并说希望李春芳不要为此感到惊讶。

见李春芳无法说服海瑞，徐阶诸子纷纷出动，或给张居正写信，或直接到京城张府求助。张居正向徐琨表示，他会给海公写信劝导，同时嘱咐说，太翁老师年高，恐怕经不起这样的事，希望公朝夕保护，事有可了者应该自己解决，不要给老师增加忧戚。

徐阶一向结好言路。隆庆四年正月，给事中舒化疏参海瑞迂滞不谙事体，在应天颁布的科条约束是创新奇之法以抗时俗，提出海瑞只应任两京清闲官职。朝廷没有采纳此条参奏，称赞海瑞节用爱人，勤事任怨，命留抚地方。徐家清楚，用正常的言路不足以动摇在士大夫中享有极高声誉的海瑞，于是四处找能写状子的大讼师，钱没少花，但都不满意。

这时昆山有个十九岁的少年到了徐府，见前面讼师们写的状子高高堆起，连眼睛都不搭，只说了一句话：与其扬汤止沸，不如釜底抽薪。徐阶一开始觉得少年轻狂，也不抱希望，等仆人把他的话禀报后，徐阶大喜过望，立即看茶招待，询问具体对策。少年说："相公柄国久，愿假一尺之书走长安故人，足矣。勿与此曹子角胜也。"徐阶当即按照他的计谋，给太监冯保写了一封信，当然少不了银子打点。诸子又出一千两银子，贿赂给事中戴凤翔，买通他参劾海瑞。

戴凤翔于隆庆四年初参劾海瑞沽名乱法，不谙吏事，开篇危言耸听地说，如果不早日将海瑞罢免，恐或酿成大患，其后详列"六大罪状"：

一是滥受词讼，累涉万人；二是田产分赎，违例问断，致使棍徒专谋夺产，乃至有"种肥田不如告瘦状"的说法；三是妄禁佃户不得完租，致使税无所出；其他还包括散兵激变、裁减驿递等。参劾疏在最后还进行极端的人身攻击："访其在南京时妻妾相争，其妻自缢身死，妾亦相继而缢。一日致死二命，其心如此残刻，岂能给地方带来平安。"

对于戴凤翔的参劾，海瑞一一驳斥，并特别提出，戴凤翔本人是嘉兴大户，他分明是借国家给言官的权利而行私庇护。他说"种肥田不如告瘦状"，苏、松、常、镇四府很久就有这样的民谣，戴凤翔捏造说这是因为臣而造的谣；戴凤翔是嘉兴府人，嘉湖与苏松接壤，乡官富横，他早已知悉，今参本内隐下乡官不说，只说壮民，为乡官立一赤帜，不为小民申冤，这哪里是言官！戴凤翔所谓"民为虎，乡官为肉，不知乡官二十余年为虎，小民二十余年为肉。今日乡官之肉，乃小民原有之肉，先夺之，今还之，原非乡官之肉也"[28]。关于个人攻击，海瑞也进行了辩护。他最后说：苏、松、常、镇赋役不均是第一事，臣在任九个月，未见赋役均平。

吏部复议戴凤翔的参劾疏，尽管肯定海瑞一心为国为民之意，但又说海瑞求治过急，更张太骤，请遇有两京相应员缺，酌量推用。以往认为海瑞令徐府退田是高拱指使，这不是事实。因海瑞令徐阶退田时，高拱尚未回任。高拱是隆庆四年正月十八日到京，以大学士兼吏部尚书事的。相反，海瑞解任应天巡抚，正是高拱做出的决定。高拱没有忘记他当年与徐阶相争时，海瑞坚决站在徐阶一方，对他进行了不遗余力的攻击。

海瑞罢官，是隆庆四年最具标志意义的大事。在这一关键时间点上，徐阶致信张居正，因事涉机密、牵涉重要人事关系，徐阶都采取"详具别幅"，即另纸单书的形式，因而未见此信原文，从张居正向老师请"三大罪"来推断，徐阶原信内容肯定极为重要，言辞也更明晰。张居正的回信涉及高拱回任内阁，以及徐家在江南的不法之事。海瑞罢官的时间与徐、张往返通信时高度吻合。

海瑞随后以原官总督粮储，他上奏《告养病疏》，言语极为激愤，对因循苟且之政极度失望：

> 臣尝谓今诸臣全犯一因循苟且之病，皇上虽有锐然望治之心，群臣绝无毅然当事之念，互为掣肘，互为排挤，而又动自诿曰："时势则然，哲人通变。"人无奋志，治功不兴，国俗民风，日就颓靡。……臣尚欲以身为障，回既倒之狂澜；以身为标，开复古之门路。[29]

他最后请求：希望皇上所派新任巡抚，不要因为臣受诬谤而轻易改变臣所做的事。他还希望内阁大臣担当起来，如果宰相没有是非观，完全看言官的风旨行事，多议论，少成功，步宋朝之后尘，我皇上又有谁可以依赖啊！《诗经》有言："勿听妇人言。"今举朝之士皆妇人也，皇上切不要听之才好。[30]

海瑞的心境悲凉到近乎绝望，他想为民做事的愿望成为泡影，骂满朝之士都是妇人，义愤之词不堪入文，可以想见他当时心中之不平。除向隆庆帝上疏外，他还分别给首辅李春芳和内阁大臣写信。在写给李春芳的信中他颇感无奈地说："睹思时事，平生用世，百念灰矣。老母今年八十有一，闻子风波，日有忧恐，不能贻亲之安，贻亲以危，可以为人子哉！……生当今日，非特二宜去、五不可留而已。"在给高拱等内阁大臣的信中说："区区竭尽心力，正欲为江南立千百年基业，酬主恩、报知己也。纷纷口舌，何自而起？"他说自己的家乡在万里之遥的海南，老母年高，过去一向不敢言病，今则万万不得已，现在想陪伴老母，在山林里了此余生，不再每天与群小较量是非。给操江御史吴时来的信中说，自己在江南诸多措施如果得行，可泄小民数十年不平之愤，"百凡区画，止幸吴淞江成功之速而成耳。余垂成中止，奈之何！奈之何！这等世界，做得成甚事业！从此入山之深，入林之密，又别是一种人物矣"。

海瑞于隆庆四年二月二十五日解任应天巡抚。临行时，百姓沿街哭送，并在家中中堂之上供奉其画像。而徐璠扬扬自得地对人说："我们兄弟合出一千两银子，贿赂给事中让海瑞丢官，为松江人安稳。"不久，戴凤翔在考察中因才力不及被降黜，后将女儿嫁给了徐家。

令海瑞庆幸的是，他希望接任者不要将他在江南推行的各项政策废止的请求，得到高拱、张居正等内阁大臣的支持。应天巡抚由保定巡抚朱大器代之。高拱写信给朱大器，告诫他对于海瑞所推行的"过激不近人情处"应加以调整，而对其痛惩积弊，为民做主处，要予以坚持。如果把海瑞的做法推倒重来，"则仍滋弊窦而失百姓之心，岂惟非国家之利，亦非公之利矣"。高拱交代朱大器继续清理田粮，解决赋役不均问题，将"势豪为谁，并名下地亩，逐一开出，奏闻下部议处"。

海瑞解职，徐阶暂时躲过了一劫，他在写给翁大立的信中假惺惺地说："我的家乡近来为新政所困扰，而海刚峰（海瑞）实行政策的初意也是为民，只是因为稍涉偏颇，刁徒于是乘机妄为，煽惑愚顽，凌蔑郡县，最初还仅仅是诬告，随后白占田庐，公行抢夺，纪纲伦理荡然无存，不单百姓无法生存，而刚峰亦因之名声受损，良可慨也。希望接任者为政，唯申明律法，痛抑此辈，可能还有救吧。"

海瑞罢官，可以视为隆庆改革在江南的一次预演，它给后来者以重要启示：改革一旦涉及势豪权贵，即便拿出破家沉族的勇气和担当，也不一定能成功，更何况那些被悠悠之口所牵制的人。

海瑞新的职务是以原官总督南京粮储。海瑞到南京后，张居正复信给他："国家法律不行于江南已经很久了，海公骤然用绳墨来矫正，他们不能承受，也是情理之中的事。自您到任后讹言沸腾，听到的人都很惶惑。我忝列内阁大臣，得以参与庙堂末议，而不能为朝廷推奖奉法大臣，平息对您的浮飘议论，感到特别惭愧啊。"

海瑞总督南京粮储的时间非常短暂。一个月后，海瑞任职的粮储缺被裁，后来又接连受到给事中光懋、御史成守节等的弹劾，海瑞回籍听用。海瑞为官十七载，五十八岁开始漫长的家居生活。利用这段难得的空闲，他通过整理自己的文稿，对其为官生涯，特别是隆庆朝的政治进行重新审视，对如火如荼的万历初年的改革，寄予极大希望。他重新整理隆庆元年所上力挺徐阶、贬斥高拱的奏疏后，对自己当年的行为进行深刻的检讨，颇感愧疚。他在奏疏后面加了很长一段"附录"，对徐、高二人做官为政做出与之前完全不同的评价，承认自己一时误听人言，当年论说二公心事，俱未的确，肯定高拱是一位安贫清介的宰相，是个有血气而不委曲循人之人。他说："中玄郁火强阳，犹可藉之进饮食嗜味，调摄真阳，反手而之太和，元气或可完复。比之存翁（徐阶）一味甘草，不为乌头附子，亦不为参苓著术，无大利益相远也。"他用药性比喻两人性格修养和为政作为。肯定高拱如同一剂清凉猛药，能医治病势沉重的大明王朝，使其调摄真阳，重新振兴。而徐阶如同一味甘草，什么药都要放一味，吃不好也吃不坏；甚至连稍有疗效的乌头附子都不做，更不愿做有很好疗效的参苓著术了。他对高拱颇有谅解，于徐阶则全无好感，说："存翁为富，中玄守贫，此未论及。人之难得，人之难得，如此哉！"[31]

万历二年（1574），张居正之子张敬修将参加会试。海瑞致信主持考试的大学士吕调阳，提醒其要以公道自持，不能为太岳（张居正）徇私，料想太岳也一定会以公道自守，一定不会以私干公。当年，张敬修会试落第。次年，海瑞给柄国首辅张居正写信，希望出山为国家做事，但为张居正婉拒。万历五年（1577），张居正父亲去世，夺情事起，江南好事之徒以海瑞的名义拟了一份公疏弹劾张居正。张居正虽明知此疏是假托，还是授意广东巡按渡海访察海瑞。海瑞居住在深山，仅有几间破屋，正在烧饭。所问朝廷事，海瑞一概不知，也不知张居正父亲去世、朝堂发生夺情之事。

历史总给人留下遗憾。以海瑞的魄力、人望和能力，他应该成为张居正改革的强劲助手。令人唏嘘不已的是，或者慑于海瑞过于刚直的性格，或者受困于老师徐阶与海瑞的恩怨太深，张居正柄国十年，并没有起用天下人望所归的海瑞，海瑞一直赋闲在家。张居正去世三年后，万历十三年（1585），时年已七十三岁、家居十五年的海瑞被起用，出任南京都察院右都御史，两年后去世。

为徐氏家难解围

徐家的真正危机，是高拱回内阁后，对遗诏等事的重新追查和一些有意的人事安排。其间，徐阶几次自杀，诸子被逮捕、发配，并因陆炳财产案而被嫁祸。当时的境况如徐阶所说，一年多来，徐家为权门鹰犬横肆噬搏，几乎颠陨，我们父子不敢奢望能活下来。而帮助徐家渡过劫波的，正是门生张居正的鼎力斡旋，尤其以救护徐家三公子脱狱为最，此举导致他与挚友高拱近三十年生死之交关系的破裂。

徐阶用卑劣手段令海瑞罢官后，筹划让他的铁杆门生吴时来接替海瑞。但为避免政策的大反复，管吏部的内阁大臣高拱定议，应天巡抚由朱大器接任，吴时来就任广东巡抚。徐阶对这项人事安排表示可惜，他致信吴时来说，自海瑞被论罢，吴中士民日夜想望公来代之，没有想到你去了广东任职。徐阶代表的"士民"，仅仅是他那样的大乡绅。吴时来因为与徐阶的这层关系，数月后被调任云南，次年被勒令闲住，直到张居正去世后才被起用。

徐家劫难最烈时，吴时来约老师到他的家乡浙江仙居县临近的天台山避风头，徐阶告诉他无法成行，并慨叹人生至此，一步也不自由，益加相信贵不如贱。徐阶七十岁时，万历即位，爱徒张居正出任内阁首辅，他又对吴时来大谈自己的"忍"经："人生得失利害，原如梦幻泡影，不足为喜怒，仆年来幸窥破此意，故虽凌辱百出，人不能堪，而胸中绝不为动，颜色尚如往时，独须发尽白耳。"

朱大器是江西南城人，号东源，嘉靖二十三年进士。高拱重回内阁，朱大器接任应天巡抚，这两件有关联的人事任命让徐阶非常警觉，并感到极度不安。借张居正姻亲刘一儒进京时，徐阶小弟徐陟给进士同年张居正写信。张居正告诉徐陟："中玄（高拱）重新回任内阁，未及下车，鄙人即向他告知，要忘掉过去的恩恩怨怨，凡事开诚布公，庆幸的是，此翁对我的话很相信，近来举动，甚惬舆情。我在位一日，必当为善类保全一日。但其中人心不同，而我个人或去或留，也不能自己做主。"张居正也告诉徐阶次子徐琨说："我受太翁老师厚恩，没有报答，凡力所能为的事情，自不待嘱咐。"

张居正确实重言诺，随后致信朱大器，对他说，存斋（徐阶）老先生以原来的内阁首辅在家乡居，近来听说中玄翁（高拱）回任内阁，内心甚是不安，希望朱公得便去看望、安慰他；至于海刚峰在江南的措施作为，虽然有过当的方面，而他的初心是为民，这如同寒冷的霜雪过后，少加和煦，人们既怀念春天的到来，也不必尽变其法，以曲徇他人。希望朱公虚心剂量，对地方幸甚。张居正最善书札，文字洗练、典雅，字字如钧，据说嘉靖时内阁大佬经常请他代笔。

朱大器任应天巡抚仅半年，后由陈道基接任，陈在任不足一年劾免，再由张佳胤接任。应天巡抚三年四易，是否都与徐阶家事有关，虽不能肯定，但张居正的调解却留下了确凿证据，他向徐阶长子徐璠承诺："此中事势，前已备具。仆在此，君家之事，万无虑者。但多病之躯，其去留亦不能自必耳。"隆庆四年，徐瑛专门到京城张府拜访，别后张居正告诉他："别后时事种种，可骇异！仆不量浅薄，委曲斡旋其间，幸俱消弭。仆受太翁老师厚恩，未有以报，乃辱遣谢，弥切惭惶。"次年五月是张居正四十七岁生日，徐阶一如往常，给门生贺礼庆生，张居正向老师表达感谢之余，也对斡旋徐阶家事郑重表态："惟当以向后余生，矢竭丹诚，求无负于老师家国之托。"徐阶少子徐瑛，给张居正送了一份更丰厚的生日礼物，张居正只把一套精美的茶具收下，其余让来人带回。张居正特意告诉徐瑛，密封信中嘱托之事，一一领悉，仆在此，诸可无虑。

但张居正显然高估了自己的调解能力，也低估了徐家在江南种下的种种恶果。隆庆五年（1571）七月，蔡国熙出任苏松常镇兵备道，徐家进入真正的"至暗时刻"。明朝地方军事、行政官署的职能，并非整齐划一。兵备有司法职能。关于此项任命，有的说是江南百姓的请求，有的说是高拱为针对徐家故意而为之，还有的说是海瑞安排。但海瑞已离职多时，官府任免也不能由百姓说了算。其实，这是高拱的有意安排，因为徐家与蔡国熙结有深怨。

蔡国熙是直隶永年人，字春台，嘉靖三十八年进士，与耿定向关系颇善，同其习理学。隆庆元年他以户部郎中出任苏州知府。江南赋重，特别是漕粮北运成为很大负担，他进行改革，多有建树。次年他因治绩卓异，赴京朝觐赐宴。当时徐阶任首辅，诸子大肆贪利，经营所及，不仅仅松江，也染指苏州等地，而蔡国熙的作为使徐家生意受损。他为官又清廉，徐家屡次请托，都被严词拒绝。徐璠派遣奴仆到苏州府禀报事情，非常无礼，蔡知府将其杖责，对于首辅之家，这如同奇耻大辱，于是便设法寻衅报复。

一次，蔡国熙拜谒盐大使，船过松江，徐府的群奴竟然驾驶数十只船艇，将知府所乘舟船环绕包围，他们脱光衣服，群裸诟骂，四处驱逐，对蔡知府羞辱备至，直到松江知府出面，蔡国熙才得以脱身。徐家势焰嚣张，不可一世，其苍头遍满城乡，无人敢犯，松江几乎不允许普通的小民存在，凡是有数千金产业的中等家庭，一旦被徐家垂涎，必定要中以奇祸，财产也就进了徐家。徐家采取这一办法垄断一方，被祸害的人无奈之下，转而成为徐府的奴仆，再依靠徐府势力肆毒他人。久而久之，人人都乐为徐府之奴，强者得以升官掌权力，弱者也可以逃避徭役，地方官颇以为苦。苏州与松江临近，徐府之毒经常延到苏州。蔡知府以爱民为心，早闻徐府之恶，故有犯必惩。徐阶厚结言路，门生甚多，蔡国熙因多次被劾而离职。百姓得知，如失父母，哭送江边的多达数万人。

此次听闻蔡国熙再任苏、松，家家户户奔走相告，如同大庆。平日受徐府鱼肉的家户，到京告状的络绎于途，仅仅数日，京城就收到告状信三千多封。朝廷按照惯例，把案件转交江南抚按，由蔡国熙处理。有人趁此机会落井下石。徐阶几位故交的儿子，包括从前的府同知袁福徵、诸生莫是龙，以及沈元亨等人，也向蔡兵备告发徐阶诸子不法的事实。

这如同多米诺骨牌一样，凡是被迫向徐阶诸子交保护费、行贿买平安的人，都前去徐家索要，地痞无赖本来与徐家没有牵连，也胁迫徐家，往往能大饱所欲而去。明朝除死刑由中央审决外，地方官有很大的司法权。徐阶诸子所犯具体情罪，没有详细记载。蔡兵备审理狱案，将徐璠、徐琨、徐瑛三人革黜为民，遣戍边远，徐阶家人被发配的有十几人，抄没田地多达六万亩。

危急时，徐阶几度自杀，子孙牵衣号泣，徐阶说："吾方逃死，安能相活。"徐家位于华亭县城西，傍西湖之滨，徐阶跳西湖以避。

解铃还须系铃人。徐阶诸子被逮后，张居正先做高拱的工作，随即劝说蔡国熙：

> 中玄公曾有手书奉公，乃其由中之语，必不藏怒蓄恨而过为己甚之事者也。且存翁以故相终老，未有显过闻于天下，而使其子皆骈首就逮，脱不幸有伤雾露之疾，至于颠陨，其无乃亏朝廷所以优礼旧臣之意乎！亦非中玄公所乐闻也。仆上惜国家体面，下欲为朋友消怨业，知公有道君子也，故敢以闻，惟执事其审图之。[32]

张居正所说的"国家体面"是指朝廷对故宰相的礼遇，为朋友"消怨业"是指他为恩师徐阶与至交高拱之间的积怨做消解。但蔡国熙据理执法，一点儿也不给张居正面子。徐阶的门人陆光祖曾与蔡国熙一起共事，也为徐家说情，蔡兵备的回答与海瑞的话类似，说：我所做的这些事，都是为徐相公着想，如果不这样做，相公不会过安宁日子，徐氏一族恐怕不免四分五裂的结局。徐阶有个门客叫吕光，这是一个年老而有侠骨的人，他见以上办法都没有效果，于是自告奋勇，扮成徐阶使者，持徐阶亲笔书信面见高拱。高拱与之酒食，他不敢一勺一粒下口，一个劲儿哀泣号诉。这场苦情戏感动了高拱夫人，不但使得枕边风起了作用，高相国家的乳保姆和下人也都感动流泪，私下纷纷为徐阶说情，于是高拱整饬徐家的意愿也便缓和了。

但此说并不可信。真正发挥转圜作用的还是张居正，他小心翼翼，尽力调解徐阶与高拱的关系。徐阶也直接乞怜于高拱。后来徐阶自订文集，又将其删削殆尽，幸有高拱、张居正的文集，呈现了当时微妙的三角关系。

高拱为人直爽，是非分明，眼里揉不进沙子，且性格刚烈，快意恩仇，与徐阶、张居正不是一路人。他重回内阁，对士大夫说："华亭（徐阶）有旧恩，后小相失，不足为怨，男儿举事，要正大磊落，若恩怨二字不能摆脱，尚何可云。"在张居正再三劝说下，高拱让蔡国熙把徐家事压下来。他致信蔡兵备说，逮捕徐家三子不是他的本意，"此老系辅臣家居，老而见其三子皆抵罪，于体面上颇不好看，故愿执事特宽之"。高拱又致信苏松刘巡按，请消弭徐家事："必望执事作一宽处，稍存体面，勿使此公垂老受辱苦辛，乃仆至愿也。千万千万。"刘巡按听取高拱的意见，对徐阶三子做了减轻处理。高拱再次致信说，他打算将徐家三子全部释放，来奏已拟驳另勘，虽于原议有违，然愚心可鉴谅，必不以为罪也。

徐家三子，此时已充发在即。高拱想把地方的奏拟驳回，命再行查勘，重新判处。他如此出尔反尔，因此"于原议有违"。张居正抓紧时机，把高拱想改判之意立即告诉应天巡抚张佳胤，但还是晚了一步，徐阶三子已进入司法程序。张居正只好请张巡抚"明示宽假，使问官不敢深求，早与归结，则讼端从此可绝，而存老（徐阶）之体面、玄翁之美意，两得之矣"。还说他调停徐家事情，本来有干预公事的嫌疑，而现在之所以不敢回避，正是禅师所说的"老婆心切"，他希望处理这件事的人慈悲为怀，并嘱咐张巡抚："有欲告我者，此仆之所欲闻也，倾耳以承，幸勿终靳。"所谓"欲闻""倾耳"表明他要管到底。张居正在给他的学生、时任河南巡抚的梁梦龙写信时，态度更加明确："松江事高老先生业已寝之，似不必深究。仲尼不为已甚，报怨亦自有当。牵牛以蹊人之田，而夺之牛，蹊者固有罪矣，而夺之牛，无乃过乎？今全吴（徐阶）亦所以爱郑（高拱）也。"张居正读百家之书，书牍所用典故娴熟得体，绝无酸腐味。"牵牛"典故，出自《左传·宣公十一年》，指罪当其罚，如果没有节制，惩罚就过了。

但一波未平一波又起。此时又发生顾绍案与孙克弘案，尽管案件的真相扑朔迷离，但牵涉徐家借官势经商、请托官府等不法行为。

孙克弘是徐阶同乡，隆庆五年任汉阳知府时，觉得自己官位低，派遣家人孙五等人至京师打点。孙五等人到京后寄宿民家，此事为给事中韩楫、宋之韩所知，二人在卧室内将孙五抓获，翻遍携带的物品，试图寻找徐阶不法的证据，但只搜到孙五所持孙克弘写给亲故的书信。二人攀引他事，说徐璠等人侵盗本府起解钱粮，并把留在京城的徐阶家人十七人全部抓捕，交巡城御史王元宾初审。

经王元宾审理，孙五现年四十五岁，原名孙用，是松江府华亭县人，据他供称，他先年是孙克弘父亲孙承恩的家人，后来积有田产等项，值银一千五百两，进献徐府，充为家人，改名徐五。徐府拿出二万多两银子，交给他在原籍开了一家典当铺。另有在官的华亭人朱堂、王忠，还有脱逃的沈信、沈究学等人，为逃避充军，陆续投进徐府。朱堂改名徐堂，沈信改名徐信，并同在官雇工人唐艾，领徐璠本银二万两；王忠改名徐忠，沈究学改名徐究学，与同在官的蔡元、张恩、王忠、沈耀，领徐瑛本银一万八千两。他们都在东安门外，以开张布店为名，倚仗徐阶在内阁的官势营求重利。后来徐阁老解职回籍，而在京店铺颇有厚利，将徐堂、徐忠等资本仍留在京，照前营利。

除谋取厚利外，这些经营场所也成为干预朝廷用人的会所，徐家所用的人内外钻刺打点，往来探报消息。再者，也承担截访的事情，每有江南人前往京城告徐家状的，就将原籍人拦阻，不得上奏。有顾绍、沈元亨投递各衙门揭帖为证。徐阁老回到原籍后，专倚孙五为心腹，每日交欢，一如从前，求利不息。顾绍是个官员，于嘉靖四十三年底，蒙松江府批差，管押颜料银三千五百两，运到挑河口，被徐恩等诓骗，由徐琨揽侵肥己。顾绍因事发问罪，并牵累他的父亲、妻子致死。徐阶致仕回乡后，顾绍将徐恩等受贿、投献田产、影射差粮、举放私债、致死人命、奸占良家妻女、包揽钱粮等不法事上奏。徐堂等人得知后欲行拦阻，顾绍未允，向朝廷告发，经皇帝批准，由户部将案件交给应天抚按衙门，应天府又把案件转行松江府查勘。松江府因徐府请托行贿，一直延缓未结。顾绍再次赴京奏诉，徐府闻知，复差孙五来京劝阻顾绍，并求起用。所用银两，全在徐堂、徐忠二铺内取用。孙五北上到徐州，与朝觐回汉阳的孙克弘相遇，孙克弘问孙五："徐府差你去京何干？"孙五答称："我给徐府干事，我内府认识的官多，你给些银两打点，可以转升。前任汉阳府知府王曾升河东盐运使，见今河东运使正缺，可求升此官，如不得时，辽东苑马寺少卿亦可。"孙克弘遂将银二百两，写禀帖一封、礼束两个交给孙五，孙五于三月初五到京，在石碑胡同陈忠家住歇，后找到顾绍，许银二千两息词，有回书存照。孙五将孙克弘贿银花销。又有沈元亨，赴京告发徐府奸贪、行贿、夤缘等罪状，孙五将其本词夺回，经官追回。本月十二日，孙五密具禀帖，两次报知徐府。四月二十八日，孙五又用计将顾绍圈住。

巡城御史有初审权，对轻罪可以直接结案，重罪经初审后将案件连同人证移交刑部等衙门。巡城御史的处理意见是，顾绍等讦奏徐府违法事情，户部已催行彼处抚按查勘、径行归结不供外，将孙克弘罢斥。关于徐阶一节，巡城御史的意见耐人寻味：

> （徐阶）自废退以来，大治产业，黩货无厌，越数千里开店铺于京师，纵其子揽侵起解钱粮，财货埒等于内帑，势焰熏灼于天下，武断乡曲，焺然可畏以致乡人顾绍等讦奏，尚不知省，复令孙五等故违明旨，潜住京师，强阻奏词，探听消息，各处打点，广延声誉。[33]

御史奏请皇上，敕旨戒谕，俾令灭迹朝市，以终余年。

此案顾绍、孙五是关键人物。而徐府包揽钱粮、接受投献，使国家税收流失，又在京城广设布庄，成为串通内外的大本营。此案还牵涉现任首辅李春芳。经查，孙克弘写信求嘱并出银二百两，是给首辅李春芳的，因李春芳是丁未科状元，孙承恩是该科主考官。孙克弘求他父亲的门生李春芳的门路升官。李春芳为此四次乞休。王元宾奏报此案后，又给高拱写私信说：如果想重加惩处，就由户科向朝廷奏闻，再由法司提究；如果想从宽结案，令巡城御史发落即可。高拱回答说："只今徐老尚说我害他，若行法司，益不可解。"命把所有簿帖等全部焚毁，将孙克弘罢黜，孙五、顾绍充军。此案后，徐家布行管家星散，抢掠殆尽。

顾绍、孙克弘案，高拱扮演了最后裁决人的角色。这足以证实徐家确有犯罪事实。此时徐阶也顾不得爱惜羽毛，直接向高拱乞怜，还通过很多人婉劝高拱。在回复曹贞蓭的信中，徐阶说："中玄（高拱）公往年原与我交情很厚，他于嘉靖四十四年场屋之事，及礼部尚书之迁，内阁之拜，我都曾效力其间。……中玄去春入朝，我也写信且贺且谢，以为自此可以高枕安眠，一无所忧，但因他人挑唆，中玄并未忘记过去恩怨。"

高拱在好友张居正的一再调解下，也顾忌以怨报德，因此将案件消弭。他托大理寺一位章姓官员，转达无意与徐阶结怨的初衷，说近来也有人不愿看到我们和好，他已识破，故一切不理，久而自当消灭，愿徐公也付之不闻不问，如此，他们也就无计可施。

高拱还向徐阶说起二人过去的嫌隙及有人从中构陷的事情。高拱所说的构陷，有一个流传广泛的版本：徐阶乡人陈懿德是高拱的门生，徐阶非常讨厌他，将其由翰林而谪发边远，高拱重新入阁后，又将其擢升为尚宝司丞。他与同门韩楫、程文、宋之韩及兵部郎中周美等人，经常在高拱面前讲一些危言耸听的话，说徐阶花费数万两银子，通过司礼监的太监谋划东山再起；陈懿德像煞有介事地说，徐阶派刺客要刺杀高拱，还经常推算徐阶星命以取悦高拱说："徐阶法当刑死，其数亦尽今岁。"还有记载说，徐阶在京城开设大布行，有本十四万方，嘉靖末年多有妖寇潜入京师，上报朝廷后较长时间也没有抓到，徐家为了保护庞大家产，于是养了不少武健之士以备非常。高拱重新回朝后，徐家门客、武士尚往来于道路。于是有人添油加醋地对高拱说，这将不利于相公。高拱感到疑惑。有一天，韩楫来拜见，很远处就听闻噪呼之声甚厉，等到高拱出来召见，色犹不平，韩楫问相公为何盛怒，高拱说："徐老（徐阶）我未曾寻他，他却派人来京每日来图（谋害）我。"韩楫说："相公且息怒，天地间岂有此理?！朝廷宰相，他难道容易害得。"见高拱情绪平复了，韩楫说："不要信小人架捏，这些人最能制造事端，一个接一个来求见，都是为了激怒相公。"高拱怒意乃解。

以上谋害高拱的事情真伪难辨，可能有渲染的成分，但至少说明，有人在乡居元老与现任阁臣之间搬弄是非，徐、高二人也深受困扰。为取得徐阶的信任，高拱还把他如何敦请蔡兵备、刘巡按压下徐家三公子的事告诉徐阶："比者地方官奏公家不法事至，仆实恻然。谓公以元辅家居，岂宜有此！且兔死狐悲，不无伤类之痛。会其中有于法未合者，仆遂力驳其事，悉从开释，亦既行之矣。仆不敢报复之意，可取信于天下矣。"他还动情地回忆起徐阶曾救他一事，并以此坦白胸臆说，回想起过去我典试时，曾以题字致世宗皇帝怀疑，依赖徐公为我解护，我实心感念。当徐公对我不满时，我也曾明告公云："公即仇我，然解先帝疑一节，终不敢忘，必当报效。"言固在耳，徐公岂不记忆了吗？！现在我的做法，也是因为当日初心不敢有变啊。希望今后与公捐弃前嫌，复修旧好，不要让那些寻找借口的人再得以鼓弄其间，如此，不但是我们彼此之间的幸事，实也是国家之幸，缙绅大夫之幸也。丈夫一言，至死不易，皇天后土，所共鉴临。[34]

徐阶的三个儿子在执行环节临时按了暂停键，停止发配后，其"家难"似乎缓和下来，他这时也承认诸子及仆从在江南为恶多年的事实，说："儿辈不学，积种种罪愆，自取种种烦恼，近奉恩旨，虽幸有末减之望，然因此警醒改过迁善，诚是大福。若以侥幸为得计，一任习心习气，障碍不能扫荡，则祸不可言。连日正在此诫勉之，然恐不肖之身，不足为训，谆谆无益。"他四处与人解释，徐家田地没有那么多，家下田宅原无十万，郡县册籍俱在可考，中间亲友所寄，自徐阶罢官，各见失势不足凭依，又因官司概派均徭，加征贴役，有害无利，俱已收去。其明白置买者，除奉某某（海瑞）教令退还原主，及因田租无收，卖去已及三分之一，余二分正在典卖，期于萧然作一布衣，稍得悠游畎亩，以待天年以尽。又说他家置买，载在册籍的有三万亩，经海瑞惩创，已出脱一万亩。

时间是最好的消融器。隆庆去世后，高拱罢官，他回家乡新郑前夕，给徐阶写信，诉说"往事成梦，黄粱已熟，一叹一笑"的心境。此时徐家事情尚未结束，高拱又致信苏松李巡按，请求了结徐家事。后来高拱在整理自己的文集时，特别在书札后自注："此予归时寄李监察者，而徐事乃遂开释。原书附录于此，见始终之义也。"

通过追夺陆炳财产之事，欲置徐阶于死地，是"徐氏家难"的又一波。案件一直延续到万历三年（1575），最终也赖张居正才得以化解。

陆炳是浙江平湖人，祖父陆墀因籍隶锦衣卫，嘉靖帝的父亲就藩安陆时，选充仪卫司总旗，陆墀之子陆松于是侍奉世宗于潜邸。嘉靖帝入继大统，陆松以从龙之功累官至都督佥事。陆炳乃陆松之子，积功至指挥佥事。嘉靖十七年，嘉靖南巡承天，至卫辉行宫夜火，侍卫没有在身边，只有陆炳身负嘉靖帝出于火，嘉靖帝即拜他为都指挥掌锦衣卫事，累升至左都督。嘉靖三十九年，陆炳暴卒，追赠忠诚伯。陆炳很长时间以左都督领锦衣卫事，是嘉靖帝的眼线和打手，夏言等多人之死皆与之有关。嘉靖三十三年，陆炳奉命入值西苑。他任用豪恶吏作为爪牙，多布耳目，朝野铢两之奸全都悉知，富民小有过失，立即榜掠文致成狱，查没其资产，经他手灭家的不可胜数，陆炳也以此积累了数百万家财，有庄田三千多顷，营造别宅十余所，扬州、嘉兴、南昌、承天等地皆有庄店，声势震天下。在有明一朝二百七八十年间，其财富排名可进入前五。嘉靖帝多疑善变，数起大狱，陆炳也保护了一些无辜的人，又广交士人取声誉，故终嘉靖之世，没有人敢发其奸。

徐阶出任首辅前，少子徐瑛与陆炳女儿订有婚约。徐瑛于嘉靖二十九年出生，比异母长兄徐璠小十八岁，与次兄徐琨都是张夫人所出。陆炳死时，徐瑛年仅十岁，尚未完婚。嘉隆之交，徐阶为首辅，在朝中势力天下无二，陆炳女儿嫁到徐家，成为徐瑛的原配。这时陆炳的几个儿子尚未长大成人，徐家借娶妻之机，将陆家的绝大多数财产夺为己有。隆庆四年九月，朝廷追论陆炳的罪行，其子陆绎、侄子陆绪等全被革职，发原籍为民，家产被查抄追赃。陆炳的豪宅十几区及庄田一百多顷，分别被赐给皇亲国戚。但事情并未结束，有人经常拿陆家财产事挑起事端，四处散布说："陆氏家累巨万，死之日，数姻家欺其子之幼，遂分而有之。今惟刑併其子，使之取偿于所亲，则可不加赋而国用足。"万历即位半年后，朝廷再次查没陆炳遗产。至万历三年四月，追查陆炳财产已历时五年有余，陆绎等具奏乞免。

万历征询张居正的意见：此事先生以为何如？

张居正回答说：陆炳功罪自不相掩，从前世宗皇帝南幸途经卫辉，行宫失火，因事发仓促，侍卫不知皇帝所在，陆炳只身一人背负世宗出于火，这是社稷之功。世宗因此赐之伯爵，托以心膂。而陆炳不知事理，擅作威福，他所夷灭的也往往有无辜者，这是陆炳的罪责。按照法律，只有谋反、叛逆、奸党罪，乃籍没家产，其余罪皆否。且籍没者不再追赃，追赃不行籍没，这是国法的规定。现在二法并行，而家产已尽，丘陇全都夷平，其子陆绎贫困，衣衫褴褛如同乞丐，如果再穷尽法律，他唯有一死啊。论陆炳之罪，未与反逆同科，而护主保驾之功，不能庇护一个孤子，世宗在天之灵必不安于心。

万历矍然曰："既如此，先生宜为一处。"

张居正对言："事体重大，臣等岂敢擅专。"

万历曰："不然，国家之事，孰不赖先生辅理，何嫌之有！"

张居正叩头承旨出。

随后，法司分别陆炳功罪，言家产已勘明尽绝，诸所连累者，应请减轻处罚，万历遂将陆绎等人释放。

三次追查陆炳家产，实际用意是要向拥有巨额财产的徐家蔓引牵合，为此徐阶如临大敌，两次给张居正写信请其调护，并赠以厚礼。张居正时任柄国首辅，已掌控全局，处理完追产事件后给徐阶回信说："藉令当事者至今犹在，则祸诚不知所终矣。"至此，纷扰徐阶家族、历时四五年之久的徐府系列事件，在张居正的亲自调解下完全了结。张居正给徐瑛写信，要求其兄弟自我约束，以长享福祉。

徐阶晚年，因患足疾不良于行，于卧榻之上听孙辈读书自娱。不时有人向他询问家难之事，徐阶总是说："老而好忘，忘之久矣。"在爱徒张居正的关照下，徐琨重新任职并得到升迁。徐阶致信感谢说："此儿往年坠落坑堑，赖公拯援，脱死而生，当其时只以苟活为幸，岂敢望有冠裳哉？兹不惟克复旧物，更沐新荣，岂能不扪心知恩、刻骨识感也！但此儿得此进步，材器逾矣，福量足矣。"他清楚自己的儿子不是做官的料，弄不好被人抓到把柄，反而陷入难堪境地，也会给垂垂老矣的自己乃至徐家带来麻烦，为此他恳请张居正将徐琨解职还乡："不惟保全此儿，亦足使（徐）阶衰病余生得有依倚，此诚（徐）阶两世所深幸至愿也。"徐阶与幼弟徐陟感情甚深，他也向张居正请求，给徐陟之子徐球安排职位，并令徐球前往京城张府亲往拜见。张居正也照办了，徐阶仍是感谢，说："（徐）阶以兄弟之情，舍侄以父子之亲，遂各忘其渎冒，伏惟垂照，至幸至幸。"

对老师所求，张居正几乎照单全收，唯一的例外是为徐陟请求恤典之事。徐陟是徐阶亲手带大的，与张居正为进士同年，最高官职做到侍郎，隆庆元年以疾回乡，隆庆五年三月去世。万历即位后，徐阶情真意切，致信已贵为柄国首辅的张居正。因徐家事情朝野关注，高拱刚罢官回乡，张居正有所顾虑，没有答应。万历七年（1579），徐阶再次恳请张居正，说亡弟徐陟去世已八年，棺犹浅葬，其孤儿徐球陈乞恤典；亡弟虽然碌碌，而其历官颇能甘淡泊、耐劳烦。居乡亦不敢放恣，即论年资，业已经考满，请看在亡弟与翁（指张居正）是同榜进士的分上，兼念徐阶手足存亡之痛，俯循成例，至幸至幸。但不知何故，张居正仍然没有照办。至万历十二年（1584）八月，张居正去世两年有余，徐阶也已辞世一年多，予原任南京刑部右侍郎徐陟祭葬。

徐阶乃江南望族，其第八代当明清鼎革之际，松江也被兵屠戮，徐家的后人多罹于难，有的加入抗清队伍。

徐阶晚年目睹风俗之变说："近来士风衰薄，白首按剑，往往而有，仆连年受挫抑，至不可缕数。"不幸的是，有着三十年生死之交的高拱与张居正，随后也以"白首按剑"相对。权力，尤其是万人之上的权力，一旦失去制度的约束，就会激活人性中恶的本性，并使恶无节制地放大。

注释：

1. 耿定向.耿定向集.傅秋涛，点校.上海：华东师范大学出版社，2015：803—804.

2. 王维桢.王氏存笥稿：卷一五，第2页。

3. 黄景昉.国史唯疑：卷六.嘉靖//中国野史集成续编.成都：巴蜀书社，2000：465.

4. 世经堂集：卷二三//四库全书存目丛书：集部，第80册.济南：齐鲁书社，1997：97—113.

5. 朱国祯.涌幢小品：卷九.缪宏，点校.北京：文化艺术出版社，1998：187.

6. 徐学谟.世庙识余录：卷二二.

7. 王世贞.弇州史料后集：卷三三.

8. 张舜徽.张居正集：第三册.文集.武汉：湖北人民出版社，1994：621.

9. 严嵩.严嵩诗集笺注.鄢文龙，笺注.扬州：广陵书社，2016.

10. 沈德符.万历野获编.北京：中华书局，1997：210.

11. 明世宗实录：卷五六六.

12. 张舜徽.张居正集：第二册.书牍.武汉：湖北人民出版社，1994：1101.

13. 张居正.张太岳集：中册.书牍.北京：中国书店，2019：317.

14. 王世贞.弇州山人四部稿：第三册：5734—5747.

15. 朱国祯.涌幢小品：卷九.缪宏，点校.北京：文化艺术出版社，1998.

16. 杨博.杨博奏疏集：上册.张志江，点校.上海：上海古籍出版社，2018：282.

17. 王世贞.弇山堂别集：第一册.北京：中华书局，1985.

18. 焦竑.天台耿先生行状//耿定向集：下册.上海：华东师范大学出版社，2015：901.

19. 世经堂集：卷十//四库全书存目丛书：集部，第79册.济南：齐鲁书社，1997：548.

20. 耿定向.耿定向集：上册.傅秋涛，点校.上海：华东师范大学出版社，2015：146.

21. 耿定向.耿定向集：上册.傅秋涛，点校.上海：华东师范大学出版社，2015：146.

22. 徐阶.世经堂续集：卷一一//沈乃文.主编.明别集丛刊：第二辑第44册.合肥：黄山书社，2015：87.

23. 耿定向.耿定向集：上册.傅秋涛，点校.上海：华东师范大学出版社，2015：613.

24. 陈义钟.海瑞集：下册.北京：中华书局，1981：435.

25.陈义钟.海瑞集：下册.北京：中华书局，1981：443—444.

26.陈义钟.海瑞集：上册.北京：中华书局，1981：246.

27.陈义钟.海瑞集：下册.北京：中华书局，1981：431.

28.陈义钟.海瑞集：上册.北京：中华书局，1981：237.

29.陈义钟.海瑞集：上册.北京：中华书局，1981：241.

30.陈义钟.海瑞集：上册.北京：中华书局，1981：242.

31.陈义钟.海瑞集：上册.北京：中华书局，1981：227.

32.张舜徽.张居正集：第二册.书牍.武汉：湖北人民出版社，1994：1131.

33.岳金西，岳天雷，编校.高拱全集.郑州：中州古籍出版社，2006：395.

34."政府书答"所收录"调处徐府"八封书信//岳金西，岳天雷，编校.高拱全集.郑州：中州古籍出版社，2006：543—547.

第三章
白发相知犹按剑

一次二人出宫，并马而行，时朝霞初上，高拱戏出一语："朝日斜熏学士头。"张居正应声而出："秋风正贯先生耳。"二人抚掌，几乎坠马。俗称湖广人为腌鱼头，中州人为驴耳。二人以对方的地域性格，矢口相戏，毫无忌讳。在嘉靖后期复杂而多变的官场，二人真情相见，丝毫没有官员之间的猜防，都感到对方是彼此的知音。

如果隆庆帝执掌大明的时间再长一些，皇位交替再晚十年，高、张二人是否就能实现萧何、曹参、魏相、丙吉那样的事业？当然，历史无法假设。而且从内阁的首辅负责制来看，这一局面的实现仍然很难。说到底，高、张二人的悲剧绝非个人品德等原因导致的，而是不良制度的牺牲品。没有良法，何来善治？！

隆庆六年（1572）的春天，把冬眠多时的北方大地早早唤醒。紫禁城内的张居正与高拱，这两位近三十年生死之交的政坛老友，即将上演一场生死对决。张居正送别刚刚落职的礼部尚书潘晟，潘尚书还有一个身份——太监冯保的老师。此时的张居正心绪不宁，他提笔给这位平生至交写下一段酸楚而又镇静的话：

> 白首相知犹按剑也，况他人乎？！然义命之学，窃曾闻之矣！自检平生，不敢有一事负国家，不敢有一念负于天下贤士大夫。至于去就，有命存焉，惟有静以俟之而已。[1]

"白首相知犹按剑"，是盛唐诗人王维为安慰好友裴迪而创作的七律诗《酌酒与裴迪》中的经典名句，被才子金圣叹评为"千古至今绝妙地狱变相"。全诗四联：

> 酌酒与君君自宽，人情翻覆似波澜。
> 白首相知犹按剑，朱门先达笑弹冠。
> 草色全经细雨湿，花枝欲动春风寒。
> 世事浮云何足问，不如高卧且加餐。

诗文说尽了世态炎凉，且直言知心的朋友交往到白头，仍会以手抚剑，提防对方。王世贞说，王维七言不拘常调，此篇四联皆用反法，亦初盛唐所无。

张居正此时正在为抚剑而起做着精心准备。是祸躲不过，该来的还是要来。

张居正在翰林院时，专门写有一篇《义命说》，给儒家这个沉重而久远的命题赋以新意："命之所在，虽圣人有所不能违；而义之所在，虽造物者有所不可夺。"他说，孔夫子更多谈论的是义，而对命谈论很少。因为命是不可以常理测度的。张居正特别欣赏韩愈的话："祸与福存乎天，贤不肖存乎我。在我者，吾将勉焉；在天者，吾何知哉！"[2]这可以说是张居正一生的信仰。成败不可逆料，一付之天；但个人应该做的，必将穷尽十二分力量。

黄宗羲一定认真阅读并研究过包括张居正在内的明朝内阁大臣的作品，并对他们的人生遭际充满了同情，继而得出"有明之无善治，自高皇帝罢丞相始也"这样的结论。高拱与张居正是嘉、隆、万时期，乃至整个明朝最有才华的政治家，是两颗最耀眼的明星，他们同居庙堂之上，又先后为首辅，二人都锐意改革，共助俺答封贡，解决了困扰明朝近二百年的北边问题。从张居正与高拱相期不负平生，到以死相搏的近三十年间，他俩展示给世人的不仅仅是二人之间的恩怨悲欢，还有二人扶大厦于将倾之时的担当与魄力。隆庆乃平庸之主，虽无过恶，但在到他为止的明朝十二帝中，其作为乏善可陈；而他起用高拱，算是六载平凡帝业中唯一可圈可点的事。高拱、张居正对明中叶政局的走向，乃至大明王朝的振衰起兴，发挥了至关重要的作用。

香火盟约，亲如兄弟

高拱如两山夹屹，前有徐阶，后有张居正，他的才华因柄国短暂而未获大展，其在历史上的真实作用也因后世记述者的有意丑诋而被忽略。有万历"三贤"美誉的郭正域评价说：

嘉隆之际，相臣身任天下之重，行谊刚方，事业光显者，无如新郑高公，而先后处两才相之间，先为云间，后为江陵。云间善藏其用，笼天下豪杰为之羽翼，善因时耳；江陵负豪杰之才，其整齐操纵，大略用高公之学，而莫利居先，彼方剚刃，此犹坦腹，盖公之濒死者累矣，志不尽舒，才不尽酬。[3]

嘉靖、隆庆之交的若干年，为人光明磊落，对朝政有重大影响的是高拱，而他处于两位有才能的宰相之间，"云间"指徐阶，"江陵"指张居正。他特别提出张居正后来的改革大多袭用高拱的办法。所谓"彼方剚刃，此犹坦腹"，是说高拱没有防备他人之心，张居正磨刀霍霍，高拱却把腹心向其袒露，因此才有多次几乎被置于死地的险况。

三人中，徐阶圆滑世故，所有的峥嵘都藏在骨子里，当天下人经受数十年的病夫治国后，亟须一场大的历史变革时，徐阶却选择做"甘草"国佬，这未免令人失望。高拱有才气，英锐勃发，议论风起，性格如他的属相——猴，外露迫急，刚烈火暴，喜怒又不能藏蓄，尤其缺乏"忍"字诀，这类性格本不适宜官场，加之他性直而傲，暗于事几，尤少机心，这更是为官的大忌。而高拱在内阁倾轧愈演愈烈的嘉隆之交，能够安然躲过多次政争的浪潮，多有赖于他长达九年的裕王府讲官的身份。当时辅臣严嵩与徐阶猜忌如水火，高拱往返其间，保护自己的最佳办法是"亡所见厚薄"，而严、徐二人因高拱在裕王藩邸久，他日必当贵重，故都争相推举。但在内心深处，高拱对严嵩、徐阶都非常厌弃，而与张居正关系最好。张居正为编修时，二人结识，一见如故，相契如兄弟，以亦师亦友的方式相处。诸多记载说，二人有"香火盟"，即在苍天厚土前烧过香、磕过头。

高拱出生于正德七年（1512）十二月十三日，公历已是1513年。他比张居正年长十三岁，中进士时已是而立之年，仅比张居正早两科。按照习惯，早两科的进士称为前辈，而不论年龄。高拱的远祖是山西洪洞人，为躲避元末战乱的兵祸，举家迁到河南新郑东北河东高老庄。他的祖父高魁于成化年间中举，后任山东金乡知县、工部郎中，为官清廉刚正，在乡里以孝友闻名。父亲高尚贤，正德十二年进士，官光禄寺少卿，嘉靖二年（1523）提督山东学政时，十二岁的高拱随父在济南，师从著名学者李良（李麟山）达六年。嘉靖四十一年，时任礼部侍郎的高拱为去世的老师写祭文，称赞李良"为士不屈于权门，从宦独持乎风节"的高贵品格，说自己"自龆龄获侍门墙三十余载"，追思往昔，摧裂肝肠。[4]中国自古就有尊师重道的传统，师入"五伦"，大凡有成就的人，无不对再造之恩的老师心生敬意，终生感怀。高拱十七岁乡试，夺魁中举。后在临颖师从贾咏，随即在开封著名的大梁书院学习，并任教于此，前后历时八九年，直到嘉靖二十年考中进士。同年进士中，他与高仪、陈以勤后来都成为内阁成员。

高拱兄弟五人，他排行第三。在京为官后，他定居在宣武门内偏东城下。他有三个女儿，均是侧室曹氏所出，不幸的是，她们都在十几岁时去世。直到年近五十，高拱膝下尚无子嗣，这对官宦家族而言，是莫大的缺憾，也成为高拱的一大心病，后来还成为被攻击的焦点。

高拱出身名门，家庭条件优越，且与张居正志向相同，对当时仿汉唐古文词的文坛颇感不屑，他的诗作有"技艺宁足先，修能良可慕"之句，建立事功是他最大的愿望。庶吉士散馆后，他出任翰林院编修。随后他在中秘官署撰理敕诰。庚戌之变时，他目睹京城被困，写就《拟论时事疏》，但未上奏，该疏就战守论险要，是他关注军事、边患的开始。

高拱仕途的重大改变是嘉靖三十一年八月，裕王、景王同时举行嘉冠礼后，四十一岁的高拱成为裕王的第一个讲读官。次年，裕王、景王出宫就藩，裕王在藩邸成婚，娶昌平人李铭之女为裕王妃，她就是万历的母亲。随后景王也在藩邸成婚。因嘉靖不立太子，年长景王一月的裕王惊惧不安，每天在惶恐中度日，高拱周旋王府中，尽心竭力，深得裕王信赖。嘉靖三十三年正月，裕王生母去世，礼部尚书欧阳德拟请裕王主丧，嘉靖不许。不得与母亲诀别对裕王打击极大，一时谗言肆出，而此时给予裕王心理慰藉的正是高拱。

严世蕃不时试探裕王动向，一日造访高拱说："我们父子侍奉裕王、景王二府，本有高低在心，因皇上多疑，外间形迹不得不少含混，让人看不出长幼。听说殿下对此微有芥蒂，不知是何缘故？"高拱清楚这是试探，他回答得虽然婉转，但又明确表达裕王是没有名的太子："我高某人是翰林院编修，乃史官之长，颇有虚名，承蒙尊公推择首用进讲，此种安排暗寓东宫之礼，殿下也深识此意，只是不敢明言吧。我想朝中内外也自晓然无疑，不知尊公从哪里听来的话？还是罢了，我高某在此是可以相信的。"严世蕃一向认为高拱说话直率，故有此试探。

裕王府有个校尉，因为酒食小有过失，有人报给都督陆炳，陆炳将此事奏报给嘉靖帝，是想以此试探皇上的意向。奏疏呈上后，陆炳在西苑门外等候。嘉靖御览后厉声呵斥说："陆炳胆大！"把奏疏掷在一边不理。陆炳为此惊悸多日。严世蕃属意景王的心思也就此而罢。

高拱为裕王主讲《四书》。每次进讲声音洪亮，语气盛壮，挺胸昂首，立于班中。裕王认真倾听，对高拱礼敬有加。一次裕王心情郁闷，问高拱：“我将来出藩，以先生的资历，会有更好的去处，能否委屈先生一同到府上，坐金事之下？”高拱清楚裕王的意思，长史与金事虽同一品级，但按礼制要坐金事之下，而且王府官没有更多升迁机会，远不如按察使下设、分领各道的金事升迁得快。高拱叩首说：“殿下千万不要说这样的话，只有愈加孝顺敬慎，以人合天，必有大福。”裕王大受感动，书写“忠贞”二字以赐。嘉靖眼线四布，裕王府的一举一动都逃不脱他的视线范围。嘉靖帝得报后，凝然许久，不发一语。

高拱清楚自己的职分，他要远嫌避怨，这样做不但是保护自己，更不会给裕王带来哪怕微小的不利。为此他把自己的宅邸迁到裕王府旁，渐渐远离朝士，即便旧知契友也把高拱视为王府官员。只有张居正眼光独特，他与高拱过从甚密，两人把酒尽欢，慷慨谈天下事，人莫能测。

张居正的交际之道是，凡比他强的人，特别是年长者，有“强与之附”的习惯。在翰林院做编修的张居正，官居七品，他年少聪明，孜孜向学，领悟力极强。张居正每次与高拱相谈，都给高拱留下极深印象，以此颇得高拱器重，说张居正才“且胜我”。张居正经常主动向高拱请教，将其视为自己的师长辈，还时常对人说：“自交玄老，长多少学问见识。”张居正委心依高拱，“两人欢相得，不啻兄弟，每夜语恒达丙”[5]。张居正的许多为政思想也深受高拱影响。高拱六十岁生日，张居正为好友祝寿，说他“获从公后，二十余年”。很长一段时间，二人朝夕相处，“过从靡间，议论多相合”，一起探讨儒家义理，商榷国家治道，以至于忘了士人的身份和年龄差别，相契如兄弟。

一次二人出宫，并马而行，时朝霞初上，高拱戏出一语：“朝日斜熏学士头。”张居正应声而出：“秋风正贯先生耳。”二人拊掌，几乎坠马。俗称湖广人为腌鱼头，中州人为驴耳。二人以对方的地域性格矢口相戏，毫无忌讳。在嘉靖后期复杂而多变的官场，二人真情相见，丝毫没有官员之间的猜防，都感到对方是彼此的知音。

另一次，二人起誓盟愿："将来如果其中有一人受到重用，必须提携另外一人，共同为君父解忧，治理国家走向正轨。"多种记载说，二人有生死之约，即"香火盟"。张居正"喜建树"，他对高拱说："若拨乱世反之正，创立规模，合下便有条理，堂堂之阵、正正之旗，即时摆出，此高公之事，吾不能也。高公才敏而性稍急，若使吾居傍，效韦弦之助，亦不可无。"[6]

张居正引用的是一个典故：西门豹性子急，做事容易忙中出错，为此专门别熟牛皮制成的腰带，让自己遇事不骄不躁；董安于是春秋时晋国六卿之一赵简子的家臣，史家董狐的后人，晋阳城的创建者，史书记载他性情迟缓，经常佩绷紧的弓弦在身，以提醒自己遇事要有决断。

张居正对高拱性格的认识堪称精准。二人互有短长，发誓将来要做皋、夔一类人物。高拱后来回忆说，这确是两人的初心。所谓"香火盟""宿约"，说明二人志向相同，立志有朝一日携手为国家做事，遇到危难也要帮助对方化解。

嘉靖三十九年三月，高拱由翰林院侍讲学士升任太常寺卿，掌国子监祭酒事，告别了近九年的讲官生涯。这次升迁是"投揭分宜求出"，走的是首辅严嵩的路子。不料此事为御史耿定向所知，他以藩邸讲官例不出府，祭酒职司风教，照例应该廷推，不可以干进为由，拟好弹章就要参高拱一本。高拱知晓后请好友张居正出面斡旋，耿定向于是中止。

高拱离开裕王府，裕王哽咽不能别，此后府中事无大小必派中使往问。两个月后，张居正也迎来仕途的第一次升迁，出任右春坊右中允，兼国子监司业事，由从六品晋为从四品。

二人职务上的这次升迁，时机是景王即将就藩湖广，这说明储位之争已尘埃落定，裕王胜出。过去有史家认为，严嵩属意景王即位，以便继续把持朝政，这是无中生有的看法，或许严世蕃有此意，而严嵩绝对没有这样的想法，事实是严嵩多次疏请立储。高拱这次升任，无疑是得到了严嵩的举荐。张居正出任东宫属官，有接替高拱之意；兼管国子监司业事，又成为高拱的下属，便于二人联系。高拱后来回忆说："我出任国子监祭酒，居正为司业；我总校《永乐大典》，他任分校；我在政府（内阁），他也随后进入，二人关系久而益厚。"而后，高拱更加器重张居正，说他将来一定会超过我。嘉靖四十三年，张居正升右春坊右谕德，侍裕王讲书。张居正完全承继高拱所定规矩，每次进讲，仪容严整，引经执义，广譬曲谕，用词极为剀切，裕王对张居正也师礼有加。

　　还有一件事，也是张居正帮助化解的。嘉靖一日病笃，入值西苑的诸位大臣纷纷把书籍、器具移出。高拱也打算把用具移出，张居正得知此事后，借公事之由面见高拱提醒说："君父病笃，臣子移具可乎？"高拱愕然道："吾意乃如此。"最终没有移出。后来胡应嘉弹劾高拱，以此激怒了嘉靖，但高拱疏称他并未移出，可以检验书籍、器具。高拱躲过这极为凶险的冷箭，实因张居正的提醒。

　　二人见惯了官场上的尔虞我诈，不想让同样的悲剧发生在自己身上，冀望通过个人的自觉，弥补明朝废除宰相后的制度缺陷。二人期许做出汉朝萧何、曹参、魏相、丙吉那样的相业。

　　高拱入阁前后，接连撰写了《萧曹魏丙相业评》《韩范经略西夏评》等多篇讲述宰相合作成就大业的论作。前篇起始以"相天下者，毋以有己"立论，提出"有己之心，不足以治三亩之宅也，况天下相乎"，认为四子相业并时而荣，难分轩轾，成功之处在于"毋以有己"。高拱厌见互相倾轧、势逼位侵的官场，阅读四子传记，大为敬服其勋业，说这是给后人开的一剂清凉药，称赞他们"同心辅政"，勋业垂而不灭。尤其可贵的是，他们性格不一，宽严不同，假如有纤介之嫌，"处比肩而操异同之志，则中兴之功不闻于世矣"。他最后总结"合力"的重要性，说：

> 夫相，犹操舟然，前者操而左，后者操而右，虽有劲舵利楫，曾不能涉寻常；犹御马然，一人策之使前，一人策之使后，虽有良驷坚辕，曾不能致里舍。何者？独任者无明，自用者无功。相臣有私心，则国家有弃绩也。[7]

高拱论相的作品，议题极为重要。尽管明朝与前代体制有别，但无论何时，只有和衷共济才能有所成就。此文既是警惕自己，也是为当时衮衮诸公而发，而他殷殷在望的是志同道合者。他把这篇力作抄给张居正看，张居正击节叹赏，二人达成共识。后文总结韩琦、范仲淹经略西夏，一主和、一主战，不但酿庆历之耻，实酿靖康之祸，结论是"宋室之弊议论太密，而制事太疏；视敌太重，而视己太轻。议论太密，故谋国者靡定见；制事太疏，举事者鲜成功。（议论）太重则畏而不敢为，太轻则怯而不能为"。他提醒后来谋国者，以此为镜。[8]这个后来者，也包括他自己和张居正。而后，二人相继出任首辅，都以摒弃干扰朝政的议论为执政要义，一致认为宋朝积弱乃言官太盛，与政府对抗，致使事不得为。二人还都认为，武功乃国家所最重。张居正议举大阅，高拱时已罢官家居，得知后跃然而起，赋诗以贺，极表赞成。后来二人处理俺答封贡，目标一致，毫无轩轾，实基于此。史家记载二人"议论多相合""如出一口"，这是他们共襄隆庆、万历改革事业的价值基础。

开启相业——《陈六事疏》

徐阶解职的次月，即隆庆二年八月二十九日，张居正上《陈六事疏》，这件事可以作为启动隆庆改革的标志。

他在这一时间点上力陈改革，是经过周密思考的。一则前有元老恩师，他不能另有谋划；二则他在隆庆初的内阁中排名最末，资望最浅，有亦师亦友的高拱前辈在，他也不好另出新规。当师友间倾轧时，他选择作壁上观，保持中立。恩师、挚友相继离任后，强烈的使命感和改革的迫切性让他不再等待，他感慨说：眼前时局经几次大变后，平生挚友间的关系也起了冲突；以往的大道康庄，现在都成为荆棘榛莽。其中委曲情态难以言说，几个月以来，委曲斡旋，乃得宁帖。然心力焦劳，实在大苦。他敏锐地察觉到，天下人希望隆庆帝能够有所作为，为大明帝国开新局，而不仅仅局限在纠正嘉靖弊端和平反昭雪上，摆在眼前的最大问题是：王朝没有方向，千头万绪不知从何做起；只是蹈虚空发议论，全然不从实里做，如果任此下去，明朝将落入晚宋结局。他对同年进士、山西巡抚杨巍说："比来士习人情，渐落晚宋窠臼。中有识者，虽心忧之，而不敢言。仆不揣浅陋，妄有所陈。……今遇清明之朝，当改弦之会，而不相与励翼协力，共图实事，犹欲守故辙，骛虚词，则是天下之事，终无可为之时矣。"[9]

《陈六事疏》是张居正推动改革的纲领性文件，也开启了他的相国之业。其同年进士宋仪望后来回顾说"疏陈六事，咸切时弊，识者知公相业已端倪于此"[10]。与约二十年前所上《论时政书》相比，该疏凝聚和呈现了张居正十几年来对改革的总体认识和框架设计，是统领隆庆、万历变革的规划图。为避免误会，他在正文前有一段专门解释何以此时提出改革的文字。他说：

窃见皇上有必为之志，而渊衷静默，臣下莫能仰窥；天下有愿治之心，而旧习因仍，趋向未知所适。故敢不避形迹，披沥上陈，期于宣昭主德而齐一众志，非有他也。

好一个"齐一众志"，这分明是要把全体臣民的意志凝聚到改革的洪流中。正文起始，他把治天下概括为"大本"和"急务"两类。"大本"表现为皇帝图治之心，他说大本已立，现在迫切需要解决的是"急务"，急务是顺应时代变革，审机度势，更化宜民的救时之大事。二者相辅相成，大本虽立而不能更化以善治。他引用《汉书·董仲舒传》所记"举贤良对策"的经典，比如琴瑟不调，严重的情况下，必须重新解构而更张之，乃可以弹奏。"急务"是因积累的问题而来，现在的国家有颓靡不振之渐，有积重难返之几，如果不稍加改易，恐无以新天下人的耳目、统一天下人的心志。

张居正经过长期思考，把今时应该举行的"急务"总结为六事。

第一，省议论而尚实政。这是对明朝监察泛化、舆论过滥，影响国家决策执行的一次重大矫正，也是开启改革的先决条件。明成祖以后，皇帝临朝听政甚少，使得丞相废除后决策体制出现重大漏洞。嘉靖以来，通过内阁首辅来下达旨谕，可称为"票拟政治"。这种决策程序，事实上把内阁首辅推到舆论的最前线，动则受到弹劾，而政府与监察经常处于对立的状态。张居正提出，天下之事关键在于执行，而近年以来，朝廷议论太多，导致许多举措既以人言而行，又以人言而止。"多指乱视，多言乱听，此最当今大患也。"他希望今后省事尚实，一切章奏务从简切；大小臣工勉修职业，反浮薄而回归厚实，崇尚质朴而省去虚文。

第二，振纪纲。纪纲是国家的制度法规，是政治运行全过程的基础和依循。如果纪纲得不到遵行，行政就会有名无实。张居正提出，近年纪纲不肃，法度不行，上下姑息，百事萎靡不振。虽说朝廷是国家的大脑，却难以号令天下；骤然一有振作，又被讥讽为"操切"之举。他希望皇上彰显法纪以整肃群工，统揽权纲而坚守百度，以期达到朝廷尊而下有法守的境地。

第三，重诏令。张居正称，近来朝廷诏旨多废格不行，于是提出实行考成法：中央各大部院，凡大小事务既奉皇帝明降谕旨，必须在数日之内拿出处理意见；有需要两个或多个部门合行议勘、问奏事务的，要酌量事情缓急，路途远近，严立限期，责令上紧奏报。该部设立号簿，登记注销，如有违限不行奏报的，必须从实查参，坐以违制之罪。吏部即以此考核其勤惰，作为称职与否及升降的依据，只有这样才能使所有官员都努力恪尽职守，各种事务也就不再壅滞。

第四，综核名实以行赏罚。他提出，现在官员选拔、任用的问题是官不久任，事不责成，更调太繁，迁转太快，太受资格拘束，毁誉失实。近来士大夫为了获取声名，往往舍弃本职工作，而把心思放在超越自己职位的事上，逐条陈述主张，连篇累牍，等到考核其本职工作，反属茫然。主掌钱谷的官员不核对出纳之数，职司刑名的不熟悉法律条文，这些都是名与实不相符合的问题。他提出要严格实行考课之法，审定名实之归，一以功实为准。

第五，固邦本。他援引《尚书》"民惟邦本，本固邦宁"的经典，按照"攘外必先安内"的王朝治理顺序，通过贾谊《过秦论》提出的"安民可与行义，而危民易与为非"的理论，希望皇上体念百姓贫穷，必须加固邦本，崇尚俭朴，以为天下先。他要求吏部在慎选良吏的前提下，改革考核亲民官员的标准和府县两级官员的贤否、殿最*等评价；只有

---

* 殿最：一种考核评价。下等称为"殿"，上等称为"最"。

守己端洁、实心爱民的为上考，且要打破资格限制不次擢用，而对那些善于奉迎上官而无实政及于百姓的，虽有才能也只能作为中考。他请皇上要求户部认真找国家财用越来越匮乏的原因，并要想办法予以解决。他指出，当下风俗侈靡，地方豪强兼并，赋役不均，偏累小民；而朝廷兴办各种工程，侵欺冒破，奸弊罔利。这些都是耗费国家财力而病民之大的，如果将这些去除，就不必向困穷已极的百姓搜刮，也不会自耗国家的元气了。

第六，饬武备。张居正提出，现在天下最忧虑的就是边防问题。近年以来，北方俺答的祸患日深，边事久废，而扭转不利局面的关键所在，是皇上先定决心，然后全权交给大臣，放手让他们行实政，不求近功，不忘有事，熟计而审行之，不出五年边患就可以解决。他还提出举行大阅之礼，申严军政，设法训练，每年或隔年在冬季农隙之时，皇上亲临校阅，使天子脚下常有数万精兵，这也是转弱为强的一大关键。[11]

张居正上疏全文近五千言。隆庆帝非常重视，命相关部院议行。随后，上疏中所涉及的吏部、都察院、兵部、户部先后于九月初十、十六日、二十二日、二十五日提出具体落实方案，也即通常的复议。复议最早的是吏部，尚书杨博说这是“千载之一时”的难得机会，认为“振纪纲”由朝廷主持，“饬武备”由兵部复议外，对张居正所上其他四款进一步推衍为二十一款。其中，关于“省议论”的推衍极具建设性，包括国家重要事务，既经廷臣会议，又经部院覆准，必须宽以文法，假以岁月，久而罔效，方可议其处分；吏部稽查地方总督、巡抚等官员所奏，重在核查后来有无实效，举劾果否允当；吏部将科道官所上章疏一一登记在册，以备考核。同时将“核名实”的具体落实推衍为十一款，多属用人、资格、升转、考满等可操作的内容。隆庆帝命依照吏部所拟，着实举行。[12]

张居正对杨博的推衍非常满意，私下对他的门生、山东巡抚梁梦龙说：近来官僚士大夫的风气，感觉与从前稍有不同，浮泛的议论越来越少，落在实处的想法越来越多，而由鄙人的上疏发其端绪，太宰公（吏部尚书）杨博鼎力协助。太平景象指日可待。[13]

都察院职司风纪，是国家的最高监察部门，该部门将张居正所陈"振纪纲""重诏令"二事分解为八条，要求"今后凡奉有钦依勘合，务要克期完报，若系司道官延迟者，抚、按参究；巡抚官不依期完报者，科道官参究；巡按不依期完报者，都察院参究"。关于整饬学风，提出"提学官申明卧碑，严加饬治，其有故纵者，学政虽优，仍以罢软注考"。

最有影响的是兵部将张居正上疏提出的"饬武备"复议为七款。关于"议将"一款，兵部提出，现在边臣不肯为国家效死力的原因，在于操切太过，爵赏太轻。请令督抚、兵部官员就一切阃外之务悉听总兵而下自择进止，不得拘以文法，各官果建奇功，立即超格封拜，也不得指摘小疵，轻率参劾。关于"议整饬京营"一款，兵部提出，京营现存九万余额，有很多不实，应重新核查逃亡的数额，报册有名的由卫所查补，无名的发单清勾，兵额足数后，仍由戎政大臣从实操练，每季终会同巡视科道官员阅视，将其勤惰奏报。关于大阅礼，兵部提出明年开始，于季冬农毕之后，恭请皇上亲临校阅，以后隔年举行一次，如此一来，京营卒伍可变弱为强，边塞诸军望风而思奋。

户部就"固邦本"一款，提出财用应当经理的有十个方面，包括：筹措兵饷；解决赋役不均，特别提出要解决江南欠赋问题，以期赋役均平；严格驿递勘合使用；落实各省钱粮奏报核查制度；查禁奸猾军民将田宅投献王府、贵戚的行为；严禁各省进解钱粮被奸徒揽纳，令巡视科道官严法禁戢；等等。

张居正的《陈六事疏》，是明朝国家制度运行约二百年后的一次系统、全面、针对性强的改革倡议，尽管得到隆庆帝的充分肯定，中央各职能部门也据此提出具体落实方案，而此时的张居正仍然担心封疆大吏不落实。当巡抚熊桴对此倡议表示赞同后，张居正十分高兴，引用《诗经》的"唱，予和汝"经典说："仆既唱之矣，尚赖中外诸贤，同心共和，庶克有济。不然，将并鄙言亦属之议论矣。"[14] 他对郧阳巡抚孙应鳌说："大厦之成，非一木之干。仆既已唱之矣，尚赖一时贤士，同心和之，庶克有济。奈何人心玩愒已久，溺于故常，蔽于私意，虽心知其当然，而终不能踊跃以趋赴也。今惟积此真意，渐次熏蒸，假以一二年，庶可少变。"[15]

张居正深知已积累几十年的习惯，很难骤然改变，更何况牵涉许多个人"私意"，他期望用一二年的时间来慢慢改变；而以他的资历，特别是在内阁中的地位，如此高调擎起改革大旗，确有"越位"之嫌，也会招致很多人的妒忌和讥讽。他对太常寺少卿罗良说："近来士习人情，纪纲法度，似觉稍异于昔，实自小疏发之。然忌我者，亦自此始矣，念既已身荷重任，义当直道正言，期上不负天子，下不负所学，遑恤其他。"[16]

让张居正颇感欣慰的是，首辅李春芳支持他的改革。张居正说，正是他的这位同年进士宽和沉静，执掌大局，斡旋内外，他自己才得以竭其驽钝。张居正引用《诗经》中的"伯氏吹埙，仲氏吹篪"，形容二人奏出和美乐章。隆庆五年五月，李春芳因与高拱不和，致仕回籍，每日庭前尽孝。张居正对李春芳的离开既感到恋恋不舍，又觉得十分遗憾。他对李春芳一诉衷肠，说小弟平生交往的人很少，而独受知于门下，后来我们同居政府，一心协德，几乎有丙吉、魏相同心之谊。中外士民，也无不欢悦和合，各适其意，如坐春风而饮醇醪。不料风云突起，阴晴顿殊，昔为比目鱼，今作分飞鸟，人生聚散离合，可胜叹哉！怆然，怆然！

张居正上疏，除改变了士大夫风气外，还有一项直接成果，即隆庆大阅礼的举行。自成化十一年（1475）后，明朝近百年未举行大阅。大阅礼需耗费白银二百万两之多，在国家财政本来就捉襟见肘的窘况下，这自然会引起一些人的反对。刚刚进入内阁的赵贞吉联合其他三辅臣，以边关有虏警为由极力反对大阅。南京给事中骆问礼也上疏表示，大阅古礼非今时所急。但张居正觉得这笔钱应该花，他说国家"武备废弛如此，不及今图之，则衰宋之祸，殆将不远"。隆庆三年六月，他上疏，请把骆问礼的上奏交兵部讨论，尚书霍冀支持张居正。隆庆帝命如期举行大阅。

大阅典礼于隆庆三年九月二十一日在教场举行，约有六万将士参加了这场百年一见、盛况空前的大阅。这是隆庆在近六年的帝王生涯中的一次高调亮相。他身着戎装，先在武帐中观看将士们演练的偃月五花阵，随即检阅由将领、侯、伯、锦衣卫等组成的不同骑射阵营。三军群呼万岁，欢声如雷，都城远近观者如堵。军容之盛，近代罕见。随后，隆庆帝在皇极殿接受总督戎政、镇远侯顾寰等所上贺表，又按兵部所上骑射格等第进行赏罚，襄城伯李应臣、中军尚锐等人，因在下格被罢黜。大阅结束后，又及时对疲惫不堪的京营进行严格整顿，三大营官军实额满十万，一时士气大振，俺答闻风不敢轻举。加上之前调谭纶、戚继光北上备边，最终促成俺答封贡。

以往史籍，特别是王世贞的《首辅传》，刻意夸大隆庆朝内阁大臣之间的矛盾，并把这一切归因于张居正暗中操纵；说内阁同僚李春芳、陈以勤、赵贞吉、殷士儋被逐出，虽自高拱发之，"而其机皆出居正"。在王世贞看来，张居正是隆庆内阁争斗中唯一的"幸存者"。事实上，包括赵贞吉在内，相继罢官者除牵涉复杂纠葛的人事关系外，尤为关键的一点是，是否得到隆庆帝的信任。而对改革所持的看法不同，以及政见各异，也是内阁大臣矛盾的主因。

赵贞吉，号大洲，四川内江人，嘉靖初年为首辅杨廷和许为社稷之材。庚戌之变，京城被困，他被钦派前线视师以鼓励三军，其壮举为国人所知。后他被贬为荔波典史。嘉靖四十年，因徐阶举荐，他连升五级，出任户部侍郎。隆庆即位，他上《三几九弊三势疏》，内容涵盖朝政各方面事务，被称为天下名篇。他指出国家治乱有"三几"，其二是票拟亲裁，为慎于出入之几。他提出天下所有章奏，必须由皇帝与官员当面商议，批答也必须皇帝亲笔；即便命内阁票拟，也必须尽天下之公，择善而后施行。如果全交由内阁，辅臣即便贤能，也不能不在刚柔之间进行调停，不如此即不安其位；而皇帝身边的人也会百计千挠，秉笔的人假如都能执正不从，则嫌怨易生；倘若辅臣不得其人，则偏听独任，御下蔽上，结党营私，危害不浅。

这段论述涉及明朝决策体制、皇帝亲政、内阁职掌等重大问题。不久，赵贞吉起吏部侍郎兼翰林院学士，掌詹事府事。隆庆元年八月，隆庆帝临太学，赵贞吉年逾周甲，以原官暂掌国子监祭酒事，讲《禹谟》"后克艰"章，议论侃侃，进止有仪，气壮不减当年，两颊胡须震颤而动，隆庆帝大为感动，即升南京礼部尚书。隔了一段时间，隆庆帝问阁臣："那位胡须很长而又善讲的何在？"当即将其召回，进入内阁。赵贞吉得隆庆帝亲召入阁，劲头更足，他上奏言："近日朝纲边务，多有废弛，臣欲捐身任事，未免致怨，惟陛下主张于上，容臣得以尽力，臣誓不敢有负任使。"隆庆帝大喜，益加信任。赵贞吉是正德三年（1508）出生，嘉靖十四年进士，年龄、科名都是张居正的前辈，入阁却在张居正后，他对张居正有所不屑，每呼张居正为"张子"。一同商议朝政，张居正时发见解，赵贞吉辄说："非尔少年辈所解。"张居正谈论经史玄禅，他也嘲笑说："妙理何易谈，尔但知韩、柳文耳！"在饬武备的具体方案上，赵贞吉也与张居正的主张相左；在京营改制上，他又与兵部尚书霍冀矛盾大起。

隆庆帝沉迷女色，不再上朝，后宫妃嫔众多，仍多次增选宫人，每次增选三百人，民间一时骚动，江南人家竞相上演"拉郎配"。万历时人沈德符回忆，他幼时曾于二三豪贵家见隆庆窑酒杯茗碗，上面所绘画的都是男女交欢之状，并说这些淫秽的宫廷物品都是奉隆庆帝之命所造。隆庆因长期服用春药，阳物连日挺拔不倒。臣僚以此谏谨房事、女色的上疏多达数十册，他一概不听。张居正忧心如焚，他本想"大本已立"，原来是井中月、镜中花，他对南京吏部尚书吴岳说："召对"是当今第一急务，此事我们内阁大臣屡次入告，也未蒙皇上允行，若此关不启，治平未可望也。奈何奈何！后来他又忧心忡忡地对人讲："声容盛而武备衰，议论多而成功少，这是宋朝不强的原因，没有想到今天又见到了，我不度德量力，欲一起而振之，而力不从心，动辄龃龉，茹堇怀冰，有难以用语言形容者，唯当鞠躬尽瘁，以报答主上而已，其有济与否，诚不可逆料。"

张居正需要志同道合的人，他把目光投向了在新郑养病的挚友高拱，更何况，他与高拱有"宿约"。

高拱在家乡养病已两年有余。隆庆帝没有忘记这位正义感极强、早年陪伴自己九年之久的乡居阁老，他不时与近侍谈及高拱，还经常传旨咨问，还给位于新郑东街的阁老故宅赐名鉴忠堂、宝谟楼。这是一所三进的大宅，宅前是停旨胡同，前有接旨亭。单是这些建筑就足以说明君臣之间非比寻常的关系。鉴忠堂不远处，有一所适志园，内建澄心洞，又名八卦洞，构筑全用砖石，顶上有景仰堂，是一座大书房，取武公老而向学之意。高拱罢官后，在这里整理自己的著述。

高拱也一直关注朝廷和他的皇帝"学生"。得知大阅礼举行,欣喜之余,撰文称赞这是久安长治盛典,是成周保治之心,他"躬逢盛典,不胜踊跃之至,乃于是上《大阅之颂》":

穆穆我皇,天授神武。

德绥元元,威慑率土。

在故里的近一千个日日夜夜,高拱一直与张居正保持联系,他后来回忆说:"我为徐阶排挤而归,凡三载,亦(与张居正)各相望不忘。"

机会终于来了。隆庆三年十二月,吏部尚书杨博致仕。二十二日,司礼监太监陈洪传奉隆庆谕旨,原任大学士高拱着以原官掌管吏部事,差官取来。经过近三年的沉寂,高拱重回朝中。

高拱再起,张居正在其中发挥了至关重要的作用,他与隆庆帝最信任的司礼监太监、高拱的河南老乡陈洪内外配合,起高拱于家。有的记载将其演绎成一个江湖故事:说丹阳人邵艺是江南有名的大侠,初闻徐阶免职,前往华亭拜谒,持一刺交给守门人,守门的看大侠布衣打扮,傲睨许久乃向主人通报,大侠不悦。等见到徐阶毫无待客之礼,内心更不平,说:"我邵某人专程为徐阁老筹划再起而来,你乃如此傲慢待我,我离开,你不要后悔啊!"徐阶从未听说有这么一位大侠,惊讶道:"你有什么办法为老夫计谋?"大侠说:"能令你重回朝廷入相啊!"徐阶愈加觉得此人狂妄,讥讽说:"你一身落魄,自己的生计都成问题,哪会有办法为老夫计谋?!况且,你一介草民,岂能以宰相授人?"大侠说:"你真是井底之蛙啊,安知神龙屈伸变化之道?吾且去。"后来到河南新郑拜见高拱,高拱居所卑浅,听闻大侠遍谒豪贵,爽快地说:"此快士也。"倒屣迎入,坐上座,纵谈天下大计与古今豪杰,痛饮达旦。大侠非常高兴，对高拱说："高公能花费二万金使复相吗？"高拱谢绝好意："大侠环顾四周，我到哪里去弄二万金？还是罢了吧。"大侠说："不必高公出金，与高公关系非常好的中贵人陈洪，得高公几行大字，我去拜访他，二万金可立办。"大侠于是持高拱一札入京拜见陈洪，陈洪答应他在皇上面前为高拱美言。张居正借故让杨博解任，空出吏部尚书的位置。后来高拱擢升，邵艺为锦衣千户。

高拱复起后的高光时刻

张居正的原意，谋起高拱有三利：一则高拱以师傅之尊劝谏皇上，比任何人都有效；二则他确实需要志同道合者；三则以刚治刚——高拱和赵贞吉都是火暴性格，这两个人在一起，一定会有一番好戏。

高拱星驰兼程，于隆庆四年正月十一日入京，张居正分外高兴，对高拱说："公来，吾可有倚仗，若再一二月不至，吾不能存矣。"

明朝废丞相后，为制约内阁专权，凡居内阁不出理部院事，理部院事不复参与内阁事务。高拱被起用是掌吏部事，不是以阁臣兼部，他是吏部尚书，但给内阁人员构成带来重大变化，倡导改革的力量取得了主导地位。王世贞说高、张二人"复合而倾其同类且尽"，是不实之词。首辅李春芳平和安静，遇事不争；高拱掌吏部，用人行政都是自己说了算。朝廷遇有大事，李春芳迟疑不决，而高拱立决而下，故人服其才，李春芳成为挂名的首辅。

为平衡高拱权力过大，赵贞吉以内阁大学士兼掌都察院事，内阁出现二强对峙局面。陈以勤因处境尴尬，四个月后致仕。陈以勤是四川南充水西里人，他与赵贞吉是老乡，与高拱在裕王府是同僚，又是张居正的老师，包括李春芳在内的四阁臣都争相交重于他。陈以勤正色立朝，不首鼠两端，他认为：自古贤豪功盖天下，而无功名之心；心喜功名，天下始多事。这使得他与高拱、张居正的为政思路不同，他认识到这样的脾性最终不能为诸人所容，故一再奏请乞休。而他上疏所陈慎擢用、酌久任、处赃吏、广用人等六事，多关涉高拱所掌的吏部之事，他又曾与属官说过"高公不谙吏部事"之类的话，高拱听闻，很不悦。

　　隆庆四年七月，六十岁的陈以勤以太子太师、吏部尚书致仕。离京时官绅为他送行，车马填溢。张居正一直与老师陈以勤保持联系，次年初致信说：都门一别，与玄老（高拱）相对，哽咽良久，不但感德伤离，更为大贤之人离开朝廷而倍感惋惜。俺答封贡后，张居正立即把这个消息告诉老师，说这是宗社之福，边疆有幸；后来与高拱不睦，又给老师写信，表达对内阁倾轧心生厌倦，说送别老师后，内阁之地屡致倾轧，到处是机关陷阱，凤鸟远走高飞脱离混斗，为老师庆幸、欣慰。隆庆病重后，他忧心忡忡地对老师说：目前景象，庶几小康，但揣时度势，每抱隐忧，将来又不知孰为收拾耳。

　　张居正对陈以勤之子陈于陛关心有加。万历八年（1580），陈以勤古稀大寿，万历帝出尚方绮币宝锸，命内阁学士陈于陛持归以赐，且令两台使存问，一时海内艳慕。陈于陛后来入阁，与父亲成为明朝仅有的父子宰相。

　　高拱与张居正都对北边倾注心力。高拱提出设官应该讲求实际需要，近年边关多事，应该打破以往兵部一尚书、二侍郎的体制，加强兵部力量，设置一尚书、四侍郎。增设的二侍郎，协理部务，平日练习本部政务，需要巡阅边务，即派一人前往，遇有边方总督员缺，也可派一人出任，改变令出多门的同时，使得边方与兵部成为有机一体，形成良性互动和人员有序交流的态势，同时也便于掌握边方情况，更重要的是能够培养专门人才。为此他又提出兵部司官精选久任的制度。他与张居正二人，倾心任用将帅，力排众议，在加强防备的同时，对俺答实行互市、封贡，扭转了自明朝开国以来的被动局面，实现了数十年无战事的安定局势，不但节省了数以千万计的国帑，而且为北部的开发，乃至全国经济的发展创造了基础条件。

高拱以天下为己任，每日清晨处理内阁事务，午间视吏部事，案无存牍，人称其能。他与张居正都认为，国家兴衰在人才，而人才进退在吏部。高拱掌吏部后，把各司官召集来，对他们说："吏部职在知人，人不易知也。"他安排各司，将掌握、了解、任免人才的德才、不德不才、爵里姓氏等情况全部书之于册，要求"皆亲识封记"，每月月底交给他，以此见各司勤惰、贤否。各司认真执行，每年所得一百八十多册，建立了全国性的人才管理档案，此后"贤否不淆，黜陟允当"。张居正在《陈六事疏》中提出严格考课，吏部、都察院最初也予以积极回应，但无法落到实处。高拱掌吏部后，要求巡抚、巡按官悉心廉访，手注考语，指实直书，不得拘泥词语上的对偶，为此写些毫无实际意义的浮词，以虚应故事。他还对数十年来考察官员时惩罚、裁汰的数量控制进行改革，提出这种"其数既足，虽有不肖者，姑置不论；其数不足，虽无不肖者，强索以充"的惯常做法是错误的，规定以后考察不看数量，使得"恶者不得幸免，既皆有以自惧；善者不至滥及，亦皆有以自安"。他还借朝觐的机会，将巡抚、巡按召集起来，把所在地方"有何贤才尚隐沦；有何凶顽尚梗正；有何利当兴，何所沮而弗兴；何害当革，何所畏而弗革"，都直言毋隐，封识相告。高拱每取入奏，故天下事如在目中。

但高拱翻覆旧账，特别是张居正参与起草嘉靖遗诏一事，让二人心生芥蒂。本来，高拱翻覆备受赞颂的嘉靖遗诏是其第一次下野的重要原因，而他重回内阁后，再翻旧案。

隆庆四年九月，他在所上《正纲常定国是疏》中，先抛出孔夫子"子不改父之政"的大题，说当时议事之臣假托诏旨，凡先帝所罢黜的大礼皆复用；大狱得罪的诸臣全部起用，不次升擢，立至公卿；死者全有赠荫。这是仇视先帝，有悖君臣之义而伤父子之恩。为此他奏请交内阁讨论，明白谕告天下，以后敢有归过先帝的，皆以大不敬论罪。因高拱盛气凌人，当时内阁票拟没人敢表达不同意见，气氛顿时紧张。这时，赵贞吉拂衣而起，说："如果这样的话，将如宋时奸党碑了。"高拱闻言色变，他清楚宋朝由于大臣政见不同，司马光等人被刻碑上的往事，于是强留赵贞吉，一起改票拟旨，仅由吏部发一份通行晓谕了事。

在如何对待陆炳旧案上，赵贞吉与高拱的意见也明显有分歧。陆炳去世，徐阶数子借姻亲欺孤灭寡，掠去巨额财产。同月，御史张守约追劾死去多年的陆炳有十大罪，应追戮尸体，逮捕他的子侄治罪，籍没其家产。刑部以陆炳生前是一品爵位，按照大明律在八议应议之列，请敕三法司集议以定。奏下内阁票拟，当天应由赵贞吉执笔，而赵贞吉掌都察院事，自都察院到内阁路途较远，高拱在内阁等了赵贞吉很长时间，便心生厌烦，而赵贞吉到内阁后，又不忍立即拟写票书，高拱于是代书，直接拟以削爵、没产。自此，高拱与赵贞吉势不两立。

高拱随即又上《辩大冤明大义以正国法疏》，把王金等人害死嘉靖之案翻过来。高拱说，先帝（世宗）聪明睿智，事无大小全都洞悉，至于保爱圣体尤极详慎，即服用太医院一剂，亦必有御札与辅臣商榷，岂能不问可否轻服方士之药？而且，先帝临御天下四十五年，享年六十，抱病一年有余，并无暴亡之事。将王金等人比照子杀父律，使先帝留不美之名于人间。请皇上命法司重新审讯，然后颁发谕旨，明诏天下。

隆庆帝采纳了高拱的奏请。随后由刑部牵头，会同都督府、部院大臣及锦衣卫、科道官等，组成最强大的临时审理机构，在承天门外重审此案，全部推翻了王金等人的狱词，言王金等人进药无事实，以前所坐罪全部诬妄，请重新交法司改判。又经刑部尚书葛守礼等会审，王金等人照为从论，发口外为民，所流妻子赦回。王金是陕西户县人，判处戍刑后，至戍所数年被释放，晚年依高拱居住在河南新郑，遂为新郑人。

对高拱翻覆王金等人进丹药致嘉靖帝中毒而亡之案，张居正是赞成的，他随后在评价高拱柄政的诸多成就时，将纠正王金之罪排在第一位。而王世贞却认为，高拱的真实意图是想借此案置徐阶于死地，高拱在上疏中所说的"欺谤先帝""假托诏旨"，如果坐实，都会处徐阶以死罪。因为王金等人的"子杀罪父"是由当年的首辅徐阶所拟定。张居正赞同高拱翻案，但不赞同追究当年定案大臣徐阶的责任。

高拱也没有忘记三年前他被言官群起攻之而离开内阁的旧事，他痛恨言官成为"公室之豺狼，私门之鹰犬"。他重回内阁，言官人人自危，一些人自动离职，甚至有人在路上惊吓而死。为缓和与言官的对立，高拱让心腹对言官发誓，绝对不报复。

隆庆四年十月，因地方官朝觐在即，按照惯例朝廷对朝觐官实行考察，隆庆帝对科道官每天上疏心生厌烦，说科道官一向放肆，欺乱朝纲，命高拱等对科道官严加考察。按惯例考察应由吏部与都察院一同主持。掌都察院的赵贞吉并不赞成，他说：陛下严谕考核言官，并且包括升任在籍的，应考人数近二百，其中难道没有怀忠报主、正直敢言之士？今一旦以放肆奸邪罢黜、治罪，我担心考核官员奉行过当，忠邪不分，致使言路窒塞，士气低迷，这不是国家之福。但隆庆帝不听。因此，考察科道官就带有了明显的个人目的。

通过考察，隆庆帝希望言官不再就他的私人生活发声，高拱希望整治过去攻击他的言官，而仍在其位的言官担心高拱报复，都把一同主持考察的赵贞吉视为保障。如此一来，赵贞吉与高拱各有自己的保护对象，二人的冲突就不可避免。考察结果有九人因素行不谨，处以冠带闲住*；八人因浮躁浅露、十人因才力不及，被降一级调外任。这二十七人中，有赵贞吉交往深厚本想保护的人；赵贞吉也对高拱所交厚的人毫不放松，高拱因此益恨赵贞吉。[17]

历代王朝中，明朝监察体系最为发达；废除中书省后，六科在都察院系统外独立存在。在科道考察中，吏科的身份颇为特殊，既是参加考察的一方，又是被考察的对象。吏科是六科之首，都给事中如同六科的长官。

这次考察，时任吏科都给事中的韩楫是高拱的门生。考察一结束，韩楫就上疏参劾赵贞吉"庸横"，并把考察科道时的诸多事情揭出，奏请罢免赵贞吉。赵贞吉是刚烈性格，他辩解说，人臣平庸则不能豪横，臣兼掌都察院事，私下意料是皇上因为高拱权力太重，故有此委任，与之并立，以分其权。至今已十个月，仅因考察一事与高拱意见相左，（高拱）其他坏乱选法、纵肆大恶等昭然在人耳目的事，臣噤口不能出一言，有负任使，如此说来，臣真是平庸之臣，高拱才称得上豪横；韩楫是横臣的门生羽翼，将来助成豪横之势，以至于摩天横海而不可制，于此已见其端绪。臣放归以后，愿皇上下令，高拱复回内阁，不得久专吏部大权。

赵贞吉言语激切，直接把高拱视为奸臣。高拱上疏一一反驳，也请求皇上把他罢免。

---

* 冠带闲住：开去现任官缺，回籍听命，但仍保留官员身份，为重新起用预留空间。

如此一来，隆庆帝在二人之间面临二选一的局面。他说高拱辅政忠勤，掌铨公正，朕所眷倚，即出安心供职，不允辞；手诏令赵贞吉致仕，驰驿以归。

　　赵贞吉回到家乡后，闭户思过。或是担心遭到报复，给高拱写了一封意味深长，带有自我检讨性质的信函，说二人过去欢若骨肉，比肩出入内阁十个月，未有一言不合，国家振兴正当其时，我本来想辅佐高公，岂知竟然因此得罪！这是我的罪过。书信最后举韩非子"人臣尚同，非国家之利"，为二人之争发论，说宋朝宰相韩琦、范仲淹、富弼三君子，在位议政，未尝尽合，韩、范于西夏事大相矛盾。可知古来君子，以不扶同为正。[18]

　　赵贞吉罢官，是隆庆朝内阁的一件大事。

　　赵贞吉致仕后，内阁出现空缺，高拱作为首辅，希望提携他看重的吏部侍郎张四维进入内阁，不料半路杀出一个殷士儋。殷士儋是张居正进士同年，与张居正、高拱、陈以勤同为裕王府讲官，他见其他三人纷纷进入内阁，自己却仍是尚书，心里很不平。内阁大臣补缺，通常有两种途径：一是廷推，多由首辅根据官员资历提名二三人，讨论排名顺序，最后由皇帝圈定；二是皇帝直接选补。殷士儋想，如果按照廷推，他肯定无缘，于是通过太监陈洪进入内阁。对此，高拱心生怨愤，他的门生韩楫又四处散布，逼迫殷士儋识趣离开内阁。

　　明朝有个约定俗成的惯例，给事中每逢朔望之日要到内阁揖拜大臣。殷士儋知道韩楫四处散播他的坏话，当韩楫与众多给事中一起拜阁时，他毫不留情地当众指斥韩楫说："我听说科长（六科之长）对我不满，不满可以，但不要被别人当枪使。"高拱是首辅，他明白被别人当枪使的话针对的就是他，心中很不满。韩楫等人刚离开内阁，高拱就发作了，高拱对殷士儋说："你进入内阁，非故事也。"意思是未经大臣廷推，走的不是正路。这句话一下子激怒了殷士儋，平时温文尔雅的他勃然而起，高声说："你为张吏部（张四维时任吏部侍郎）谋位置而故意压制我，我不敢有怨；现在又要把我从内阁赶出去，而使张吏部坐我的位子。你驱赶陈以勤，又驱逐赵贞吉，再驱逐李春芳，现在又来驱逐我，你如此做法，岂能保证内阁位子坐得长远？"殷士儋越说越激动，竟挥拳击打高拱，高拱急忙躲闪。殷士儋没有击中，拳头砸在几案上，因用力过猛，像是发出皮骨分离的声音。高拱被这一突发事态惊呆了，一时也没了主张，躲在角落发呆。张居正从旁劝解，殷士儋又向张居正发作。

内阁这场武行风波很快传遍朝野，一时成为士大夫茶余饭后的谈资。这是高拱代李春芳出任首辅仅几个月里发生的事情。殷士儋在言官的参劾下，于隆庆五年十一月致仕，内阁只有高拱、张居正二人。

内阁像走马灯一样换人，暴露了制度的重大缺陷。此时，又面临增补阁臣，刑科都给事中胡价上疏说，陛下临御天下五年，辅臣离开内阁的有三四人，倏忽而进，又倏忽而退。臣以为内阁大臣不贵多，如果贤能且有才干，即便一二人也不为少；假使非贤能且有才干，虽四五人适足以蠹政而坏事。隆庆帝予以采纳，不再增补，内阁进入高拱、张居正二人时期。

按照过去互相的期许，二人完全可以做出一番媲美萧、曹那样的事业。但制度的不善，使得二人极力避免的首辅、次辅之争的悲剧再一次上演。如果没有近三十年的生死知交，如同陌路人一般厮杀，也不会对彼此内心造成多少伤害。恰恰相反，二人曾共同经历了无数风风雨雨，却在万人之上的权力面前，成为执剑相向的死敌。在权力异化的背后，哪有什么挚友和志同道合可言！

隆庆五年十二月十三日，是高拱的六十岁寿诞，也是高拱从政生涯的巅峰时刻，僚属、门生给他写了很多篇寿文。张居正应翰林院之邀，也写了一篇感情充溢的祝寿序，满怀深情地回忆了二人交往的历程，说高相国自翰林时，即以平治天下为己责，对我说，大臣柄国，譬如用秤称物，轻重高低，自己无与。我深深体味他的话，书之座右，用以自警。后来我们同在国子监，又一同校《永乐大典》，再后来相继进入内阁，见相国虚怀若谷，平易近人，凡事开诚布公，有所举措，一因其人；有所可否，一准于理；有所彰瘅，一裁于法；有所罢行，一因于时。身为国相，兼总铨选（吏部），二年于兹，其所察举汰黜数百千人，皆与公议协和。我追随高公之后已有二十余年，今又奉皇上亲笔手诏，谕以同心辅政。我虽然愚钝，公之才十倍于我，何足以仰赞其万一，也唯以公平素所以教我者，而共相励翼，以仰副皇上之委托，如此，我深有荣幸焉。

高拱乡、会试所取的门生有一百多人，也为老师祝寿，张居正以"近在门墙"的身份为高拱写寿序，以周公辅佐成王比拟高拱功业，并列举了高拱参与大政以来最著名的三件大事：一是重新审理王金等人的罪行，使加于先帝（嘉靖帝）死于方士进药的诬枉之事，最终得以洗刷；二是俺答自嘉靖十九年以来，每年兴起边患，后因其孙把汉那吉来归，请求互市通贡，当时中外相顾骇愕，高公独自决策，实现北边安宁，节省国家支出巨万；三是曹、沛、徐、淮之间因黄河决口而泛滥成灾，高公奏请遣使按视胶莱河渠，修复海运故道，又更置督漕官吏，申饬法令，使河道安流，国储日足。他又说，现在天下号称太平，高公仍每日兢兢业业，与九卿百官讲求实政，甄别吏治，问民疾苦。我位列高公之后，参与国政至今已有五年，高公总是平心静气，宫廷、政府的事情全都向我咨商，以期像周公和召公那样，和济共美，以效力国家。这些都是神明之所共知的。[19]

张居正于隆庆元年二月入阁，而先于他一年入阁的高拱，却在与徐阶的争斗中落败而归，于元年五月回到家乡。隆庆四年初，高拱重新回到内阁。屈指算来，二人在内阁的时间仅两年有余。张居正所说的"五年于兹"包括高拱罢官乡居在内。其间，二人"复合而倾其同类且尽"，尽管王世贞的这一说法有丑诋高、张之嫌，但也说明高、张"香火盟"助成二人做出了许多大事业。张居正为高拱写的寿序中列举的三件事，后两件他也是主要定策人。

历史在我们的指尖下不经意间流淌了数百年。我们丝毫不怀疑张居正当年写这两篇寿序时的真情与谦恭，特别是对他知之甚深、交情最浓的挚友的不吝赞美。我们也期盼他们人如其文，而他们是否如张居正文中所言，做出了一番周、召夹辅的事业呢？

金石之交的破裂

历史虽有趋势的演变，但偶然事件又往往能改写历史。

隆庆五年十一月至隆庆六年五月的半年时间，虽有高仪入阁一月，但内阁事实仍是高拱、张居正二人的。这段时间正处在隆庆帝从病重到去世、新君即位的皇位交替期，除二人位逼势侵，"以相倾之材，处相轧之势"外，宫廷内部的力量也在影响乃至牵引二人关系的走向。

如果隆庆帝执掌大明的时间再长一些，皇位交替再晚十年，高、张二人是否就能实现萧何、曹参、魏相、丙吉那样的事业？当然，历史无法假设。而且从内阁的首辅负责制来看，这一局面的实现仍然很难。高拱六十大寿时，隆庆降手诏，令他与张居正二人同心辅政，这或许是对已生芥蒂的两人进行的委婉劝诫。如果明朝有皇太后或亲王摄政的体制，以弥补皇位继承制度本身的缺欠，或许也会避免把三十年生死之交的政治密友推向死敌的尴尬绝境。明朝仍然受制于传统王朝国家架构下的固定模式，丞相制废除后，辅助皇帝的相关制度不敢变通，遂有嘉靖以来的内阁混争。王夫之批评明制"杂揉"，就是指废除丞相制后，没有把决策制度建立起来。清朝吸取了明朝的教训，内阁、军机处都是集体负责制，皇帝又乾纲独揽，每日临朝听政，因而避免了像明朝大臣倾轧那样的局面。说到底，高、张二人的悲剧绝非个人品德等原因导致的，而是不良制度的牺牲品。没有良法，何来善治？！

张居正唯一一次透露他与高拱之间的矛盾，是在写给宣大总督王崇古的信中：

> 主少国疑，艰难之会，正宜内积悃诚，调和宫壶，外事延接，收揽物情，乃可以扶危定倾。而玄老一切皆易其道，又昵比谗佞，弃绝石交，语之忠告，不惟不纳，反致疑怒，竟至于此，岂非天哉！当其时，人情汹汹，祸且不测，仆犹冒死为之营诉，为之请驿，谨得解脱。然国体士气，所损多矣。嗟乎！自古谗人乱国，可胜痛哉。[20]

张居正说的是隆庆去世、万历即位之初的情况。大意是，万历以十龄即位，我们作为内阁大臣，正应精诚团结，全力调和宫廷内外的关系，保持国家稳定。

从这封信的内容看，张居正对他与高拱之间的猜忌有过交流，所谓"昵比谗佞"，是说高拱听信其门生从中鼓舌。实际裂痕的出现要早一些，起因是张居正调解徐阶家事。高拱指责张居正做两面人，收受徐阶通过一个通判送的三千两银子，以及玉带、宝玩等物。受贿的事是松江人顾绍告诉高拱的，张居正对此惶恐不安，高拱反而劝解说，这是小人诬告，他不相信，并把顾绍交给法司解回，张居正颇受感动，说高公心地光明。但感情一旦出现裂痕，就难以弥合。自此每日一起共事的二人都觉得很难为情。

在王世贞撰写的传记中，张居正接受的贿赂是三万金，情节也颇有戏剧性：一天，高、张二人在内阁闲聊，高拱因自己无子，对张居正开玩笑，说："造物者何以如此不公，而公独多子也。"张居正也半开玩笑地脱口而出："多子多费，甚为衣食忧。"高拱忽然正色道："公有徐氏三万金，何忧衣食也！"张居正瞬间变脸，指天发誓，用词甚苦。过了一会儿，高拱想缓和一下紧张的气氛，说："外人言之，我哪里知晓？"自此二人开始互相猜疑。高拱的门客知道二人离心，认为可以离间，就经常说张居正的坏话。宋之韩等通过孙克弘案牵出徐阶后，想顺势弹劾张居正，并已起草参文，此事为张居正所知，他急见高拱，气还没有压下来便质问道："公不念香火盟，而忍心逐我耶！"因事出不意，高拱错愕不已，说："谁敢参论公？""公的门人宋之韩已具草矣。"高拱："急呼而止之。"张居正："公发之，安能止之？"高拱说："请出之外，以明我心。"次日早晨高拱到吏部，将宋之韩补某省参政，但自此对张居正猜疑更甚。

宋之韩升任都给事中是隆庆六年五月二十二日的事，当天隆庆帝的病情急剧恶化，百官上疏问起居，距其去世仅三天。而在两个月前的三月二十日，礼部尚书兼翰林院学士潘晟致仕，是张、高二人矛盾爆发的焦点。潘是嘉靖二十年榜眼，是高拱同年进士，为人正派，最受张居正信任，以礼部尚书兼翰林院学士的职位，如果没有突发的变故，入阁是水到渠成的事。前文也已说到潘晟还是冯保的老师。为在张、冯之间塞一个楔子，以隔断二人之间的联系，宋之韩参劾潘晟衰朽，不堪典礼，意思是无法胜任礼部尚书之职，潘晟为此具疏自辩，并请求罢黜，隆庆帝以其老成醇厚、处事谨慎慰留。宋之韩没有参倒潘，感到很惭愧，就唆使同官贾待问、匡铎等接连攻讦，此时张居正自身难保，而潘晟三疏乞休已被允准，遂驰驿以归。张居正把好友一直送到通州运河码头，才不舍而归。官修《实录》在潘晟落职后加了一段按语：

（宋）之韩浅鄙狼愎，内陷附当事以自肥利，而外务搏击以必胜立威，不独攻（潘）晟一事而已。士大夫自反目视之。

潘晟离职回乡，张居正对他讲出"白首相知犹按剑"的话，表明张、高关系已经破裂。

此时已有人开始选边站队。三月二十三日，尚宝司卿刘奋庸上疏，暗指高拱不是辅佐良臣，疏中指出灾疢未消，外夷可虑，大柄渐移，积习仍旧，分明是说首辅不职。他在所陈"总揽大权"一事中含沙射影指高拱借内阁票拟、吏部任免之事行己私意；所陈最后一事"起用忠直"，暗指高拱结党为奸。

次日，给事中曹大埜对高拱的参劾明显带有火药味，他论高拱大不忠十事，包括：皇上圣体违和，高拱言笑自若，饮酒作乐；不以事陛下者事东宫；复用后以复仇为事，岑用宾等二三十人被降黜，举朝善人为之一空；自掌吏部以来，其所不次超擢者皆其亲戚、乡里、门生、故旧，如副使曹金，其子女亲家超升至刑部侍郎，给事中韩楫，其亲爱门生超升为右通政；今科道官多其腹心，结党为恶；其权之重过于严嵩，引用匪人，排斥善类甚于严嵩；开贿赂之门，如副使董文采馈以六百金，升为河南参政，吏部侍郎张四维馈以八百金，即取为东宫侍班官，新郑老家屡被盗劫，不下数十万金；原任大学士徐阶，高拱以私恨多方害之，必欲置之死地；俺答归顺，独称己功；等等。

高拱在自疏辩中一一驳斥，说：前月圣体违和，臣与同官张居正日夜在朝，相对踌躇不安，至废寝食，直到圣体就安乃始还家，臣之女与曹金之子举行婚姻之礼，亦在圣体大安之后；东宫讲读，会典未载随侍之礼，所以有五日一叩之请；俺答款顺，臣实与张居正为皇上始终谋划，力赞其成；自来门无私谒，片纸不入，侍郎吕调阳皆是皇上日讲官，侍郎张四维资望相应，是臣与张居正推为侍班官；臣家素贫薄，至今犹如布衣时，人皆见之，曾未被劫，则所谓劫去数十万金者有什么证据。最后请皇上罢免他。隆庆帝不允，命将曹大埜调外任。

刘、曹二疏，揭开了高、张之争的大幕。据高拱后来回忆，这次参劾是张居正的幕宾曾省吾发起的，他挑唆门人曹大埜说："皇上病得厉害，已不省人事，大事都是冯太监主持，而冯太监与张相公如同一人。张相公希望曹君举事甚切，曹君诚以此时参劾高老，事必有济。张相公秉政，曹君必会大用，可永享富贵。"刘奋庸是高拱的老乡，性格急躁，做事孟浪，他资历浅而求速化，多次托乡人请高拱给他安排职位，高拱非常鄙薄他，以此有怨言，曾省吾于是拉拢刘、曹，三人每日聚在一起谋划如何参倒高拱。恰巧曹大埜当补外官，张居正让人把消息透露给曹大埜："听闻高老欲升曹君为金事了。"曹大埜当即上本劾奏。此时隆庆帝病重，见疏大怒，命处治曹大埜。司礼监拟旨：曹大埜这厮排陷辅臣及降调。冯保驰报张居正，张居正抹去"这厮排陷辅臣及降"八个字，改为"曹大埜妄言，调外任"，谪发陕西乾州判官，刘奋庸出为湖广兴国州知府。

高拱的力量显然占据上风。以杨博为首的九卿大臣以及科道官，或联名上公疏，或各自上疏，请留高拱。

高、张关系破裂前，与二人皆称莫逆的张四维心急如焚，进行调解。自嘉靖、隆庆以来，特别是俺答封贡前后，以王崇古、杨博、张四维为婚姻又同里的晋商三角家族，在边关、朝政中具有举足轻重的分量。张四维是王崇古的外甥，王崇古与杨博又是姻亲，杨博与张四维又是同里。杨博的儿媳是张四维的表妹，杨博的两个孙女又分别嫁给了张四维的长子张甲征和三子张定征。张四维的女儿又嫁给不久后进入内阁的大臣马自强的儿子马谆。

张居正与张四维的关系结交于他的老师徐阶。徐阶在朝时，经常与杨博秉烛通宵，或促席竟日，杨博有绝大智慧，其奇谋正论对徐阶启迪弘多。徐阶与王崇古交往更深，他受知王崇古二十余年，致仕回乡后，王崇古不远八千里，专门派人多次前往问候。由于晋商家族的地位和影响，以及全国数得上的商人的家庭背景，张居正与高拱都极力与他们拉近关系。高拱很看重张四维的才能，张四维凭借他舅父王崇古的关系，以及丰厚的财富背景，与高拱的关系要比张居正更近一些。隆庆五年冬，内阁进入高拱、张居正二人时期，张四维致信高拱，对高、张二人充满期待，说国家兴盛，乃千载一时，同时提出他的隐忧和担心：

> 翁与岳翁夙投心契，非一日矣，乃兹并任鼎铉，实天开此一代之治，非偶然者。二翁之交，胶漆、金石不足比拟……乃区区之心有所深愿、有所过计。所深愿者：二翁相得，社稷苍生无穷之幸，保此终始，历久益亲，将丙、魏、房、杜，让相业矣；所过计者：二翁识量、作用不同，此可彼否，无害一德，第取与翁张，人情各有所便，而窥伺者又多方傅致而离析之，丝发有端，恐渐成形迹，则天下事可为者几希。[21]

张四维说高拱与张居正（号太岳）交情很久，共同担任内阁大任，是开启一代之治的良机。他希望二人相得益彰，成就汉唐名相那样的事业，但他又有"过计"，即隐忧：二人见识、气量不同，发挥作用也不尽一致，这本来也不妨害一心一德辅佐皇帝以成大事，但是取与张弛之间，各自都有自己亲近信任的人，就难免给在一旁窥伺的人寻找离间二人的空隙，一旦累积，形迹已成，就会决裂，天下事也就做不成了。

几个月后，张四维从他舅父、兵部尚书王崇古家的邸报上，看到曹大埜弹劾高拱的疏文。他初步判断，这可能是赵贞吉指使，遂致函高拱说，曹疏固然孟浪，但观其词指，绝非一时之举，而是处心积虑之谋，这或许是内江（赵贞吉）的党羽在发挥作用吧。他提醒高拱，事机多端，希望有所防备，不要让事情发酵，把反对的人消除于萌芽之中才是最佳办法。

曹大埜是四川人，是内江人赵贞吉的老乡。为了撇清与自己的关系，张居正也对高拱说，曹大埜参劾是赵贞吉指使。但高拱却不这样认为，他对张四维表示不愿"就里"深究，话里话外怀疑是张居正在背后起作用。

张四维希望高拱能正面看待张居正，他接信后又回信给高拱，说他自己看不出这件事出自张居正，随即讲宋朝元祐年间，朝堂之上多君子，但仍有洛党、蜀党，结果"卒贻绍述之衅，议者至今为诸君子病之"，希望高拱"深察焉，无为熙丰群小所利也"。张四维承认自己离庙堂之远，事情背后他不得其详，但整体上他坚持二人"心同道同，知契非一日，岂茫昧之说所能遽间"？他还信誓旦旦地说，事情真伪日久定会大白天下，希望高拱从大处着眼，一切不要理会。即使其事果真有端绪，也须置之度外，因为现在国家倚重二翁，天下士大夫冀望太平，必须捐弃小嫌而存大计。[22]

遗憾的是，高拱没有接纳张四维的善意规劝，他把搜集的证据"密

"示"给张四维，认定曹大埜参劾就出于张居正。在所谓"证据"面前，张四维仍劝高拱以大局为重，并明确二人自隆庆五年意见时有不合，他离京时生怕成为嫌隙，故先给二人打预防针，希冀弥合。他说，曹大埜"或承望风旨，未必有所指授，愿台慈付之不校，欢然以前日交好"，劝高拱"慎无再动声色，恐嫌衅滋不可解"。[23]

在给高拱去第一封信的同时，张四维也给张居正写了意旨相同的信，但委婉说出二人性格、为人之大不同：

> 翁（张居正）渊览深识，虑定而后发，发必奇中。其于玄老一体同心，家人父子有不足喻者。而玄老之敬信悦服翁，亦不啻其口出……玄翁（高拱）弘毅疏宕，是以不免于轻信而骤发，然性故明达，而与翁相信又深，未有旬日不悟、悟而不悔者。[24]

张四维还告诉张居正，他"亦切切为玄翁语，愿二翁相得，百年如一日也"。曹大埜参劾事发后，张四维再次致信张居正，劝他"无俾再误，重为知己深玷。玄翁既遭此污，当知人情、时事有未可任快为者，必益信翁言，幸委曲陈导，俾销党偏，屏疑忌，一之以至公"[25]。

曹大埜参劾高拱，其中有一款涉及张四维行贿的事。当时以兵部尚书领宣大总督的王崇古，也多次与张居正沟通，调解高、张二人的关系。张居正有所顾虑，没有立即回信，后来告诉王崇古说，曹大埜等人参劾的事情，波及令外甥凤磐（张四维）。方事情起时，我即具揭帖入告皇上，陈述事情原委，为玄翁伸理。蒙皇上采纳，将言者遣发。你来信所教"'益谦实容'云云，诚为药石之言。玄老若肯留意，岂惟缙绅赖之？将宗社生灵，实受其福也"。

但甥、舅二人的调停并没有让高拱、张居正的争斗停下来，相反，伴随隆庆去世后的皇位交替，二人的争斗愈加不可控制。而宫廷中争夺司礼监大权一事，成为另一条看不见的战线。这两条本来平行的战线一旦交叉，后果可想而知。

明朝建立起庞大的宦官机构，通称二十四衙门，最多时宦官可达十万余人。司礼监排在首位，其掌印太监权力最大，遇有应题奏事情，皆先关白*。秉笔太监排在其后，如兼掌东厂印，秩尊如同内阁首辅。从决策运行机制而言，内阁票拟后，由司礼监秉笔太监照票用朱笔"批红"，因此对于所有国家重大事务的处理，内阁首辅和司礼监秉笔太监是最重要的两个人，也是最先掌握内情的人。宫廷规制，"自内书堂奉旨派拨者，名曰正途，其次或乞恩奏保、改升者亚焉。按祖宗旧制，必照依钦录姓名，挨次鱼贯升转，罔敢掺越"[26]。

冯保早在嘉靖十五年，就在内书堂读书，堪称"正途"。后司礼监太监缺出，冯保以次应当轮补，但一次因偶然之事为隆庆帝不喜，高拱对他也素有戒惧，于是向皇帝推荐御用监太监陈洪掌司礼监。冯保因此大恨陈洪，并怀恨高拱。陈洪读书极少，文化水平低，难以胜任，不久被罢职。按照顺序，应由冯保补用，结果高拱推荐掌尚膳监的孟冲为司礼监太监。按照宦官机构的排序，司礼监、御用监、内官监、御马监、司设监、尚宝监、神宫监之后才是尚膳监，但孟冲因为厨艺不错，尤其能做一手大菜，隆庆帝最喜吃喝玩乐，"割烹当上意"，高拱于是推荐他，而冯保居次如故，因此恨高拱入骨。高拱这时也发觉了冯保对他的敌意，于是想找机会除掉他。

---

* 关白：陈述、禀告之意。

高拱与冯保的较量

隆庆的病根是在裕王藩邸造下的，是他父皇留下的恶果。因长时间处于惊惧不安的状态，压抑、委顿的隆庆大概心脑血管疾病很严重。他即位后又纵欲无度，很快就把青壮年的身体作践得不成样子了。隆庆六年正月下旬，腕部生疮，御医一直在治疗。到了二月初七，年仅九岁的皇太子举行加冠礼，隆庆帝拖着病躯出席，第二天御殿受贺。一个多月后的闰二月十二日，隆庆病情急剧加重，高拱、张居正二位辅臣及成国公朱希忠紧急赶到皇极门。见到三位重臣，隆庆帝的神态稍微安定，但话已不成句，大意说："我宗祖二百年天下，以至今日。国有长君，社稷之福，怎奈东宫小哩。"一语一顿足，稍后被三大臣和冯保扶回乾清宫，坐定后，召高拱、张居正到御榻前，执手托付身后事："朕一时恍惚。自古帝王后事……"因隆庆帝声音微弱，高拱、张居正等人虽听不清每个字，但明白大意是要辅臣等准备后事，三大臣饮泣不止。这时已是傍晚。因大内臣子不得留宿，三人出了端门，暂留西阙门内臣房直庐，以备非常。三大臣在惊恐中度过不眠之夜。第二天，隆庆的病情有所好转。

高拱自当天起，一连几天进呈问安疏，但都留中不发，说明隆庆的病情一直很凶险。闰二月十八日，高拱的问安疏终于发科，说明隆庆的身体已有好转。高拱劝慰皇上说，调理疾病以寡欲为要，节慎起居，多进粥食。隆庆从死神门前走回，心情好了许多，把本属平常的问安疏一连御览多次，并破例让司礼监写一则放置在几案上，不时阅看。一同值守的张居正留心看到皇上色如黄叶，骨立神朽，料想难久于世，于是暗中有了准备。

高拱宫里宫外地忙。他为女儿选好了三月的良辰吉日，准备出嫁给刑部侍郎曹金之子为妻。刚忙完女儿的婚事不久，隆庆再次病危，内阁大臣急赴宫门等候宣召。高拱与张居正一前一后，到恭默室迤北，高拱走在前面，这时张居正心腹小吏姚旷手持红纸套，内有揭帖半寸厚，早已封锢好，从身后疾驰而过，高拱一惊，问给谁。姚旷不知张居正交办他的事高拱并不知情，不假思索地回答说，是送给冯公公。高拱大为不满，回到内阁质问张居正："昨日密封的是什么？天下事不交给内阁而交给太监，这是为何？"张居正的脸一下子红透了，他无言以对，干笑而已，过了一会儿说："我每日要饮食，高公安能一切瞰我？"高拱也就不在意了。

五月二十二日，隆庆病情急剧恶化，熬了三天，到二十五日下午申时大渐，高拱、张居正，还有上个月刚刚入阁的高仪，一同疾趋宫门，在乾清宫受顾命。隆庆帝倚坐在御榻上，中宫陈皇后及皇贵妃李氏（万历母亲）都在御榻右边，皇太子立于左边，见高拱等三辅臣跪在御榻下，即命冯保宣顾命。冯保手持白纸两本，一本先宣读给皇太子，是传位诏：

> 朕不豫，皇帝你做，一应礼议，自有该部题请而行。你要依三辅臣，并司礼监辅导，进学修德，用贤使能，无事怠荒，保守帝业。

一本宣读给三位内阁大臣，是顾命诏：

> 朕嗣祖宗大统，今方六年，偶得此疾，遽不能起，有负先皇付托。东宫幼小，朕今付之卿等三臣，同司礼监同心辅佐，遵守祖制，保固皇图。卿等功在社稷，万世不泯。

此时隆庆帝病深已亟，口虽不能言，但心里清醒，当冯保宣读顾命诏书时，他熟视诸臣，一再颔首，嘱托甚至。高拱等三人，痛哭不止，叩首而出。

次日清晨卯时，隆庆强起，身体倚在御榻上，冯保等跪于御榻前，两宫亲传懿旨："孟冲不识字，事体料理不开，冯保掌司礼监印。"隆庆帝首允，冯保伏地泣辞，两宫同隆庆俱云："大事要紧，你不可辞劳，知你好，才用你。"这是隆庆临终前交代的最后一件事，随即病逝于乾清宫。

传位诏和顾命诏都是张居正起草的，宣读时尽管气氛悲怆，但高拱担心诏书里暗藏着什么，因此每个字都听得十分仔细。给皇太子和内阁的诏书，都有三辅臣的名字，高拱排在辅臣的第一位，后面虽然有"同司礼监"，但此时司礼监是孟冲，高拱也就没有想更多，但心里总感觉不踏实。

这正是张居正的机心所在。因为陈皇后和李贵妃发布更换司礼监懿旨时，是纯属宫廷事务，无须经过内阁，高拱、张居正也不在场。但天下没有不透风的墙，宫廷的事传得比风还快。因为大行皇帝的丧礼一项接着一项，张居正在此期间已经去了一次天寿山为隆庆帝选陵寝。到了六月六日，传谕遣张居正同司礼太监曹宪于即位礼成后，再次前往勘视，张居正请求按照嘉靖七年事例，差礼、工二部堂上官及科道官各一员，带领钦天监谙晓地理官员、阴阳人等，并举廷臣中有素精地理的一员，同往相度。

六月十日是甲子日，文武百官齐聚皇极殿，大明王朝迎来了第十三位皇帝，他也是明朝享国时间最长的皇帝——万历帝。臣子在三呼万岁后惊异地发现，冯保自升宝座旁，在九岁的皇帝宝座旁侍立不下，一时举朝大骇。

登基大典一结束，礼科给事中陆树德率先就冯保出任司礼监上奏说：先帝刚驾崩，忽有此诏（更换司礼监），如果真的是先帝意旨，何不传示数日以前，乃在弥留之后？如果是陛下意旨，则哀痛（先帝）方深，万几未御，何暇念及中官？陆树德的上疏虽然不报，但高拱如梦初醒，感觉被欺骗了，他顾不得那么多礼数，当日疏陈新政应该立即办理的五件事：一是皇帝御门听政，二是皇帝御览内外章奏，三是事必面奏皇帝，四是事必议处停当，五是官民所上本辞皇帝不得留中不发。高拱的急政五事（五急疏），目的是分化张居正和冯保，前面三款都是要皇帝亲裁大政，避免臣下操弄权柄，真实的目的是限制张居正与冯保里应外合。因为此时万历不足十岁，岂能裁决大政？新皇帝的爷爷二十多年不上朝，他的父皇临御天下六年间，有数的几次临朝都是端坐不发一言。第四款是为了限制司礼监，不经内阁票拟便内庭批旨，最后一款是为言官参劾冯保做准备。

张居正参加完登极典礼后，率户部尚书张守直、礼部侍郎朱大绶、工部侍郎赵锦，以及日前上疏的陆树德等一班人马，前往天寿山相度大行皇帝的陵寝地址。他们跋山涉水，数日奔波，张居正认为当年嘉靖帝为自己父母选定的大峪山，山川形势结聚环抱，乃帝王之真宅，建议作为隆庆陵寝的兴建地。

此时高拱所上"急政五事"已经过去三天，仍不见批旨。因张居正在天寿山，高仪病重在家，内阁只有高拱一人，按照明朝制度规定，上奏人不能自己拟旨，高拱心急如焚，派人请高仪，回报说高仪病情危重，又派人催取张居正，回报说张居正相度山陵，一时回不来。这绝对是精巧的设计，也正是冯保要达到的效果。高拱的急躁性格让冯保摸了个底透，高拱一急，冯保才有机会。果然，高拱见三天过去了，上疏仍未发旨批回，于是在第四天将原疏内容按底稿再抄一遍，仍如前封上，并补了一本，一同进呈。补本的语气显然比原来强硬许多，其中有皇上登极之日，正中外人心观望之际，臣等第一条奏即未蒙允行，恐失人心，为此臣等不敢将本送科，仍用封上，并补本再进。高拱的想法是，如果冯保再将他的上疏留中，高拱就按照大明祖制惩处。但冯保魔高一丈，他把高拱原疏仍然留下，却于十三日晚上把补疏下拟。冯保的拟旨，堪称一字千金：

览卿等所奏，甚于新政有裨，具见忠荩。都依行。[27]

高拱的命运正是在这四天之间发生惊天逆转，其原因、时间与高拱所记不同。原来，万历登极当天，冯保就收到高拱第一次所上疏文，他阅览后说：如此阁权重，司礼权轻。因内批曰：照旧制行。高拱得旨，说："安有十岁天子而能自裁乎？"内臣回报，冯保大惊失色，故意捏改高拱原意，以激怒少未更事、刚即位的万历帝，说："高先生说，'十岁儿安能决事？'"万历帝果然大怒，入告两宫，两宫对高拱目无君上大为惊讶。冯保在隆庆去世、万历即位前的间歇，又对两宫像煞有介事地说："高拱欺太子年幼，欲迎立其同乡周王以为功，而他得封公爵。"周王是太祖第五子所封，高皇后所出，封国在开封，以宋朝故宫为王府，此时周王是朱在铤。[28]这如同一枚炸弹，使两宫受到极大震撼，她们也不会相信真有迎立周王的事，但当此主少国疑之际，宁肯把事情想得更坏一些，何况高拱的霸道形象她们早有耳闻。

这时在朝堂上，最有分量的是兵部尚书杨博。高拱上疏批旨下发的当天，他呼应高拱，奏请皇上依照大明朝的惯例，凡传帖章奏，全都令内阁草拟票旨，如果皇上觉得不满意，不妨召至便殿当面质问，务求至当，然后颁发。二三阁臣亲承顾命，愿陛下推心委任，则于新政有光。杨博上疏明确表达的，也是不能让司礼监拟旨，以此把冯保排除在参与大政之列，万历帝予以采纳。

这似乎鼓舞了高拱，在他的授意下，十五日一天，共有八疏分别参劾冯保，这无形中也把高拱推到与冯保的生死较量中。御史张涍（谈迁记为胡涍）上疏说，皇上即位之初，掌司礼监印务的是孟冲，外廷未闻革去孟冲而用冯保的令旨，现在传奉令旨的却出自冯保，臣等相顾骇愕，莫知所为。他还对调用南京太监张宏表达疑义。随即又有言官雒遵、陆树德、刘良弼等七人各自上疏，参劾冯保恣横不法，罪不容诛。又有给事中程文弹劾冯保有四逆六罪，法不容赦，请立即把冯保拿住，交三法司明正典刑。高拱乐观地认为，他和杨博的上疏引起了万历帝重视，现在又有八位言官上疏参劾，做司礼监没几天的冯保定会被除掉。

张居正自十日参加万历帝登基大典后，就率队赶往昌平，相度先皇陵寝之地。因连续几天身暴烈日，历险乘危，上下山谷，查勘了两三个堪舆之地，一时上吐下泻不止，十五日傍晚回到京城，一头扎回自己的住宅，让人向皇帝告了假，在家调理。

张居正在家休假的这几天躲在暗处，实际是便于与冯保联系。高拱本以为自己胜券在握，派心腹韩楫到张居正家里慰问，并告诉他要驱逐冯保，他与张居正二人共立不世之功。张居正笑了笑，说："这是小事一桩，何足言不世功！"韩楫的阅历还是太浅，他分不清眼前这位驰骋仕途几十年的张阁老，这一笑所包含的复杂含义。韩楫走后，张居正派人给冯保报信。

六月十六日早晨，太监传旨，召群臣入宫听旨。高拱以为必定是驱逐冯保的旨意，他心情大好，几次派人约张居正一起入宫。张居正说他胃肠不好，在家调理，没有什么大事就不参加了。但高拱一再派人催促，他才在人的扶掖下姗姗来迟。高拱一见面就对张居正说："今日之事，必是为昨日科道上本。皇上如果有问，我当奏对，一定会说正理的话，这样定会忤逆皇上的意思，张公可就此处帮补我，这样我就会平安无事了。"张居正敷衍说："公只是这等说话。"

二人说着话到了奉天门，太监王蓁捧圣旨出来，各官下跪如仪。王蓁说："张老先生接圣旨！"高拱一惊，他是内阁首辅，应该他接旨才对。鸿胪寺官员抑扬顿挫地读道：

> 皇后懿旨、皇贵妃令旨、皇帝圣旨：传与内阁、府、部等衙门官员：我大行皇帝宾天先一日，召内阁三臣至御榻前，同我母子三人亲授遗嘱，说东宫年少，要他每（们）辅佐。今有大学士高拱，专权擅政，把朝廷威福都强夺自专，不许皇帝主管，不知他要何为？我母子三人，惊惧不宁。高拱便着回籍闲住，不许停留。你每大臣受国家厚恩，当思竭忠报主，如何只阿附权臣，蔑视主上？！姑且不究。今后俱要洗心涤虑，用心办事，如再有这等的，处以典刑。

高拱最初听到"皇后懿旨、皇贵妃令旨、皇帝圣旨"时就感觉不妙，因为这是两宫与皇帝发布的，代表最高权威，待听到"高拱便着回籍闲住，不许停留"时，面如死灰，汗如雨下，伏地不能起。张居正在旁掖之而起，派两个小吏扶携而出。

臣僚惊恐之余，见吏部侍郎魏学曾大声说道："皇上登极才几天，便驱逐一顾命大臣，这岂是正始的气象？且此诏为何人起草？不可不明示百官。"众人凛然。散朝后，他还邀请九卿去张居正家当面质问，九卿有去的，也有不去的。张居正以有病为由，谢绝见客。随后他与高仪联名上疏，除历数高拱历事三朝，小心端慎，亲承顾命之托，表示要与高拱同进退等"立场"外，对前旨谕责高拱"专权擅政"一层，有一段

"回应"，实际涉及高拱"罪则"：

> 人臣之罪，莫大于专权。（高）拱读书知礼义，又岂敢自干国纪，以速大庚？正缘昨者阁疏五事，其意盖欲复祖制、明职掌，以仰禅新政于万一。词虽少直，意实无他。又与臣等彼此商确，连名同上，亦非独拱意也。若皇上以此罪拱，则臣等之罪亦何所逃？

皇上下旨，口气严厉，说卿等不可党护负国。

张居正又上疏请给高拱驿马。皇帝允准，令驰驿而去。

高拱家中仆从不明底里，听闻主人犯事，便洗劫一空四散而去。高拱雇了一辆骡车，当天晚间出城。

高拱到了良乡真空寺，几位亲故为他送饭食。高拱下车，见一个吏员手中拿着一纸文书，随他而进。吏员告知，这是高老爷的驰驿勘合，张爷已票拟旨，准高老爷驰驿了。本部即写勘合伺候，等旨下即送上。

高拱气愤难平，不忘奚落，嘲笑道：安知圣上一定会准（驰驿）？安知再无"党护"之说？欲上本救我则上本救我，欲言党护负国则言党护负国，欲乞驰驿则乞驰驿，欲准驰驿则准驰驿，俗言"又做师婆又做鬼，吹笛捏眼，打鼓弄琵琶"，三起三落，任意拨弄君父于掌中。

他骂张居正，陷害人的是你，装好人的是你，送人情的还是你。在惊惧与愤恨交织中，高拱的河南俗话也上了口。

好友嵇元夫一路陪伴高拱，在卢沟桥话别，写了一首七律诗送别：

> 单车去国路悠悠，绿树鸣蝉又早秋。
>
> 燕市伤心供帐薄，凤城回首暮云浮。

徒闻后骑宣乘传，不见群公疏请留。

三载布衣门下客，送君垂泪过卢沟。

——《立秋日卢沟送新郑少师相公》

　　高拱怀着极度悲凉的心情一路南下。出京公干的张四维得知高拱被罢官，专程从获鹿绕道高拱南下必经之地栾城（即邯郸）相见。两人的话题不离高拱被解职之事。张四维到京后又给高拱写信，所透露的信息最接近真相，也表明高拱对罢官一事有了新的认识："在栾城奉台谕，谓'岳老与不肖无他嫌，乃媚忌者从而构陷之，则初意亦且不坚，天下事未可知也'。岳翁与翁金石凤契，一旦决裂，中心殊有惭沮。无奈群小不得志于翁者，百端捏造，殊足愤邑。我翁精忠弘度，天地鬼神、九庙神灵，实共鉴之。此不须言说也。惟翁心术、行业，数年来已表现于天下。今又以主持国体，为阉人所逐。始终大节，虽古人无多让。幸自宽慰，无以他端介意。"张四维说"群小"在二人之间捏造，乃至不可挽回，现在又因为主持国体，为太监所逐，安慰高拱数年来为国家贡献良多。

　　张四维与高拱、张居正均为莫逆之交，他一再调和高、张之间的矛盾。八月二十八日，张四维以病回籍。

　　六月十八日，高拱南归到内丘，因大雨而阻，赋诗一首：

自是天家雨露宽，孤臣千里湿征鞍。

塞垣回首烟尘净，农亩关心稼穑艰。

可喜一朝驱毒暑，不眠中夜袭轻寒。

却惭未满甘霖望，徒使苍生拭目看。

——《壬申六月十八日南归至内丘阻雨感赋》

高拱罢官，史家多用"政变"一词，因事发隆庆六年，岁次壬申，又称"壬申政变"。政变一词并不确切。高拱何以罢官，历来有不同说法。张四维所说的"为阉人所逐"，是高拱罢官南下时与之所谈，又经张四维在京明察暗访，一个月后写信的"结论"，最为可信。成书于天启朝的《明神宗实录》记载高拱罢官事件后，有一段评语，大意是说，万历即位伊始，主少国疑，顾命大臣高拱专行一意，引起两宫对外廷专擅的疑虑，张居正借此夺其首辅之位，而冯保为固其司礼监之位，与张居正等待机会，在两宫之间挑唆，使得两宫改变信任高拱的主意。明末陈子龙等编纂的《明经世文编》在高拱所上"五急疏"起始一句加注："此疏为新郑（高拱）去国（罢官）之本。"综合这些足以说明，高拱趁幼年万历登极之机，当天上疏想把大权收归内阁，令两宫疑惧不安。一日，内使传旨至内阁。高拱曰："旨出何人？上冲年，皆若曹所为，吾且逐若曹矣。"内臣还报，冯保大惊失色，于是设谋驱逐高拱。当时台谏交章参劾冯保，必欲驱逐。高拱自以为受隆庆顾命之托，不时慷慨激昂，要收回宦官之权，曰："老臣谬膺托孤，不敢不竭股肱。凡内降命敕，府部章奏，自合公听并观。有传奉中旨，所司按法覆奏，白老臣折衷之，以复百官总己之义。"高拱虽然针对的是冯保，但也有轻视幼主，自己总掌大权之嫌。

张居正去世后，高拱门生范守己代高拱夫人草拟《乞补恤典疏》，范守己又拟《险邪大臣阴结奸党渎乱朝政贼害忠直乞加追戮以正法纪疏》。两疏都称高拱被罢官，是张居正、冯保捏称高拱要立外藩为帝。前疏称高拱罢官，"归家日久，尚不知其得罪之由，久之，乃闻其谋，缘（冯）保与居正诬臣夫有迎立外藩之志也"[29]。这两疏都是在清算张居正最严厉的时候，万历十一年（1583）二月发到京城，"因有阻者不果上"。所谓迎立外藩似属无稽之谈，因高拱乃顾命大臣，且排在首位，又是首辅，是先皇最信任的人，地位远比张居正、高仪高。高拱不会出此下策，或是冯保嫁祸高拱的托词。

除"迎立外藩"，还有万历母亲垂帘听政之说。据《高文端公奏议》后序记载：隆庆去世，因万历帝只有九岁，不具备裁决政事能力，冯保提出请太后垂帘听政，张居正也表赞成。高仪却明确反对，厉声说："我朝向来无是事，祖训昭然，谁敢为此？"张居正默然不再表态，垂帘之议也就作罢。这也不值一驳。在杨博等上疏中，都提出内阁二三臣，因此时高仪已病。又据实录，六月二十三日，遣中官视大学士高仪疾，并赐食物，高仪疏谢，寻卒。高仪受顾命时，即已病重，赐食后旋即去世。

综合以上，不论有无垂帘听政之议，高拱的做法得罪两宫确然无疑。张居正写给王崇古的信，以及张四维写给高拱的信，都委婉说出此中原因。因此，所谓"政变"一说，并不成立。

扑朔迷离的王大臣案

张四维到京城后，发现气氛异常，于是给高拱写信。他告诉高拱：在邯郸相遇时，尊翁说要遍游名山大川，现在看来不可，且须闭门谢客，绝口不要言时事，等以后时机允许再行。高拱罢官时年仅六十一岁，他身体一向强壮，居住在适志园家中，开始整理旧稿，也写下不少寓意深刻、宦海波澜的佳作。一首古乐府诗尤有意境：

西河有蛟，北山有虎。

渔樵不敢窥，行人心独苦。

心独苦兮奈若何，湛卢倒柄将奈何？

——《君子有所思》

权柄不在，即便手握锋利无比的宝剑，也奈何不了巨蛟恶虎。高拱与张居正，这对昔日的政坛密友与同道，现在既不能相濡以沫，也不能相忘于江湖。

不受约束的权力容易使人异化。任性、粗疏的还要承受更大的伤害。王世贞评价高拱是"浅人也"，虽是诬枉之词，但高拱率直而无城府的天性，委实是为官者的天敌。

万历元年（1573）正月十九日，京城还沉浸在元旦的喜庆中，发生在宫中的王大臣闯宫案，几乎让高拱遭受灭顶之灾。此案扑朔迷离，如同明朝许多大案一样，没有留下三法司审理的详细卷宗，官方《实录》四次简略记载该案，而私人记述却较为详尽，也颇具戏剧性。自案发到结案，历时仅三十二天，而审理过程中，确有复杂的政治因素牵引案件的走向。此案更让张居正背负"卖友"的骂名，对万历之初的人事，特别是张居正念兹在兹的改革大业，也深有影响。

一天早晨，一人身着内使巾服，直趋乾清宫宫门外，正巧万历帝驾出视朝，此人见圣驾到来，惊慌不已，脸色吓得如死灰一般，两腿抖个不停。宫门外的近侍一眼发现了这个"异类"，遂以犯跸将他抓起来。经初验，此乃一男子，不是宦官，他交代说是从戚总兵那边来，名叫王大臣。案件交由东厂究问。

明朝宦官机构的设置，也有互相牵制的含义。司礼监掌印和东厂掌印，最初是互相牵制的衙门。司礼监掌印太监，是宦官的总头目，即所谓"首珰"，他的权力如同内阁首辅。其次是东厂掌印太监，是侦缉组织的总头目，号称最雄紧，但不得兼司礼监掌印太监。每奏事，即便首珰也必须退避，原因是机密不使他人得闻。这是自明朝初年逐渐形成的规矩，历朝相沿遵守。至嘉靖二十七年、二十八年间，始命司礼监掌印太监麦福兼理东厂，嘉靖三十二年黄锦又继之兼掌。自此内廷事体为之一变。万历初年冯保也兼掌东厂，冯保之后，又有张诚。此时冯保是司礼监掌印太监，又兼东厂掌印太监。

冯保初审，闯宫男子说他叫王大臣，本是浙东人，此次从南方来，是想投奔总兵戚继光三屯营为南兵，因未能如愿，流落京城。因没有胡须，与一个小太监交往熟络，就住在小太监家中。闲着无聊，私下偷了小太监的巾服、腰牌，溜进宫中，正赶上圣驾而出，就被拿了。

冯保知道戚继光是张居正保护的爱将，"来自戚总兵"，让冯保格外警觉，就私下把初审的情况通报给张居正。张居正对冯保说："戚公方握南北军，据危疑地，且禁毋妄指。"

如果从历史上找出最记仇的一类人，非宦官莫属。冯保记恨原来的司礼监太监陈洪，令王大臣供出他，于是把陈洪监押。冯保又令王大臣说是高大人派来的，籍贯也改为南直隶武进人。冯保又令家奴辛儒穿上大臣蟒袴，交给他刀剑各一把，剑首饰猫精异宝，把他送到东厂。一切安排妥当后，冯保才正式奏请追查主使人。张居正是二十二日在内阁见到冯保上奏的，他提出宫廷之内侍卫森严，如果不是平时曾来过的人，则道路生疏，岂直接能到宫门？观其挟刃直上，则造蓄逆谋，殆非一日，中间必有主使勾引之人。处理意见是交缉事问刑衙门访究下落，永绝祸本。

此时冯保的家奴辛儒在王大臣被监禁的地方，与之朝夕相处，饮食与共，又照冯保的嘱咐，教唆王大臣说："你只管说高阁老怨望，使你来刺，愿先自首免罪，就会官你锦衣，赏千金。不然，重挎考掠，必死无疑。"还教唆说，河南高拱老家人李宝、高本、高来与其同谋。

王大臣按教唆之言画供。东厂据此上奏的同时，冯保派东厂五人前往新郑拿人。新郑见东厂来人，以为事情重大，报告上司，道府派兵包围高拱宅院，防备逃出，高家的仆从以为主人犯了大罪，定要抄家，遂纷纷带上值钱物品四散而去。高拱危急之时想自缢，被家人拦住，出来见缇骑，问你们要将我怎样，缇骑说："并不是要逮捕阁老，是恐怕惊扰到高公，而来保护的。"高拱稍稍自安。

再说张居正奏准追查主使人后，一时人言啧啧。二十五日，左都御史葛守礼上疏，言从重惩治该日内官及守卫员役，疏中出现"奸回如王大臣"的名字，意思是不要使本来平常的案件复杂化。张居正面临极大压力，他找吏部尚书杨博商量。杨博说："这件案子事大迫急，如果处理不慎，恐怕会兴大狱。皇上虽幼冲，而神圣英锐。张公平心静气想一想，高公虽粗暴，天日在上，万无此事。"大理寺少卿李幼滋是张居正的老乡，又是姻亲，他也拜访张居正说："公奈何要做此事？如此的话，万代恶名将归公了！"张居正为自己辩解说："我为这件事，忧惧得想死，为何说是我做的？"御史钟继英公开上疏，虽不敢明言，但暗指此事。张居正的同年、原太常寺少卿陆光祖驰书相告，说此事关系治道甚重，望翁竭力挽救，万一不能保存旧相（高拱），翁即便用尽苦心来救解，仍无法自白于天下后世。

事情僵持数日。葛守礼对杨博说："我们一起到张公私邸去谏净。"杨博说："我已将此案厉害相告了。"葛守礼说："朝野都把希望寄于公，说公能不杀人以媚人啊。大狱将起，公奈何以'已告'为自己辩解？"杨博遂同葛守礼一起拜访张居正。

张居正说："东厂定案已草拟狱词了，等同谋人到京，即上疏处置。"葛守礼说："守礼岂敢在乱臣党上签署名字？愿以百口保高公。"张居正不应。杨博说："愿相公持公议，扶元气。东厂的人哪有良心，如果株连的人更多，结局更不可预知。"二人又历数先朝政府同心辅政，及夏言、严嵩、徐阶、高拱递相倾轧，使相名受损，殷鉴不远。张居正气愤地说："二公之意，难道我甘心置高公于死地吗？"急入内室，取东厂揭帖交给杨博，说："这与我有何关系？"事实上，揭帖有张居正改的"历历有据"四字，但张居正忘记了。葛守礼认出了张居正的手迹，笑着把揭帖纳入袖中，张居正机敏异常，发觉后立即改口说："他们拟的法理不通，我仅为改易几个字啊。"葛守礼说："机密重情不立即上闻皇帝，何以先在政府这里？我二人并非说相公甘心要治高公的罪，只是认为能够回天的，非相公不能。"张居正醒悟，一揖而谢说："假如事情能够挽回，我岂敢推托，只是善后之局不知如何解决？"杨博说："只要相公肯担当，后面的事不难了结。只是必须要'有力的世家'，并与国家休戚相关的，才可以交给他。"至此，王大臣案又出现转机。

二十八日，万历帝御文华殿讲读毕，张居正奏奸人王大臣是妄攀主使者，东厂锦衣卫连日推求，未得情罪。案子应该稍缓几日，若推求太急，恐诬及善类，有伤天地之和。

由于此案中外关注度极高，也攸关张居正的名声，张居正给南京右佥都御史、操江提督张岳回信，请他转告江南士大夫，说刚发生的奸人挟刀闯入大内事件，诬指是故相高拱指使，上自两宫皇太后、皇上，下到百姓最初都相信了，而搜寻蛛丝马迹的人定要置人于死地。一时中外汹汹，几乎酿成大狱。我面奏皇上，说此事关系重大，恐滥及无辜，又委曲开导，以国法甚严，人臣不敢萌生此念，请暂缓审理，务求真相，皇上面允。皇上、皇太后身边的宦官也都认为此案不确，相信我的判断，不敢肆行罗织。我想短则六七天，多则十天，就会得到真情。高拱被诬也会得到洗脱。国家元气乃得无损。连日来为此事，我形神交瘁，须发顿白。你初闻此事肯定惊骇，恐南方距此遥远，不详知事情始末，特以告知。江南士大夫有欲知晓的，也可以大略讲其梗概，使得他们安然无恐。[30]

张居正回想与高拱交往近三十年，本是生死之交的政坛兄弟，又有"血盟"，遂倾力制止冯保。他奏请万历帝，把此案交由冯保与左都御史葛守礼，以及"有力的世家"锦衣卫左都督朱希孝会审。朱希孝最初接到会审之命，恐惧异常，好像大祸临头，与他的兄长朱希忠相对而泣，说："不知谁出此策？这是要覆灭吾宗啊！"急忙找张居正商量，张居正请他去见吏部尚书杨博。朱希孝哭着拜谒杨博，杨博说："欲借公全朝廷宰相之礼啊，何忍以身家陷公！想想看，这有什么难办的？公只要派善诇校尉入狱，询问刀剑、口语从何而来，再把高阁老家的奴仆安插在稠人广众之中令王大臣辨识，且问'见高公何所、今在何地？'则真伪立辨了。"

朱希孝经此提醒，按照杨博所说的办法，派一个善于侦查的校尉，密询王大臣所供事情从何而来，王大臣说所有的供词都来自冯保家奴，校尉告诉王大臣："入宫谋逆者，按照大明律法，应该族诛，你奈何甘受此罪？如果吐实，或可免罪。"王大臣茫然不知所措，哭着说："他们开始欺骗我说，主使者罪大辟，自首者安然无恙，不但给我官做，而且还有赏赐。我哪里知道这些，我当讲实话。"这时，高拱家的奴仆已解送到东厂，朱希孝把他们分散在诸多校尉中，令王大臣把高家奴仆找出来，王大臣不能辨识。

随即进行会审。当天风霾蔽日，又雨雹不止。东厂理刑官白一清见天变异常，说："天意若此，可不畏乎！高阁老是顾命大臣，与本案原无关涉，强迫我诬人，我辈皆有身家妻子，异日能免诛杀之罪吗？"手下人都回答道："冯公已为具词，而张阁老改四字。"白一清曰："东厂机密重情，安得送阁改乎？"过了一个时辰，天空渐渐明亮起来，于是将王大臣提出审问。按照既往做法，会审要"杂治"，即由各衙门交叉拷讯。王大臣见状，大声呼喊说："你们原来许我富贵，为何要杂治？"冯保为占得先机，率先发问："谁主使者？"王大臣瞪目仰面说："是你主使我，现在怎么反问我？"冯保又问："你为何说是高阁老？""汝教我，我岂能认识高阁老？"朱希孝出示蟒袴、刀剑，王大臣说是冯保家奴辛儒所给。冯保惧怕。当天傍晚，刑部侍郎郑汝璧令把王大臣关押于暗室。夜里，冯保给他吃一种生漆酒。第二天再审讯时，王大臣已经失声，什么话也说不出来。

二月二十二日是清明节，王大臣伏诛。

张居正在处理王大臣案时，面临道义与大是大非的多重压力。这是他人生经历的三次大煎熬中最强烈的一次。当时在朝中为官的申时行目睹此案，他说几乎所有人都知道高拱是冤枉的，"颇尤江陵（张居正），江陵迫公议，亟从中调剂，（冯）保意解，乃独归罪（王）大臣论斩。新郑（高拱）得无恙"。

张居正事后给多位好友、官员写信，解释这件案子的处理过程。他给高拱亲信、应天巡抚张佳胤信中说：我与前宰相（高拱）素来交往甚厚，适才不顾众人对此事的议论，为玄老昭雪。对漕运总督王宗沐说：王大臣逆案，几乎酿成大狱。我平息滔天之势，蓦然而止。而我的身体也因此致病，现在头顶之发脱落而稀松，我们相见恐怕你都认不出来了。张居正与汪道昆关系尤为亲近，他写信说：日前一夫作祟，几致燎原之火，幸赖皇上圣明，而皇上身边的人，也都理解我一向诚恳，最终得以制止祸乱，招来祥和之气。

沈德符驳斥了《病榻遗言》所谓张居正想以此陷害高拱的说法，明确说:"时冯保恨高新郑入骨,故立意坐以族灭,实非江陵意。今《病榻遗言》,乃谓出张相指授,非也。"³¹

捐弃前嫌,托付身后事

高拱回到家乡后,与张居正仍保持书信往来。尽管二人无法尽弃前嫌,但近三十年的交情,共同经历的风风雨雨,恩怨也好,是非也罢,总有割舍不断的情感。

隆庆六年下半年,张居正致信高拱的姻亲曹金说:"比两得玄翁手书,颇以往事为悔。此中近益帖然,无足虑也。"这说明高拱解任后,张居正对自己也有检讨。当年年底,曹金以养病为由离任,回到家乡开封。王大臣一案结案后,高拱通过多种渠道了解到,关键时刻还是张居正念及老友,及时出手制止了冯保的嫁祸阴谋,让他脱然事外,一身无累。万历二年春,张居正三弟张居谦、长子张敬修乡试考中举人,高拱派人专程祝贺,并致送贺礼。张居正大为感动,本想趁张居谦进京入觐之便,途中回谢并看望高拱,但因事情冗杂,竟然忘记告诉张居谦,为此他向高拱致歉。

高拱的妻子张氏是河南中牟人,出身名门望族。她粗通经史,与丈夫相濡以沫,一起经历风雨近五十年。高拱的侧室曹氏,为高拱生了三个女儿,不幸的是,这三个女儿都在豆蔻年华离世。这让高拱的晚年格外孤独。

张氏有一个内侄张孟男，是嘉靖四十四年进士。当年高拱在内阁任上，很多人前来巴结，而张孟男除公务外，几乎从不登高拱家门。高拱颇为不解，对妻子说张孟男故意疏远他，经妻子解释，高拱释然于怀。高拱罢官后，门生故吏避之唯恐不及，张孟男却策马到高府，帮助整理行装，开导、安慰高拱一家，这让高拱非常感动。张居正知道高拱一家与张孟男的交情很深，对他关爱有加，借张孟男回河南之机，托他给高拱带上礼物，并捎话给老友："仆以浅薄，谬肩重任，孤立无助，日夕惶惶。今当始衰之龄，老态尽出，霜华满鬓，此后相见，恐不相识也。"万历三年十月，张孟男升任尚宝司卿，次年升为正卿，万历六年正月，升为南京太仆寺少卿。

万历四年，张居正得知老友身体不好，行动不能自由，心情悲凉，写信给友人说："近闻中玄疾甚，已成痿痹，可叹。明年主上大婚，弟将告老矣，而翁又抱此大戚，宇宙茫茫，相见无日，感今悲昔，怆然为怀，奈何，奈何！"

张居正一直想找合适的机会，当面向老友说清当年的误会，修复二人的关系。万历五年，张居正父亲去世，次子翰林院编修张嗣修于十月回江陵料理丧事。张嗣修受父亲之命途经新郑，以晚辈拜会高拱。与老友的公子相见，高拱非常高兴，将他引入内舍嘘寒问暖，垂泣而别，还遣人到张府参加悼念，并附赠一份很厚的丧仪。张嗣修将此情告诉父亲，张居正致信老友高拱说，他在哀苦之中感念厚谊，涕泗横流。他问老友的身体如何，想必已经完全康复，并告诉高拱，他在京筹办皇上大婚之事，计划来岁春夏间，乃得乞归回江陵，届时拟到新郑停留一日，今预盼此期，以日为岁。[32]

万历六年三月，张居正回籍葬父途中专程绕道新郑，与老友在高家适志园会面。高拱时已重病在身，二位老友六年别后相见，已物是人非，往昔恩怨纠葛早已抛入九霄云外。他们彻夜相谈，激动时竟抱头相泣。随后，高拱又遣人赴江陵吊唁。张居正到江陵后，尽管每日忙于父亲安葬之事和送往迎来的应酬，但与老友相见的情景让他久久难忘，他致书高拱：相违六载，只在梦中相见，比得良晤，已复又若梦中也。别后归奔，于初四抵舍。重辱遣奠，深荷至情，存、殁衔感，言不能喻。张居正与高拱相约，还朝途中再图开怀畅谈。六月初，张居正回京途中与高拱在新郑再次相见。这是二人最后一次见面。三个月前的会晤，张居正因归途迫切，加之壬申年高拱被罢官，二人多少还有一些疙瘩没有解开。此次会面，见高拱病情加重，二人敞开心扉，泣泪以谈，彻夜无眠。高拱说：我将不久于人世，有两件事想托付岳公，一是确定嗣子，二是身后恤典。张居正郑重承诺而别，回京后致信高拱："承教二事，谨俱祗领。翁第专精神，厚自持，身外之事，不足萦怀抱也。"

当年七月初二，高拱因中风去世，享年六十六岁。

张居正得悉老友去世，十分悲痛，派他的弟弟张居谦专程赴新郑参加葬礼，并代他就高拱生前托付的两件事，与在新郑料理丧事的高拱大弟高才直接沟通。其间，张居正六次通信商量，并许诺为高拱写墓志铭、传记。他复信高才说：我们三十年生死之交，一旦遂成永隔，刺心裂肝，痛心何可言表，稍感安慰的是，不久前两次会晤，使我久别之怀得以稍稍展布，而令兄翁亦遂长逝而无憾。今嗣继事既定，望你忍痛抑哀料理家事；至于恤典诸事，须稍加从容，等我在内廷多方调处后，在皇上面前做些解释，然后我再上疏以请。我近日得便，也会向贵省巡抚、巡按告知，托他们从外面上奏。张居正还托高才，把他的薄奠摆在老友灵座前，以表丧礼之意。过了几个月，因张居正多次在内廷调解，恤典已有转圜的机会，张居正立即给高才写信，请他转请嫂夫人自上一疏乞恩，他再当面向皇上奏陈乞恩。随后，高拱妻子张氏向朝廷为其丈夫上疏乞恩。

张居正在朝中为老友身后请恤典的事，让高拱一家颇为感激。高拱侧室曹氏托她的弟弟曹金，给张居正送一份厚礼以表谢意。张居正复信曹金说：我与高老第二次相晤时，玄翁（高拱）病得很重，不能清晰表达语言，但我能明白玄老的意思，我们坐在一起互相看着对方，流着眼泪，相与痛苦而已。回想我们过去，互相期许，以萧、曹、丙、魏相业激励，今一旦遂成永诀，每一回望，不禁涕泗盈襟。恤典这件事，从前已经许诺，现在虽然在皇上面前难以启齿，但我不敢背弃对故友的承诺，已在宫廷内调解，等高夫人向朝廷上疏，我一定会当面向皇上恳求。如此厚礼，概不敢当，谨退还给使者。

经过几个月的调解，万历六年（1578）十二月二十日，万历帝御文华殿讲读，原任大学士高拱妻张氏，为其夫陈请恤典一本终于呈送在皇帝的案前。万历对高拱仍有不满，圣旨说："高拱不忠，欺侮朕躬，今已死了，他妻还来乞求恩典，不准他。"张居正奏请说，高拱昔日侍奉先帝于藩邸九年有余，犬马微劳足以赎罪。查世宗皇帝时，原任大学士杨一清、翟銮都因得罪褫职，后官复原职，给予恤典。今高拱事体实与相同。经张居正反复开解，万历帝降旨："卿等既然说他曾侍奉先帝潜邸讲读，朕推念旧恩，姑准复原职，给予祭葬。"但万历帝有意压低恤典规格，传旨只给祭三坛。为此，张居正再次上疏说，一品官员应祭九坛，皇上既然已经赐给恤典，没有必要在坛数上再加裁减。万历降旨给祭五坛。万历七年（1579）二月，复前任少师兼太子太师、吏部尚书、中极殿大学士高拱原官，葬祭半给，不差官。

高拱恤典得请后，高才代表高家表示谢意。张居正回信说："玄翁恤典，甚费心力，仅乃得之。然赠谥尚未敢渎请，俟再图之。过此一番应得之例，则后来续请根基定于此矣。"并把他所上揭稿两通付览，张居正还告诉高才说：我与玄老交情很深，平生行履，知之甚真，固愿意为之创传，以垂来世；墓铭一事，虽未委命，亦所不辞，谨操笔以竢；行状当交曹金完成。张居正的妻子也给高拱夫人一份礼物，也请高才转致。

张居正随即与曹金商量撰写高拱行状的事。他对曹金写的初稿非常满意，在此基础上，张居正又加以润色，亲自撰写铭词，说玄老生平足垂不朽，我与玄老为生死至交，先后在朝中为官，虽子弟父兄未能超过。可恨中间遭奸佞之人交构，使之致疑于我，又波及于你。悠悠之谈，诚难户晓。他特别恳请曹金出来做官，唯借此一出，则众口自息。但曹金可能有自己的想法，没有再出任官职。

高拱恤典下来后，地方官未能及时给付高家安葬银两。因此，高拱仍未下葬。这并不是高家连丧葬费都出不起，而是表明官葬与私葬有别，意义全然不同。官给费用是公葬性质。中国有入土为安的风俗。为此，万历七年三月初，张居正致函河南巡抚周鑑，请立即把朝廷的恤葬价二百五十两及时给付。当年春，高拱葬于新郑西北一公里的阁老坟村。

一切办妥后，张居正如释重负，心里感到些许安慰，觉得将来可以在地下与他的老友见面了。他致信高才："古语云：'死者复生，生者不愧。'近来所做，但求不愧于此心，非欲市德于（高）公之家也。"

注释：

1. 张舜徽.张居正集：第二册.书牍.武汉：湖北人民出版社，1994：289.

2. 张舜徽.张居正集：第三册.武汉：湖北人民出版社，1994：391.

3. 焦竑.国朝献征录：卷一七.

4. 岳金西，岳天雷，编校.高拱全集：上册.郑州：中州古籍出版社，2006：818—819.

5. 朱国祯.皇明大事记 // 岳金西，岳天雷，编校.高拱全集.郑州：中州古籍出版社，2006：1545.

6. 王世贞.嘉靖以来内阁首辅传：卷六.北京：中华书局，1991：88.

7. 岳金西，岳天雷，编校.高拱全集：上册.郑州：中州古籍出版社，2006：699—700.

8. 岳金西，岳天雷，编校.高拱全集：上册.郑州：中州古籍出版社，2006：701—702.

9. 张舜徽.张居正集：第二册.书牍.武汉：湖北人民出版社，1994：16.

10. 宋仪望.华阳馆文集：卷四.济南：齐鲁书社，1997：640.

11. 张舜徽.张居正集：第一册.奏议.武汉：荆楚书社，1987：1—10.

12. 杨博.杨博奏疏集：上册.张志江，点校.上海：上海古籍出版社，2018：333—337.

13. 张舜徽.张居正集：第二册.书牍.武汉：湖北人民出版社，1994：23.

14. 张舜徽.张居正集：第二册.书牍.武汉：湖北人民出版社，1994：28.

15. 张舜徽.张居正集：第二册.书牍.武汉：湖北人民出版社，1994：18.

16. 张舜徽.张居正集：第二册.书牍.武汉：湖北人民出版社，1994：38.

17. 岳金西，岳天雷，编校.高拱全集：上册.郑州：中州古籍出版社，2006：238—239.

18. 赵贞吉.赵文肃公全集：卷二二 // 岳金西，岳天雷，编校.高拱全集.郑州：中州古籍出版社，2006：1521—1522.

19. 张舜徽.张居正集：第三册.武汉：湖北人民出版社，1994.

20. 张舜徽.张居正集：第二册.书牍.武汉：湖北人民出版社，1994：301.

21. 张四维.张四维集：上册.张志江，点校.上海：上海古籍出版社，2018：460.

22. 张四维.张四维集：上册.张志江，点校.上海：上海古籍出版社，2018：462—463.

23. 张四维.张四维集：上册.张志江，点校.上海：上海古籍出版社，2018：463.

24.张四维.张四维集：上册.张志江，点校.上海：上海古籍出版社，2018：465.

25.张四维.张四维集：上册.张志江，点校.上海：上海古籍出版社，2018：466.

26.刘若愚.酌中志：卷一六 // 丛书集成初编.商务印书馆，1935：98.

27.岳金西，岳天雷，编校.高拱全集：上册.郑州：中州古籍出版社，2006：178.

28.王世贞.弇山堂别集：第二册.北京：中华书局，1985：568；查继佐.罪惟录：列传卷四，称康王四子.杭州：浙江古籍出版社，2012：1210—1213.

29.岳金西，岳天雷，编校.高拱全集：下册.附录二.郑州：中州古籍出版社，2006：1380.

30.张舜徽.张居正集：第二册.书牍.武汉：湖北人民出版社，1994：1186.

31.沈德符.万历野获编：卷一八.北京：中华书局，1997：473—474.

32.张舜徽.张居正集：第二册.书牍.武汉：湖北人民出版社，1994：1190.

中篇 推进改革

第四章

置国家于磐石之安

世必有非常之人，然后有非常之事；有非常之事，然后有非常之功。公所谓非常之人也。

俞大猷对戚继光说："丈夫生世，欲与一代豪杰争品色，宜安于东南；欲与千古豪杰争品色，宜在于西北。"这句豪情万丈的话，影响了戚继光的一生。

英国著名史学家汤因比提出，孕育中国古代文明的黄河下游，自然环境的挑战性要比两河流域和尼罗河流域严峻得多，这一片原野，除了有沼泽、丛林和洪水的灾难之外，还有更严重的气候上的灾难，它不断地在夏季的酷热和冬季的严寒之间变换。[1]同样，王朝的政治中心即都城的选择，受"压力挑战"的影响，凡是靠近北方边地的政权，都能获得适应外在压力的能力，而足以驾驭内地。

经历过亡国之痛的清初思想家黄宗羲却认为：明朝定都北京，是天子守国门，上下精神消耗于寇至，每日以失天下为事，而礼乐政教无暇顾及；江南之民命竭于输挽，大府之金钱靡于河道，这都是定都燕京所造成的危害。为此他提出，把九边重镇及边远的云贵改为类似唐朝的藩镇，设置节度使，赋予其军政经济等自治大权，天下才有复兴的可能。[2]

历史无法假设，但明朝自庚戌之变始，西北之兵无日不与虏战，自嘉靖三十一年始，东南之兵无日不与倭战。"兵日以战，挫削日以继，而卒不强。"[3]张居正在他通往首辅的权力之路上，特别是在万历前十年的柄国生涯中，始终把构筑国家磐石之安作为执政的第一要事。《明史》将谭纶、王崇古、张学颜、张佳胤、殷正茂等著名将帅合为一传，评价他们"受任岩疆，练达兵备，是因为张居正当国，用心于军谋边疆，与之书疏往复，洞瞩机要，又能委任责成，使得展布，故能各尽其才，事克有济。观于此，而居正之功不可泯也"。这算是为张居正说了句公道话。

世有非常之人，然后有非常之功

嘉靖时期的边防政策，像反复无常的世宗皇帝一样，没有任何连续性，更谈不上战略统筹，镇守边关的文臣武将成了高危从业人员，这倒不是因为他们血洒疆场，而是经常会成为政策摇摆和庙堂之争的牺牲品。有些时候，庙堂之上的内阁大臣也不能幸免。隆庆时期的情况虽然好了许多，但无论做任何实事，朝野都纷争不已。张居正最大的担心是，大明王朝将由此步入衰宋那样的危险境地。他忧心忡忡地对同乡曾省吾说："今武备废弛如此，不及今图之，则衰宋之祸，殆将不远。仆于此事，颇殚心力。"张居正又对他的同乡、同年进士李幼滋愤慨地说："今人为宋儒之说，沁入心脾，只要一谈和议，如吃乌附子（毒药）一般，异议纷纷，几至颠踬。"

在传统王朝的运行体制中，人事既是政治的核心，也是推动政策落地的必要手段，所谓有治人无治法。要想打开局面，必须把人事挺在最前面。然后宽以文法，不能让边方将帅摇手触禁，动辄得咎。

与朝堂上小心翼翼不同，张居正每与边方将帅交谈，好像换了一张面孔，他挥斥方遒，胸中装有千军万马，有人评价他是"以相而兼将"，指挥于数千里之外，进退疾徐，洞若观火，故能安定华夏，垂及后世。

早在家乡养病期间，张居正就十分关注抗倭前线的战事。嘉靖三十四年秋，湖广按察副使孙宏轼带领的洞兵在抗倭前线出师大捷，张居正时在病中，他以"五虑"相规，鼓励大丈夫遭逢艰难之时，要弃家忘身，以殉国家之急，希望早日等到凯旋的那一天。其后，他的进士同年刘应节因在广东平定罗旁之乱被弹议，张居正安慰他的同时，提出"今天下之势，莫亟于东南"，希望勉就功名，纷纷议论，不足介怀。回到朝中后，他又通过同年进士汪道昆，进而得悉汪道昆与俞大猷、谭纶、戚继光等"巨公"取得的抗倭成就，称赞不已。

徐阶为内阁首辅后，事实上把解除南倭北虏对国家安全威胁的重任，交由他最信任的门生张居正来处理。

嘉靖四十三年，福建倭乱平定，谭纶回家乡江西宜黄守制，汪道昆升任福建巡抚，张居正向同年致贺，说命下之日，皆为朝廷得人贺，更何况与你有莫逆之交的老弟。他还说谭公在福建成功后，现在因守丧回籍，可谓宝刀善藏。一向喜出主意的张居正还不忘嘱咐同年："闽中久困戎马，弟以为今日抵御倭乱之后，绥怀为急，如用大苦猛剂驱逐病患，必不时顾其本根；策驷取途，又要避免竭尽所有余力。"次年冬，海边有警，汪道昆在纷乱不安中复信张居正，称许他极力推举谭纶等人。但世事变幻，一切仿佛如张居正预料的那样，汪道昆因为言官弹劾酷刑激变、贪污不检而被解职，回籍听勘。这时，张居正在撰写《承天大志》，又给裕王讲书，每日忙得不可开交，但他还是挤时间写信安慰汪道昆，说庙堂知道你是被人嫁祸，故以戚继光大帅兼领惠、潮。他应允给汪道昆的父亲写寿章，因事冗无法脱身，请再宽限数月。

谭纶于正德十五年出生，比张居正年长五岁，早一科中进士。嘉靖四十四年十月守制期满，朝廷任命他出任陕西巡抚。他得知这项任命来自张居正的鼎力举荐，不顾边方大吏与朝臣交往的忌讳，给张居正写信，说自己刚刚脱去丧服，"不知当道何从得知，意以具闻；又不知庙堂何从取之，未逾旬朔，即畀以关陕之重。要皆门下推毂之意，将以老马识途蓄之，而未计其弗能也"。他还说二人是情笃神交，不识面的知己。张居正收到信时，四川爆发白莲教起事，朝廷已改任谭纶为四川巡抚。这是张居正第一次与谭纶通信，也是二人建立良好关系的开始，他与数千里之外的"知己"谈了很多，而治蜀之策乃重中之重。

张居正喜出主意，他对事物的判断总能高人一筹，尤能早见先机。

二人第一次通信，彼此都有相识恨晚之慨。数月后谭纶出任两广总督。隆庆改元，张居正进入内阁，承担更加重要的职责。当年，俺答进犯大同等地，京城再度戒严。七月，给事中吴时来举荐谭纶及总兵俞大猷、戚继光知兵，向隆庆帝奏请召他们来京，使专督练边兵，隆庆帝当即召谭纶入京。三个月后，王崇古由宁夏巡抚升任陕西三边总督，戚继光入京协理戎政。这一系列重大人事安排，为随后的北边防守与俺答封贡的实现带来重大转机，而时任内阁大臣的张居正，无疑发挥了举足轻重的作用。不久，高拱、徐阶先后解任，时间在快速滑向由张居正主导的时代。他在《陈六事疏》中，把整饬武备作为走出衰宋之局的着力点。由于谭纶、戚继光在蓟州、辽东大练兵备，俺答不敢进犯，张居正遂把重心转移到西北，谋划以板升*为突破，实行招抚、分化策略。他抓住把汉那吉来归这一突发事件，积极斡旋，最终实现俺答封贡，不但奠定数十年的和平局面，在促进汉族与蒙古族深度融合交往的同时，更为清朝思想家魏源称赞为"不独明塞息五十年之烽燧，且为本朝开二百年之太平"。

嘉靖中期，赵全与丘富跟从山西人吕明镇讲习白莲教，事发后吕明镇被处死，丘富联合赵全及其弟赵龙，以及王廷辅、李自馨等逃往北地，俺答把他们安置在边外古丰州地（今呼和浩特东约二十公里），定居耕田，召集亡命。此前大同镇两次兵变，失败的士卒也逃往塞外，投奔俺答各部。俺答分别授予他们大头领等官爵。

丘富死后，赵全取得俺答信任，不但为其出谋划策，提供北边情报，还多次作为向导，引其入犯，破城堡、杀吏卒，无岁不至，边境苦之久矣。后来试百户张彦文、游击家丁刘天麟、吕明镇之子吕西川，及边民马西川、吕小老等先后北逃，与赵全等安居板升。他们尊俺答为帝，

---

* 板升：蒙古语，"房舍"之意。

为其拟定朝仪，俺答的大殿崇丽无比，仪门题写"威震华夷"，城楼题款"沧海蛟腾"。赵全等人也各自建堡治第，制度拟于王侯，署其名曰开化府，有蟾宫、凤阁之号，俺答愈加宠信这些人。赵全领众万人，李自馨有六千人，他们又将其属众分割为大板升十一部，小板升三十二部，各领六七百人至八九百人不等。自丰州滩以西至黄河三百余里，都为板升所有。仅丰州滩附近，汉人就多达五万，蒙古人有两千多。

赵全还向俺答建议，"据有云中、上谷，东封居庸，南塞雁门，独以一面，西当晋代，进则饮河、汾，退则重归云、谷，此五伯之伐也"。这大有卷土重来，与明朝形成对峙局面之势。自嘉靖朝，俺答最雄，一有煽动即为门庭燃眉之灾，故当时制驭北方蒙古，关键在于俺答一人。赵全还向俺答建议，因蓟州有戚继光等防备严密，大同、山西等镇兵弱可犯，故隆庆初年的汾、石之祸，全部出自赵全等人的谋划，为此明朝高悬赏格，有得赵全等人者拜都指挥，赏银千两。

张居正试图通过大阅礼提振国威士气，同时充分利用俺答所领土默特的严重灾害，招抚聚集在板升的汉人。隆庆元年诏书，把李自馨等人作为主要招抚对象，兵部还为此题准赏格。在强大政策的驱动下，次年，李自馨等通过杜经、李春艳等人与山西镇将联系归服事宜，杜经原是山西布政使司承差，李春艳是朔州生员，二人都久在板升。杜经约李自馨等率众来归，但由于事情泄密，他们得到边外地图后，又回到板升。不久，大同总兵赵岢将李自馨手帖寄给张居正。张居正以为，朝廷既然有诏书招降，就应郑重对待，所以他将手帖当面交还赵岢，让他秘密谋划，并对他说："受降如受敌，不可轻忽。"隆庆三年，张居正给宣大总督写信，提出解决西北边患，既然攻取很难，应从招抚板升的汉人入手，并举李自馨归服处置不当为例。张居正一再表示，如果李自馨等出于诚意归服，就应招抚他；如果审其不诚，闭关以拒之。张居正又做大同巡抚刘佑的工作，说他作为内阁大臣，对于宣府、大同二镇之事苦心孤诣，寝食难安，因为朝堂上议论不一，难以突破，而对边方将帅又赏罚不明，这致使没有人肯冒死犯难，为国家用力。

隆庆四年初，高拱重新入阁，张居正不再孤掌难鸣，二人协同谋划，在北边进行新的人事调整，王崇古调任宣大总督，方逢时调任大同巡抚。张居正与他们频繁沟通，坚持招降政策仍是重中之重。张居正鼓励王崇古说，北边苦累多年，边将可谓无人，你调任宣大总督我非常欣慰，唐朝大将李光弼一至军伍，旌旗服色皆为之改观，不仅军纪严明，更因威望素著。张居正还就自己对宣大与陕甘的"五大不同"，与王崇古交换意见：第一，虏强；第二，大同北当虏庭，板升叛逆，倚虏为患；第三，士无斗志，唯以财物而求得免除兵役；第四，士兵惰而玩，将令不行；第五，密迩京畿，畏避情深。小人，则张大虏势，以为解脱之地；小胜，则张虚声以邀退敌之功，积习故套，牢不可破。张居正最后提出：

> 世必有非常之人，然后有非常之事；有非常之事，然后有非常之功。公所谓非常之人也。

有了"人和"，还要有"天时"。这一年，华北大旱，土默特甚至出现易子而食的现象。张居正一再请王崇古、方逢时等人乘机招降板升汉人，说板升一事，望公密切图划推进，去年谋划业已进行六七分了，而最终为大同守臣所坏，非常可恨。现在与过去相比，又有两个变化，一是俺答年纪大了，其子台吉对赵全等人恨之入骨，想全部杀了，乘他们危惧时，招抚相对容易。此一机也。二是板升等地荒旱异常，饥困窘迫，人思南归。此又一机也。希望再三留意，熟计而后行。今东患在属夷，西患在板升，二患不除，我国家终无安枕之日。二患相比，西事稍为容易，宜先图解决。

方逢时接任大同巡抚后，按照张居正的部署，把招降赵全等板升汉人头目，作为主要着力点。他把皇帝发布的有关谕旨刻于木塞上，许其立功自赎。不久，赵全与李自馨等人秘密将禀揭*投给方逢时，内容是悔祸思归，愿如约归服。而王崇古在不到一年的时间，就招抚男女二千二百二十六人。

随即发生的把汉那吉向大同投关这一突发事件，考验了边关将帅，尤其是庙堂的智慧。高拱、张居正原想将把汉那吉作为人质，迫使俺答将赵全等叛人交还，同时实现封贡。但因时间紧迫，尤其是高拱、张居正的部署受到反对者的强力阻挠，包括强势的内阁大臣赵贞吉、兵部尚书郭乾、侍郎谷中虚等人，以及大同武职官员、世豪之家，于是高、张二人采纳王崇古的建议，将部署分为两个步骤。第一阶段以隆庆四年十二月初四，赵全等九人执送把汉那吉回土默特为标志；第二阶段以次年三月封俺答为顺义王，定贡市为标志。王崇古、方逢时在边关，高拱、张居正在朝堂，各自发挥了不同的作用。当时亲自参与处置的吏部侍郎张四维，在写给他舅父王崇古的信中总结道：

> 此事非舅不能力任美成，非二老亦难措手。玄老（高拱）
> 大体见得定，主裁坚决，而气势足以慑诸人；岳老（张居正）
> 留心边事，每事加审，而斡旋政本及潜消异论，有妙用焉。
> 天生三公，为社稷建此壮勋，不偶然也！ [4]

---

* 禀揭：禀是指下对上、民众对官府的禀报、禀告，通常使用禀帖形式。揭是揭报、检举。禀揭是向上级主管衙署人员举报某项不法情事。

王崇古谙习边事，有策略、有办法，对症下药，问题抓得准；高拱掌控总局，敲定方向，事不藏蓄，敢于正面交锋；张居正谋略中见精细，思维缜密，条理清晰，是化解矛盾的高手，几次胶着的关键时刻，都由他出手挽救。

轮台九月风夜吼。如果没有俺答封贡，明朝极有可能形成一个边塞诗派。嘉靖二十九年九月，王崇古将赴金陵，他夜泊庐阳邮亭，惊闻俺答进犯京畿，情不自已，写下一首《识感》：

> 江上初收雨，严霜已渡河。
> 汉兵闻出塞，胡骑竟如何。
> 雁阵凌秋尽，笳声入暮多。
> 武陵遗曲在，慷慨不成歌。

王崇古，号鉴川，正德十年（1515）出生在山西蒲州（今永济西），是商人世家。父亲王瑶是远近闻名的儒商，他一手持算盘，一手枕《论语》，韩邦奇称赞他"为养而商也，生财而有道，行货而敦义，转输积而手不离简册"，经营范围西北达甘肃酒泉、张掖，南达江淮、苏杭，是山西有名的大商户。王瑶生有三男五女。王崇古在王瑶三子中，排行第三，兄王崇义、弟王崇勋一直在外经商；长姐嫁给了大盐商沈廷珍的长子沈江，二姐嫁给了张氏家族的张允龄，生子张四维，后来入阁，张居正去世后张四维为首辅。嘉靖二十年，二十六岁的王崇古考中进士，其后跟随名将俞大猷出征东南，在平倭中立下战功。嘉靖四十三年，王崇古出任宁夏巡抚。

张四维出生在山西蒲州平阳，是有名的盐商世家。因家乡中条有别峰凤鸣山，遂以凤磐自号，人称"凤磐先生"。他的生母王氏育有七子三女，张四维是长子。蒲州临近解县著名的盐池，所产之盐称为"潞盐"。张、王两家世代联姻，是蒲州乃至山西著名的亦官亦商的大家族。他的父亲张允龄因经营长芦盐，积累资产多达百万，王崇古家族的盐在河东，张、王两家完全垄断了两地的盐业之利。

方逢时，号金湖，湖广嘉鱼人，是王崇古、高拱、高仪的同年进士。由于同乡的关系，张居正与他结识很早，方逢时从宜兴知县调任宁津，张居正以诗相送：

> 车马萧萧过上阑，都亭贳酒强为欢。
> 已知天地共行客，不为别离愁路难。
> 汲黯积薪缘宦拙，长公直道薄微官。
> 谁怜十载河阳令，还向风尘拂旧冠。
>
> ——《送方金湖之宁津》

上阑是汉朝上林苑的宫观名。张居正回想起二人困顿时，赊钱买酒把杯尽欢的往日时光。看似在为老友十几年思量官场，直道而行却仍是一介县令大鸣不平，实则借古讽今，感叹二人不会当官，"宦拙"不得重用。河阳令是借用《晋书》潘岳有才为人所嫉，述说其生不逢时的典故。隆庆即位后，方逢时迎来多次升迁。隆庆三年十一月，由山西参政升任辽东巡抚，张居正说此次任命符合舆论的期待，他个人尤为高兴。因大同总兵赵岢与巡按御史不和，想调宣府总兵马芳去大同，而方逢时在山西任职时间久，熟悉内情，便向张居正告知。一个多月后，又调方逢时巡抚大同，张居正说这出自诸老之意，他不能反对，但方逢时与马芳关系很好，张居正觉得文武辑睦，是边防之幸。

化解庙堂之争，转危为机

隆庆四年九月十三日，俺答的孙子把汉那吉携带妻子、奶公等人急奔大同投服。把汉那吉是俺答第三子黑台吉的儿子，自幼失去父母，由祖母即俺答妻子伊克哈屯抚养成人。他聪慧异常，仰慕汉文化，俺答也非常喜欢他。他长大后娶大成比妓（汉语妃子之意）为妻，又自聘兔扯金的女儿为妾。稍早前，俺答将外孙女许配给鄂尔多斯部阿尔秃斯，后见其美丽聪慧，便自己娶来，号"三娘子"。此举招致阿尔秃斯不满，声称要率兵攻取，俺答为息事宁人，将把汉那吉自己所聘之女许给阿尔秃斯。把汉那吉对此心生怨恨，骂道："汝为禽兽行，夺人妻，今又夺吾妻耶？我即降南朝，请兵杀此老贼。"他说的话渐为他人所知，奶公阿力哥惧怕祸及己身，密劝他早做决断。把汉那吉说："吾闻天朝上下有序，尊卑有礼，男女不溷，其俗先礼让而后刑杀，吾今往归之。"于是携妻子、奶公等十余人，至大同镇所属平虏卫败壶堡（今山西平鲁县一带），叩关乞降。参将刘廷玉急报大同巡抚方逢时，方巡抚确认无疑，立即遣中军官康纶率五百精骑，前往接纳。他同时向总督王崇古通报，称机不可失；九月二十三日，将其迎到大同镇城安置下来。

把汉那吉投服事件对明朝来说利弊参半。事发时，俺答正攻掠西番（吐鲁番），得信后立即引兵而还，并兵分三路，进攻山西（太原）、大同、宣府三边重镇。俺答领兵一万，驻扎于把汉那吉投服的平虏城约六十里地方，另派僧格领精骑一万进逼阳和，又派永谢布部率五千骑兵抵达威远（今山西右玉县西南威远镇）。一场大战，即将爆发。在此间不容发的时刻，高拱、张居正二位老友与王崇古、方逢时飞报频传，紧密磋商，沉着应对，内要力排众议化解分歧，外要步步紧逼，使俺答就范。最终，转危为机，实现俺答封贡，迎来烽燧数十年无烟火的和平。

高拱于罢官后的万历元年十月追忆往事，十分详细，而无一语及张居正，这绝非事实。

把汉那吉来投后，大同立即派人到京城报告。张居正敏锐判断这是重大事变，派专人向王崇古发出一连串的疑问，确认此事"不知的否？俺答之子见存者，独黄台吉一人耳，其孙岂即黄台吉之子耶？彼何故率尔来降？公何不以闻？若果有此，于边事大有关系，公宜审处之。望即密示，以信所闻"。

十月初九，王崇古、方逢时二人意识到此事关系重大，经过深思熟虑向明廷奏报，提出上、中、下三策。上策是将把汉那吉作为人质，与俺答谈判，进行互市贸易，同时令俺答将逃往板升的赵全等人绑来，并归还被掳女子、士卒，然后优赏把汉那吉，将他放回；中策是如果俺答强行索要，则以严守拒敌而逼俺答就范；下策是如果俺答弃把汉那吉不顾，近期以其作为招抚的旗帜，其部众相继来降的令把汉那吉统领，等俺答死后令把汉那吉回本土，自为一部，以与黄台吉抗衡。二人奏报说，他们日夜揣度北虏之状，不出此三端，而我应之之术，也不超出以上三策，奏请陛下召集诸臣裁定可否。隆庆帝命兵部详议以闻。

张居正接到王崇古、方逢时奏报后，先后给二人写了二十一封信。为便于与大同前方及时沟通，在接到王崇古奏报的次日，朝廷升王崇古的外甥、翰林院学士掌院事张四维为吏部右侍郎，兼经筵日讲如故。高拱以大学士管吏部事，张四维为吏部侍郎，二人同署办公。其间，张四维给他舅父王崇古写了二十三封信，及时把高拱、张居正的处置方略，特别是在知经筵、日讲时向隆庆帝奏准的事项，第一时间准确无误传达给王崇古，王崇古有何要求和紧急事情，不便向朝廷公开的，也由张四维直接与高拱、张居正沟通。因嘉靖帝发布谕旨，有言开马市者斩，而朝中只要一谈和议，就与宋朝屈辱求和等同视之，所以建立私人"暗线"

及时传递信息，是高、张策略和智慧的体现。方逢时除单独给张居正个人写信外，还给高拱、张居正二位阁老写了六封信。高拱后来回忆说，自此每筹划此事而来不及书写的，必托张四维向王崇古转达。

张居正给王崇古的第一封复信，明确提出此事关系至重，制虏之机实在于此。他还以嘉靖三十六年，俺答子辛爱之妾桃松寨投明，庙堂处置失宜为戒，说今日之事又非昔比，不宜草草。他说俺答临边索要，实乃对我有利，如果俺答弃而不取，我空抱人质而结怨于虏，反而没有机会。他还代表内阁，提出朝廷放回把汉那吉的条件：俺答应当以卑微之词，向朝廷表明投诚效忠；或将赵全等叛逆之人斩首，盟誓于天，约以数年骑不入吾塞。他嘱咐王崇古，千万不要为众言所摇惑。他十分肯定地说，我说过世必有非常之人，然后有非常之事；有非常之事，然后有非常之功。把汉那吉来投，就是非常之事，非公谁能了之。他随后又告诉王崇古，俺答陈兵边上而不劫掠，也不明言索要其孙，必是赵全等人教唆，等待我边将有机可乘，抓捕作为人质与其孙交换，嘱咐王崇古即便对俺答有机可乘，也决不可与他开战。

高拱虽然也认为把汉那吉来投，"此乃中国利机，处之须要得策"，但他最初不同意以那吉作为人质交换赵全等人的做法。

兵部尚书郭乾，本来性格懦弱，此事又非同一般，隆庆帝交兵部议复后，他如临大祸，惴惴不安，迟迟不敢决断，致使时间一天天过去。侍郎谷中虚又从旁阻止，以嘉靖朝以往的祸患相恐吓，让其不要接受王崇古的建议。直到二十多天后的十月十三日，兵部才拿出一个模棱两可的"方案"：把汉那吉来归，封疆近地或因此发生意外，接纳他"非完善之计"；并且，俺答兵分几路已临我境，合则屯驻向我索要降人，散则分处各地肆行攻掠，宜令王崇古详加慎审，如果别无欺诈，则给之冠服以系其志。

在高拱、张居正的建议下，明廷授把汉那吉为指挥使，阿力哥为正千户，各赏大红纻丝一袭。进一步的行动等候朝廷旨意。

兵部态度消极，引发舆论反弹。二十二日，御史叶梦熊反对边臣接纳把汉那吉来降，说朝廷更不应授以官爵，这样做是结仇微祸。他还援引辽朝大将郭药师统领"怨军"，辽朝灭亡后把涿、易二州献给宋朝，白河兵败降金为例，又举大辽将领张毂见辽朝将要覆亡，在平州（今河北卢龙）募兵数万，被金朝招降，宋宣和五年（1123）又改旗反金归附宋朝，后被金国大将所败，逃奔燕京，金向宋索要张毂，引发战争为喻，以证不可纳降。隆庆帝怒其妄言，扰乱国是，命降二级调外任。

把汉那吉授职后，方逢时将其安置在大同镇城，再移书张居正详言其事。张居正告诉他，把汉那吉最终会遣还，假此以制彼安边，机不可失。

此时在俺答内部，意见也有分歧。其妻生怕进攻会让孙儿没命，日夜号泣，以柴木击丈夫之头，说："即便中国（朝廷）要你的头，我也应当给他们，我只要我的孙子。"又骂道："你这个昏老不死的家伙，听信汉人叛儿（赵全）在这里拨弄反覆，现在想要侵犯汉朝（明朝），汉士马强壮，安能必得志！这样做，是速杀我的孙子啊！"一代枭雄，原来也是"妻管严"。俺答为此哭得两眼红肿，下令停止进攻，同意谈判。

方逢时派旗牌官鲍崇德等人，前往谈判。经过几个回合，俺答表示愿意将赵全等人执送，换取孙儿把汉那吉平安，但又疑而不决。方逢时命鲍崇德持李自馨、赵全等人先前欲归服朝廷的禀揭，进入俺答营地，屏去身边左右，密以禀揭之言相告，俺答大惊，说："有是乎？我本意要进贡来，都是丘富、赵全到边哄我该坐天下，教我攻掏城堡，连年用兵，两下厮杀，不得安生。今天使我孙投顺南朝，乃不杀，又加官，又赏衣服，恩厚若此，我今始知中国有道，悔我前日所为。若果肯与我孙，我愿执献赵全等赎罪。我今年老，若天朝幸封我一王子，掌管北边，各渠长谁敢不服？再与我些锅布等物为生，我永不敢犯边抢杀，年年进贡。将来我的位子就是把汉那吉的，他受天朝恩厚，不敢不服。"当即派五人，跟随鲍崇德来大同镇乞封，又为黄台吉乞官，求输马换取铁锅与布帛。

十一月十三日，王崇古上疏提出三点主张：封俺答等人爵位；确定每年通市数额；归还我叛人，剪其羽翼。他还说这不但是中国之利，且通市后和好可久，乃华夷兼利。

明朝的边防体制是武官镇守一方，而以总督、巡抚文官节制，另设巡按，监察、核实军额。宣大巡按姚继可不明底里，得知方逢时与俺答秘密谈判后，上疏将宣大文武官员弹劾个遍，奏请立即罢斥方逢时而治马芳等人的罪。隆庆帝提出，大同镇文武官员功罪，总督、巡按奏报完全不同，命复勘后奏报。事情到了管吏部事的内阁大臣高拱这里，他与张居正商量后，说方逢时的才能众所周知，况且，此时正当俺答执持叛人赵全等乞降的关键时刻，也正是巡抚临机设策之日，双方秘密谈判，势必不能把敌情向外面泄露，他所施划的秘计亦难以自己讲出来，现在应当看以后的效果如何，今事未就而预先追责，堕垂成之功。命方逢时照旧供职。方逢时如逢大赦，他感慨道：书生不谙军机，肆行论参，如果不是天子圣明，内阁大臣协心同志主持国是，则封疆大臣又如何能得展布以效尺寸之功啊！[5]

由于传统观念作祟，反对互市封贡的力量纠集在一起，朝廷最初拟旨只能含糊其词。张居正告诉王崇古，这样才能有操纵的余地，可以相机行事。他判断，不出十天俺答定会就范。但拖延时间长会令俺答怀疑朝廷的诚意而致事有反复，王崇古心急如焚，几乎每天都写信给他的外甥张四维，令其催促朝廷尽早决断。张居正向王崇古解释，事久不决是因为朝中反对的意见纷纷而出，庙堂论定前，必须单独奏闻皇上，然后拟旨处分，这样才能消除或减少反对的声音。他给王崇古吃定心丸，明确表示，"阃外之事，一切付之于公"。随后他告知王崇古，御史叶梦熊、饶仁侃、武尚贤等反对封贡的妄言者，已奉皇上旨意将他们贬退，朝堂上已无异议，只是此事关系重大，处置必须妥当，如有成算，希望先期密示，或更有商量，乃可题请。

在第六信中，张居正又提出"三可虑"请王崇古考虑：一是赵全等人不会甘心，如果偷换孟贼来冒名顶替，于国家威信乃大损；二是俺答退后数十里，交换人质，须防中间有变；三是朝堂上不少人都认为，把汉那吉是祸媒，急欲遣回，以图眼前无事。至于封爵、贡市二事，皆在可否之间。张居正提出：

> 今边防利害，不在于那吉之与不与，而在彼求和之诚与不诚。若彼果出于至诚，假以封爵，许其贡市，我得以间修战守之具，兴屯田之利，边鄙不耸，稽人成功。若彼寻盟，则我示羁縻之义；若彼背盟，则兴问罪之师：胜算在我，数世之利也。

他告诉王崇古，封贡疏迟早会批复，其中委曲难以一一指授，希望与方逢时兢兢以图。他还建议王崇古也移住大同，便于全权处置。

张居正唯恐出现任何细小的疏忽，导致前功尽弃，遂不厌其烦，与王崇古、方逢时沟通，把他的解决思路、预期目标和盘托出。在随后给方逢时的信中他说："小酋（把汉那吉）定许其归，但须少留难之，务令执送诸逆，誓不永犯，乃可奏闻朝廷，礼而归之。小小结局，仆之始谋固不止此，然亦数年之利也。"他将给王崇古的书信抄送给方逢时，并嘱咐他，鲍崇德返回如有定议，要星夜密报，以便措划。

把汉那吉自九月十三日来归，已历时二月有余，俺答陈兵大同镇外，其子黄台吉率兵攻阳和，王崇古、方逢时担心日久生变，高拱、张居正又以此事处理必须稳妥，方成一大转机。张四维知道舅父在前方的苦衷，也清楚朝堂上决策的不易，他非常忧虑，对高拱说："事机去来，变化往往发生在顷刻之间。俺答长年累岁进犯北地，而我们却奈何不了他。现在俺答回心内向，如果不立即接纳他，迁延月日，使得我们不守约而失信，一旦决裂而去，使疆场战事再起，岂能推脱得了开启边衅的大错？事情如果到了那一步，就不单单是惧怕互市而引发边衅那样简单啦！"高拱说："此事体重大，况旁有窃窥媒孽者，我不辞独力主之，但恐万一有意外虞，并令舅亦不稳便耳。"[6]高拱要为国家筹万全，还要考虑到反对派力量的强大，更要顾及王崇古等前方大臣的性命。高拱所说的"旁有窃窥媒孽者"，是指持坚决反对意见的内阁大臣赵贞吉，他要借这件事发难，把高拱赶出朝廷。十一月二十一日，赵贞吉解职回乡。朝中反对力量大减。张居正向王崇古说明，因俺答想急迫得孙，朝廷解决把汉那吉的思路，由原来的交换人质与讨论封贡合并解决，变成交换人质是一阶段，讨论封贡是另一阶段。

这一切确定后，张居正亲自督办，命将赏赐俺答等人的币布从内库索出，星夜送往大同，嘱咐王崇古收到后立即执行，不要让俺答久候变心。他还特别叮嘱方逢时，凡把汉那吉所用物品全部给他，宴赉也要从厚。他还告知，赵全等人要执送阙下，献俘正法，传首九边，使叛人知畏，而阿力哥一定要暂时留下，将来大有用处。

方逢时将俺答执送的赵全、李自馨等九人一一验看，分别安置后，送把汉那吉出大同镇。把汉那吉恋恋不舍，王崇古告诉他，朝廷恩意，许奉表通贡，把汉那吉感动流泪，发誓不敢贰中国，携其妻以归，阿力哥及俺答使者二人仍留为人质。王崇古于十二月初四向朝廷奏报。王崇古、方逢时以及诸将帅等升赏有加，内阁大臣也并受升赏。把汉那吉回到土默特后，俺答把大板升封为其爱孙的领地，这使得把汉那吉在蒙古的地位得到极大提高，也为加强与内地的经济交往奠定了重要基础。

制虏安边大机大略：一波三折的俺答封贡

第二阶段的封贡之议，更是波折不断。高拱抱病在身，神思疲惫，他告诉王崇古：我最初的意图是把封贡与遣还把汉那吉并举，后阅览你的大疏，又反复思考，担心旷日持久内生他变，反为不美。你的看法是对的，故特采纳。现在得知赵全等人都已拿获，则上一节已完，然须有下一节，则上节方为完美。不然，皇上所降明旨"请封进贡，详议来说"是已许封贡了，如没有结果，则明旨就没有落实，这是绝对不可以的。俺答自三十年前遣使求贡，求封之心已久。但彼时当事者无人，处之不善，致有三十余年之患。今其初心固在，又有事机，而又得公在外，威信既孚，处置又善，当必可成。使国家享无穷之利，而边民免无穷之害，非公之功又能有谁？！

十二月二十一日，王崇古奏请讨论封贡之事，章下兵部。尚书郭乾以事体重大，明确反对，还说开市是先帝明确禁止的，而且俺答提出条件，是要我不烧荒、不捣巢，如果他日再要我不修边、不设备，横索难继之物，卒有意外之变，何以善后？这是以酋猎毒我，不如拒绝，毋招引邪恶。

兵部的意见有代表性。张居正拟旨时，改为"务计万全，然后请旨集议，候宸断"，仍给封贡留有空间。王崇古忧心忡忡，担心朝堂变计。张居正告诉他：封贡事既然与俺答有约，"岂能先背之？！奈本兵畏缩异常，庸夫尚多异议，将来若欲收功，未免复排众论。但仆昨于处降纳叛一事，心力已竭，今未知复能任此事否？时难得而易失，功难成而易坏，奈何，奈何！"王崇古反而给张居正撑腰打气，请他一切从中主持。张居正接信后颇为感慨，并大骂那些反对的人。他说：

> 封贡事乃制虏安边大机大略，时人以媚嫉之心，持庸众之议，计目前之害，忘久远之利，遂欲摇乱而阻坏之。国家以高爵厚禄，畜养此辈，真犬马之不如也。仆受国厚恩，死无以报。况处降纳叛，既以身任之，今日之事，敢复他诿？待大疏至，仍当极力赞成。但许贡之事，当更有一番措画。

屋漏偏逢连夜雨。在此关键时刻，方逢时因母亲病故要回籍守丧，将离任大同巡抚。张居正担心接替他的人与王崇古意见相左，告诉王崇古，先留方逢时数月，等封贡事落定后，再放方公回乡守制，可免事后之虑。

隆庆五年二月初八，王崇古等就封贡事宜上奏八议，包括议锡封号官职、定贡额、议贡期贡道、议立互市、议抚赏之费、议归降板升汉人、审经权、戒狡饰。隆庆帝令兵部议奏，兵部不置可否，把王崇古"八议"刊示给廷臣，由其会议可否，最后请皇上裁决。

王崇古规划周密，条理清晰，利弊分析尤中款要。但士大夫囿于故常，封贡疏如同捅了马蜂窝，一时众论汹汹。三月初二，都给事中章甫端等多位言官就封贡、互市事各自上疏。章甫端说：俺答如果得赐封号，归附者必然越来越多，将如虎添翼；贡市入我境，则窥伺我文物，是启其贪心。隆庆命交兵部议复。兵部于是召集五府、六部、科道诸臣廷议。定国公徐文璧、吏部左侍郎张四维等二十二人表示赞成；英国公张溶、户部尚书张守直等十七人表示反对；工部尚书朱衡等五人，以为封贡便互市不便；只有都察院佥都御史李棠极言宜许。尚书郭乾为群议所淆，不知如何裁定，最后条列数事用来搪塞王崇古。如关键条款锡封号，表示不一步到位，请按照朵颜三卫之例，先授都督职衔，令虏酋各自为部，不相统摄，俟虏奉贡唯谨，一二年不犯边，再议封爵；关于立互市，请令今年暂开一次市以观事机，其铁锅、硝石、钢铁等物都必须严禁贸易，如果不如约，立即奏请停止。

隆庆帝对兵部的议复并不满意，命其重新议复奏闻的同时，又令内使将兵部议复稿送到内阁，传旨说："此事体重大，疏内语多，不能详览。卿等可仔细区处，虽多费些赏赐，也不妨。"高拱、张居正担心再拖下去，或者等兵部再次议复反对，就会失去转圜的可能；遂先在内阁沟通，取得一致意见后，单独向皇帝奏请。张居正告诉王崇古："仆与玄老当备闻于上，请旨行之。浮议虽多，不足恤也。"

三月初八早晨，隆庆帝御文华殿经筵毕，李春芳、高拱、张居正、殷士儋四位内阁大臣一起向隆庆帝面奏封贡事宜，首辅李春芳代表内阁出奏，说："北虏讲和，虽不能永保无事，但得一年，则有一年之便，臣等以为当许。"

隆庆见大学士们神情严肃，停顿片刻说："此事情重大，边臣必知之详悉。现在边臣既然说干得，卿等同心干理，便多费些钱粮也可。"

内阁大臣们走出文华殿，喜不自禁，欣欣相视。张四维立即把这一突破性进展告诉他的舅父："兵部复议，被皇上驳回'不允'，但兵部却流连数日，今天早晨才再次复议，主要内容都如舅父所议的那样。只有贡使全部留在边关，与舅父所议的不同，而这样安排也极为稳妥。"他还透露说："上一次由兵部等衙门复议时，他们说封贡的事是玄老（高拱）坚决主张，于是议论纷纷而没有结果，真是可恶。今日石老（李春芳）向皇上面奏此事，今番大定矣，且免小人闲言，真是可喜。"但他又表示，封贡仅能维持北边数年和平，"或五七年，或十数年不可期"。

由于隆庆帝有旨，次日兵部奉旨再议，就一切障碍尽除，结果也变成"请如崇古议"：封俺答王号，以下授都督、指挥、千户职衔；今年贡期已过二月，听于三四月后举行一次；互市时先定入市马匹数量，以杜争端。后面是限制性规定，包括贡使不得至京，铁锅等物不得交易。

为免兵部尚书郭乾在以后互市时掣肘，三月十八日，言官参劾郭乾在封贡事宜上阴持两端，及谕旨再下，犹漫为题覆，竟无可否，郭乾引咎辞职。经高拱力荐，起用赞成封贡的杨博出任兵部尚书，从而在组织上排除反对者。

本来，俺答对内地经济有极强的依赖性，双方互补性很强。就俺答而言，他自二十七岁即开启漫长的请求贡市之路，几乎年年求而不得，庚戌之变后虽短暂开市，但嘉靖三十一年，世宗命各边开市全部禁止，敢有言开市者斩，从而彻底关闭了开市大门，自此兵火不绝。此次开市限制广锅*等交易，且此地开市而彼地不许，仍会造成别处抢掠如故，为此张四维希望高拱、张居正等诸老做主，并请其舅父再疏奏请。他说，

---

* 广锅：因佛山所造故称。其工艺精良，用铁量多而锅极薄且硬度高，明廷担心俺答等等将这类广锅毁弃后打造兵器，而普通铁锅所用的是粗铁，即便毁弃也不能用于打造兵器。

铁锅是俺答等蒙古人日用所需，担心求之不已，由此引发新的纷争。[7]

互市还使得靠走私牟利的人无利可求。宣、大二镇的世豪在朝中纷纷传播谣言，制造恐慌。他们说，北虏屯聚塞下，求互市的人有十余万，把二镇百姓家积蓄的所有物品拿出来卖，也不能满足他们互市的要求，势必有抢掠等事发生。

王崇古对张四维说，与俺答约定的贡市已过去三个季度而不得落实，俺答久待生疑，以为中国不可信，群虏也跃跃欲试，局面着实可怕。张四维也一筹莫展，感慨"国事牵制不断至此，可为痛恨"。

关键时刻，高拱力排众议，公开对朝廷众人宣说："现在因为贡市而议论纷纷的，是动辄以宋朝讲和作为说辞。不知宋弱敌强，宋有求于敌，故为讲和。今俺答向朝廷纳贡称臣，南向稽首，而我们接受是臣服俺答，岂能称之为'和'！又动辄以先帝禁马市为说辞，不知先帝所禁的是官府开市而仇鸾因以为奸。如此，辽东岂不互市？今正如辽东例，与民互市啊。"[8]

张居正与高拱的看法完全一致。他对王崇古说，现在反对互市的都说讲和是对外示弱，马市一开就会起衅。汉朝的和亲，宋朝的献纳，是制和者在夷狄而不在中国，故贾谊以为倒悬，寇准不肯主议。现在俺答称臣纳款，效顺乞封，制和者在中国而不在夷狄。与汉宋之事相比，万万不同，独可谓之"通贡"，不可谓之"讲和"。今开集市场，使与边民贸易有无，与马市不可同语。他还提出贡市有五利：边鄙不耸，稿人成功，一利；防守有暇，可以修复屯田，蓄我士马之力，岁无调援，可省行粮上百万，二利；俺答东可以制土蛮，西可以服吉能，三利；板升数万之众，可以渐次招徕，丰州之地可虚，四利；我可因俺答父祖子孙衰败而行吾之计，五利。

在高拱、张居正的一再督促下，封贡敕书填好皇帝之宝后，高拱致信王崇古说，此事颇费曲折，先写汉文，然后译作番语，译定后又以番字写之，如果不是他极力督发，还要等上十天半月。因敕书已发，张四维将王崇古的上疏扣下未投，"而玄、岳二老处揭帖仍投之，使知边情"[9]。

隆庆五年三月二十八日，堪称明朝近三百年历史值得大书特书的一天。这一天，封俺答为顺义王，赏大红五彩纻丝蟒衣一袭，彩缎八表里。其后，加封俺答弟昆都力哈、长子黄台吉都督同知，与敕书；其余子侄、部下六十三人分别封为指挥使、指挥同知、指挥佥事、千户、百户等官，俺答镀金银印，其余颁给敕书。

随后，张居正就封贡、互市、镇将安排等筹划长远，提出"四事四要"，与王崇古多次沟通。张居正说，宣府总兵官赵岢、大同总兵官马芳，二人都久任边帅，赵岢虽喜生事而近乎忠，此人可以驯服，马芳素来与虏相通，其部下多是真虏，而又有内主，封贡之议他最不愿，听说王公近日以法约束，他颇不能堪，有幸灾乐祸之情，现在既然不能革除，应该以计用之，不要令他积恨生变。[10]

高拱、张居正，一则以大略，一则以精细。如果没有二位的担当，封贡几不可能。张居正不避嫌怨，尤为可贵。派使封俺答为王时，张居正患腹泻，他发现兵部竟然派遣一个参将前往，遂立即写信给王崇古令其替换，因其人年少轻率，不能让他见俺答，只可令其捧敕书到辕门营帐外，另选边吏充使，他推荐由鸿胪寺署丞王勋为副使，因其颇谙夷语，能辨番文。

在落实贡市具体事宜时，也多有波折。封俺答为顺义王之后的四月，南京科道言官或集体上公疏，或单独上疏，他们态度一致，请罢贡市。当时张四维因小腿骨受伤误作疮治疗，乃使左股艰于起立，每天从早到晚，偃仰床间，形容顿减。经过治疗原伤渐复，而股强挛如故，他写给舅父王崇古的信多是伏枕而作。因患病连日卧床，不能外出，他忧心如焚，所有事情都与高拱、张居正商量。张居正提议，每年互市由太仆寺发马价，高拱表示赞成，张四维高兴地告诉舅父："事已定矣，此件无烦虑也。"最后确定，每年贡使不超过一百五十人，其中六十人准进京，其余在长城关口；在大同（新平堡、得胜堡）、宣府（张家口堡）、山西（清水营、红山）三镇长城附近开设市场，进行贸易。次年又增加阳和守口堡。双方订立规条十八款。据统计，俺答等仅在三镇贡马的数量为：隆庆五年7,030匹，隆庆六年7,845匹，万历元年达到19,303匹，万历二年27,170匹，万历三年34,000匹，明朝出价银二十一万两。

隆庆五年七月，高拱在善后疏中提出，北边督抚将领务要趁此闲暇之时，将边事大破常格，着实整顿，应改弦易辙的，明白具奏议处，毋得因循自误；此后每年特差大臣或科道官二三员，分别前往各处阅边，阅视内容要着力在以下几方面：钱粮比上年积下若干，险隘比上年增修若干，兵马比上年添补若干，器械比上年备造若干，其他屯田、盐法以及诸事，俱比上年拓广若干，明白开报。如果著有劳绩，应当与擒斩同功；如果仍袭故常，当与失机同罪而必不可赦。如此，边方之实政日兴，中国之元气日壮，庙堂得坐胜之策，而宗社有永安之麻。

高拱的善后疏高屋建瓴，对边关治理和国家长治久安极为重要。隆庆即下相关衙署议行。兵部尚书杨博条列八事，自此九边除蓟州、辽东二镇因与西虏无与外，七镇进入统一管理模式。[11]

王崇古广召商贩，听令贸易，布帛、菽粟、皮革等物品，远自江淮、湖广辐辏塞下。王崇古仍每年亲到弘赐堡宣谕朝廷威德，诸部罗拜，不敢喧哗，自此边境休息，东起延、永，西抵嘉峪七镇，数千里军民乐业，不用兵革，岁省边费十分之七。

俺答于隆庆六年起，仿元大都规制，在水草丰美、气候适宜的大青山之南兴建库库河屯城，至万历三年建成。这就是驰名中外的呼和浩特（旧城）。

封贡过程中，王崇古、张四维舅甥的晋商背景，以及与之有姻缘关系又是同里的兵部尚书杨博，对朝政施加的影响也受到士大夫的格外关注。按照王世贞的说法，俺答请求入贡互市，由王崇古向高拱提出，而张四维交关其间，即通过贿赂的方式使贡市得成。从前述事实看并非如此，这是王世贞诬枉高拱的不实之词。张四维家在长芦经营盐业，王崇古家的盐业在河东，二家互相勾通，垄断利益。

隆庆五年四月，互市开始之初，山西巡按郜永春督理河东盐政，他上疏称盐法之坏在于大商专利，势要把持，以故不行。总督尚书王崇古之弟王崇教，是运司大商，嘱托先支；吏部右侍郎张四维父亲张允龄乃运司老商，霸占盐窝。王崇古及张四维为势要，此二臣都嗜利忘义，阻公营私，请将张四维立即罢斥，王崇古罚治。张四维自辩其父未尝为河东运司商人，亦无他子弟，郜永春所奏不实，请求避位等候朝廷勘明。王崇古也在疏辩中，揭发郜永春与他结怨的由来及接受赃银之事。

高拱管吏部事，他议复张四维照旧供职外，请行都察院戒谕郜永春，令其痛自省改；仍移文王崇古以边事为重，勿以人言失大臣之体。[12]其后，河东巡盐御史俞一贯等参劾王崇古骄悍，无大臣体，请重加罚治，朝廷不予采纳。郜永春被张四维排挤，回籍不出。张四维也以足疾为由，于隆庆五年九月暂时回籍养病。

与千古豪杰争品色

封贡完成后，时任湖广巡抚的汪道昆思考再三，向实际主持边政的内阁大臣张居正提出一条宏大而有胆略的建议：趁此有利时机，把经略九边数千里、管辖将士数十万的大权，全部交给谭纶、戚继光二人，先从宣大开始，依次为辽东、山西、全陕，给他们便宜从事权，总兵、兵备以下听其节制、任用。这样才能彻底打一场翻身仗，扭转大明立国近二百年的被动局面。

汪道昆是徽州歙县千秋里人，是盐商家庭，他与张居正同龄，又是进士同年，二人交往很早，私交深厚。嘉靖三十七年，张居正的父亲张文明游览武当山，途经襄阳，汪道昆时任襄阳知府，极尽地主之谊，亲往迎送。张居正对同年的学问非常欣赏，让自己的儿子张嗣修、张懋修跟随其学古文词。多年后的万历七年，张居正专门请汪道昆的同乡殷正茂，将张懋修科场中五策二册转寄呈览，以谢其指教厚意。可见其关系绝非泛泛。

看着案头上汪道昆的这份《及时经略边境疏》，张居正反复阅览，赞叹不已。他了解老同学与戚继光的关系。汪道昆仕途的第一任就是浙江金华府义乌知县，而戚继光大练义乌兵，成为威震东南的戚家军，汪、戚的书剑之交在当时是遐迩闻名的佳话。隆庆元年，张居正商请首辅徐阶召谭纶、戚继光练兵，戚继光当时就提出练兵十万的主张。四年过去了，蓟州练兵已经取得了实实在在的成效。张居正肯定老同学的经略边境疏是筹边第一计，但他不能提交到朝廷讨论，这倒不是他怕王崇古"功高震边"，而是出于对谭、戚二人的保护。他直言相告：

谭、戚二君，数年间大忤时宰意，几欲杀之，仆委曲保全，今始脱诸水火。一旦骤用之，恐不可成，徒益众忌。且以九边万里之远，驰驱经略，而责效于三载之间，即二君高才，亦未能办也。[13]

张居正所说的"大忤时宰意"发生在数年前，先因内阁大臣赵贞吉改营制，收将权；后因高拱对南兵北调持反对态度，并想要借此整治谭、戚。而赵、高二人都是强势的内阁大臣，张居正既要不遗余力地保护谭、戚，又要小心翼翼地维护内阁大臣的面子，但最终还是与赵、高二大臣意见相左，这也是他与高拱日渐疏离的重要原因之一。就事论事，高、张之争本质上并非权力之争，而是在具体事务上意见时有分歧。意见分歧一旦夹杂一些人事纠葛，就会向厚此薄彼的个人纷争演化。

戚继光去世前回忆说，他在浙江、福建、蓟门每有举措，反对的声音便盈庭满朝，不但阻止他行事，而且"欲族而后已，危机日有之，乃置不顾。复请所募兵戍边，而朝议其非者半，率皆以为南北异宜。时渺孙在蓟，则督过以百种"[14]。足见张居正所言并非夸大其词。

庚戌之变时，二十三岁的戚继光正在京城参加武进士会试，他被临时编入战阵，任命为总旗牌官，督防九门。这位将门之子所上的御虏方略经兵部奏请刊刻，作为前方将士抗敌的手册，他也以"将才"被记录在册。自古英雄出少年。第二年春天，戚继光赴蓟门戍边，途次金岭驿，写下脍炙人口的《马上行》：

歧路驱驰报主情，江花边月笑平生。
一年三百六十日，多是横戈马上行。

这是戚继光第一次正式戍边，也是他第一次与蓟州结缘。在文官奴视武将的氛围下，戚继光十七岁袭职从戎，五十八岁无奈还乡，他在战场上度过了几乎所有的成年时光，他的英名镌刻在中国历史的长轴画卷上，我们今天攀爬的长城，墩台、边墙、哨所，每一处都留有他挥洒热血的足迹。《明史》评价说，戚继光用兵威名震寰宇，但当张居正任内阁首辅、谭纶任兵部尚书时，他才始有大成就。后来谭纶、张居正相继去世，朝堂清算所谓"张党"，兵科都给事中张鼎思上奏戚继光不宜在北方久任边帅，朝廷即把戚继光调到广东，给事中张希皋又参劾戚继光，致使戚大帅罢废而无所成就。与戚继光、张居正二人交往都很密切的王世贞，总结得更加透彻：是时大相（张居正）实器重元敬（戚继光字），以是（其才）得展布，无所顾忌。

人生得一知己足矣。张居正与戚继光的将相戏，确是隆庆、万历时期浓墨重彩的华章。

戚继光，字元敬，号南塘；先世是安徽定远人，自五世祖戚斌开始，世袭山东登州卫（今蓬莱）指挥佥事。嘉靖七年，父亲戚景通五十六岁时戚继光出生。少年戚继光折节为儒，励志为文。嘉靖二十三年，年逾古稀的父亲命戚继光进京袭职，当复杂的手续办完回到山东时，老父已离他而去。戚继光最初的职责是管理卫所屯田。登州卫是有七个千户所的大卫，按照七分守城、三分屯田的规定，应有屯军2,352名，但实额至嘉靖四十年仅有114名。庚戌之变后，戚继光奉命回山东招募良家子3,000人镇守蓟镇，随后升任署都指挥佥事，官居三品，总督山东备倭，又称备倭都司。山东沿海共有十卫十四所，按编制，军额应有63,000人，但实额仅有25,318人，去掉屯军、入卫京师的班军，实际只有4,000人。

缺额致使军队战斗力急剧下降。庚戌之变时，兵部尚书丁汝夔核实营伍，号称八十万的京军竟然不足五六万，令他们出都门与俺答一战，个个吓得流涕不敢前。祈求长生的嘉靖帝昏庸至极，但也不想成为俺答战车上的猎物，事后围绕京城及北部边防体制进行了若干变动，整体防御功能有所提升。

朱元璋派大将徐达攻占元大都后，元顺帝出走上都，改大都路为北平府，作为用兵蒙古的基地。出于巩固城防的需要，城圈被缩小，由原来的周围六十里改为四十里，保留大都中部和南部，居民的"坊"也由原来的五十几个缩减为三十三个，分别由大兴、宛平管辖；同时紧缩北部空旷之地，重筑北城墙，高度超过其他三面一丈多，城门由十一座改为九座。永乐元年（1403）改北平为北京，永乐十九年升为京师。自"天子守国门"，拱卫京城以北边最重。正统十四年（1449），英宗率军出居庸关到大同，回撤宣府，在怀来土木堡被蒙古也先俘获。京师劲旅全部陷没，所剩疲卒不及十万。也先绕过大同经广昌（今涞源）至紫金关，攻破后从易县、良乡、卢沟桥进逼北京。朝臣多主张迁都南京，于谦临危受命，用神机枪炮在德胜门重创也先军，将其击退。

与正统十四年蒙古从西北路进逼北京不同，一百年后的嘉靖二十九年，俺答由东北路进逼京城，从潮河南下，偷袭古北口后经密云、怀柔、顺义，经通州进逼北京。次年起，明开始修筑正阳、崇文、宣武三关厢的外城，即包城南的外城。此后，京城分为东、西、南、北、中五城三十六坊。而蓟州在九边的地位由此陡然突显，西面又设昌平镇。

明初有卫所军队180万，弘治时期达到270万。隆庆三年，不包括武官、锦衣卫及护卫仪卫司蕃收所，在外卫所统计额军313.83万。但实额仅存84.5万，是在册额军的约27%。也就是说实际减额达73%，只有军籍在册，支饷时要照发不误。

北京三面近塞，元北走后一直没有放弃兴复大计。正统以后，边患日多。故有明一代，边防甚重。东起鸭绿江，西抵嘉峪关，绵亘万里，分地守御。初设辽东、宣府、大同、延绥四镇，继设宁夏、甘肃、蓟州三镇，又太原总兵治偏头，三边制府驻固原，也称二镇，合为九边。嘉靖三十年又在北京西北增设昌镇、真保镇，合为九边十一镇。九边也成为沿长城设置的九个军事防御区，其辖界、镇治多有变化。

本来朱元璋在长城以北形胜要区又构筑了第二条防线，即大宁卫（今内蒙古宁城西）、开平卫（今内蒙古多伦境内）、东胜卫（今内蒙古呼和浩特东）三个重镇，与长城边镇相拱卫；又通过诸王驻守边镇、军屯等政策加以保障。朱棣即位后将大宁卫所辖之地交给兀良哈，从此辽东与宣、大声援阻绝；又因东胜卫孤远难守，调左卫于永平，右卫于遵化，致使黄河套地不为明有。

永乐以藩王称帝，即位后削藩动作不断，原来集中的北边藩王大多移封内地，徙辽王（驻广宁，今辽宁北镇）于荆州，宁王（原驻大宁，今内蒙古宁城西）于南昌，谷王（原驻宣府，今宣化）于长沙，废齐王、岷王等为庶人。秦汉修筑长城，凭借阴山和黄河之险，自永乐放弃大宁卫、东胜卫，使得整个长城防线南移数百里，到了山西大同、陕西榆林。这些地方无险可守，故筑城守边最为重要。庚戌之变后，为加强协同作战能力，在九边确立三大防区各设总督的体制：辽东镇与蓟州镇归蓟辽保定总督管辖；宣府、山西、大同镇归宣大山西总督管辖；延绥、宁夏、甘肃、固原四镇归陕西三边总督管辖。

在明初180万卫所军中，有一半即891,903名驻守长城九边。[15]除卫所额军外，还有庞大的募兵，嘉靖中期，九边有募兵76,908名，至少有97.66万官兵驻守九边[16]，再加军官（成化时已达8万，正德、嘉靖时倍之，其中多在九边），总计超过100万。

为维持庞大的军费支出，明初采取军屯的办法。军屯90万顷，征收的屯田籽能够保障军饷支出的70%左右，不足部分由政府用"开中"

的办法，通过商人到边塞开垦土地，以谷物换取盐引，到指定地区贩卖。但明朝至嘉靖、隆庆时，军屯已被破坏殆尽，只能以国家的太仓存银供九边之用。隆庆元年达到230万两，隆庆三年是280多万两，万历六年是260万两，万历十五年是315万两。自万历十八年突破400万两后，此后三十年间常年超过400万两，最多的时候是万历三十六年（1608），达到490万两。而明朝隆庆、万历时期，以银所计的一年财政收入不足以维持九边之用。也就不怪乎黄宗羲所说的，竭尽天下财富、耗尽天下精神，每天所担心的是能不能保住江山。大明王朝为北边牵累得精疲力竭，离拖垮只有一步之遥。

军饷严重不足，使得逃军成为惯常。正统三年的逃军人数，达到惊人的120万，占当年在册额军的45%。未逃亡的现伍又多役占，除了国家各种频繁兴建的工程外，明朝的宗室勋贵阶层是个庞大的存在，他们堂而皇之役使军人，将此作为家常便饭。支撑大明江山的卫所军向崩溃的滑道急速行驶，虽多次改革都无果而终，而募兵成为一种无奈而又必要的选择，这无形中出现两套体制：前者是军，他们世代承袭；后者是兵，由招募而来，结果加重军饷支出。军与兵此消彼长，国家财政不堪重负，形成恶性循环。谭纶接任蓟辽总督后于隆庆三年报告，粮饷积欠，远者一二年，近者数月，兵益少而饷益乏，令这位南征北战的大臣愁思不解。

稍早的一首《边军谣》，形象地呈现了边军非人的生活境况：

边军苦，边军苦，自恨生身向行伍。

月支几斗仓底粟，一半泥沙不堪煮。

尽将易卖办科差，颗粒那曾入锅釜。

官逋私债还未足，又见散银来籴谷。

去年籴谷揭瓦偿，今年瓦尽兼拆屋。

官司积谷为备荒，岂知剜肉先成疮。

近闻防守婺川贼，尽遣丁男行运粮。

老弱伶俜已不保，何况对阵临刀枪。

宛宛娇儿未离母，街头抱卖供军装。

闾阎哭声日震地，天远无路闻君王。

君不见京师养军三十万，有手何曾捻弓箭。

太仓有米百不愁，饱食且傍勾栏游。

为此，大臣们的各种防边御虏策不下千百种，归纳起来不外乎战、守、和。王世贞痛心疾首地发问道："以战则多馁，以守则多瑕，孳孳然聚天下之策而日讲求之，而不得其要领。"

当东南平倭取得压倒性胜利后，张居正把目光投向了名震海内的谭纶、戚继光。

嘉靖三十四年，戚继光调任抗倭前线浙江，当时此地倭乱最为猖獗。而谭纶任知府的浙江台州，又饱受倭寇的杀掠，他慨然以戡乱为己任，但苦无志同道合之人，后遇俞大猷及戚继光，三人几次聚首相谈，都以安社稷济苍生事业皓首相期，遂定一生之交而不渝。

其间，北虏之患也是他们谈论的话题。俞大猷对戚继光说："丈夫生世，欲与一代豪杰争品色，宜安于东南；欲与千古豪杰争品色，宜在于西北。"这句豪情万丈的话，影响了戚继光的一生。戚继光通晓经术，军中篝灯读书，每至夜分，戎事稍暇，登山临海，缓带赋诗。其诗多感激用壮、抑塞偾张之词。如果不是戎马一生，戚继光一定是明朝极有成就的一位诗人。

三人中，俞大猷年最长，他少喜读《易》，得知赵本学以《易》推衍兵家奇正虚实之权，于是从其受业。后又跟随李良钦学剑，经数十年研磨，所著《剑经》乃中国武术史的经典之作。嘉靖十四年，举武会试。嘉靖三十八年胡宗宪因被参劾，诿过卸罪，俞大猷被解送京城关押诏狱。平时仰慕他并与之交好的陆炳，私下给严世蕃送了一笔数目不小的银子，把俞大猷从大牢里救出，让他立功塞上。大同巡抚李文进向来信服俞大猷的才能，经常向他请教战阵之事，他采纳这位屈指可数的军事专家的建议，造独轮车拒敌马，在安银堡大败敌军。李文进认为杀敌有效，将其制奏请朝廷，于是在京营首次设置兵车营，后来李文进还用俞大猷袭击板升，大获成功。

人生际遇，有售有不售。隆庆即位后，北边形势发生重大变化，俺答在赵全等谋划下，由抢掠改为攻城略地，明朝所受威胁越来越大。隆庆元年七月，徐阶报告说，今年虏谋比常时不同，常时所犯只是一处，故边臣得以调集各路兵马，或拒之使不入，或驱之使速去，今年则土蛮寇扰于东，俺答寇扰于西，且虏兵各称十万，我兵东西分援，其势力已不相敌，而虏酋黄台吉尚据巢穴，未见向往，此贼素称狡悍，住近陵京之后，若使我兵尽数调发，乘虚突起，其于震惊尤为重大。俺答攻陷石州，京城几度戒严。

九月二十四日，日讲完毕，隆庆帝破例召见首辅徐阶，他率先发问："山西怎么失了州县？"

徐阶等奏："前日报虏犯山西，经今数日，将谓已出去了。今早蒙发下兵部本，始知破了石州。"

太监滕祥等跪于旁，插话说："爷昼夜为此忧虑，先生每用心处一处。"

徐阶等曰："皇上前者屡次有旨有谕修饬边防，臣等非不仰体，但今年虏势比常年不同，常年只一处入犯，所以易堵。今年二路进来，所以堵不住。"

太监王本也加入讨论中,他说:"先生每在近处多调几支生力兵去截杀。"

徐阶等曰:"今刘焘(蓟辽总督)撤蓟州东路兵去援永平,王之诰(宣大总督)撤宣大兵去援山西,只有古北口、黄华镇等处中路的兵,因黄台吉未动,陵京为重,不敢调去。今早蒙皇上准兵部奏,已发宣府游兵二支,延绥兵一支,保定兵一支,河南兵一支,共五支去矣。"

隆庆帝道:"是了,是了。"

徐阶本来还有话欲言,隆庆用眼神制止,说:"卿等详处。"

徐阶等顿首而退。[17]

北边乃至京城、祖宗陵寝面临的严峻形势,迫使庙堂之上必须拿出切实可行的举措。徐阶与张居正商量,把东南平倭的三杰一起召来,大练兵马。徐阶的学生、给事中吴时来是台州人,也曾参加抗倭,他请调俞、谭、戚三人督练边兵,兵部以俞大猷不宜于北方,且年老而不用,遂召谭纶入京,任命为兵部侍郎。谭纶北上途中,解职的原福建巡抚汪道昆专程与他会面,为其壮行,说:"司马雅自负,务以七尺肩国家,时乎时乎?在此行也。"[18]

两个月后,徐阶的学生、给事中陈瓒向朝廷举荐戚继光,并参劾蓟辽总督刘焘报功不实,朝廷于是召戚继光进京协理戎政,刘焘回籍听勘。张居正又调他的进士同年刘应节出任顺天巡抚。次年三月,谭纶出任蓟辽总督。这些都是为练兵所做的组织准备,张居正希望借助人事的合力弥补制度的缺陷。

戚继光是隆庆元年十一月离闽北上的,途经杭州时变道娄江,看望解职的好友汪道昆。二人过去经常一起讨论西北战事。汪道昆还记得,戚继光提出西北与东南相比,有五难:

第一难：匈奴不时窥伺边关，往往不下数十万；边地有数千里之长，防备区域广泛而力量分散，彼以全力而趋一军，无坚不入。

第二难：匈奴控弦铁骑，卷甲长驱，疾若飘风，而骑兵作战恰是我的短处。

第三难：中国所倚恃的是火器，而北风高厉，胡尘蔽天，我当下风，火不得发。虽有制敌之器而不能用。

第四难：匈奴飘忽来去，所至之处劫掠一番，并不停留，去则我又不能追赶，最终不可制敌。

第五难：蓟辽、宣大藩卫京师，或在吭背，或在肘腋。以故列镇相望，画地以守，彼界此疆，不啻秦越，号令不一，烽堠不通，虽有声援，鲜克有济。

汪道昆说："匈奴虽强，汉朝数能得志，卒使王庭北徙，封狼居胥以还；而且汉朝得力大臣，只有卫青、霍去病数人。戚大将军以节制严整闻名天下，假令朝廷把西北边事交给你，有何决策方略？"

戚继光略加思索，回答道："继光何敢筹划此事，即使朝廷果真要我待罪西北，以现在的情形也会徒劳无益，五难之论姑且不谈，现在就议战而言，拿什么以当敌阵？禁兵如此恣睢，招募之人多属乌合，征发则道远奔波，分地戍守则坐受饥困，这些痼疾深入骨髓，且时间太久了。"

"如此说来，就毫无办法吗？"汪道昆急问。

戚继光的豪情被激发出来，他说："如果宽以文法，假以便宜，简任裨将三十人，分募边郡诸县能战之士，合三千人组成一支劲旅，由裨将指挥训练，县令作为监军，兵甲粮粮，也由各县供给，由本人统一部署。或以车，或以骑，或以步兵，合三旅为一部，将以偏将，执宪为监，合十部为一军，主将将之。监以督抚，视浙兵法，分合更番，训之三年，乃始议战。"

汪道昆曰:"善。"

随后,汪、戚二人轻舟微服,到太仓王世贞的弇中造访,三人在小祇园边饮边谈,畅饮三日。席间,戚继光送给汪道昆、王世贞各一把宝剑,并告诉二位,这是他在东南海上得镔铁锻炼而成,仅铸炼三把,自己留了一把。王世贞诗兴大发,挥毫泼墨,当场赋十绝诗以表谢意,称赞戚继光"如论国士总无双"。

其间,三人谈得最多的还是边防、军事。戚继光说他要向朝廷奏请,练十万精兵,慨然有犁老上庭、封狼居胥之意。王世贞的父亲王忬,因总督蓟辽而以"一兵不练"等罪致死,虽然刚获雪冤,但王世贞深知,练兵实难。汪道昆何尝不希望戚继光能像西汉大将霍去病那样,长驱大漠,犁庭扫北,登狼居胥山筑坛祭天以告成功,他祈望那一天,他能获邀参加庆功宴,分享挚友的大功,但他有更大的隐忧。送别时,他写了《大将军戚长公应诏京师序》,赠给好友,告诉他以退为进,待时而动:

> 边地密迩京师,朝发夕至,一闻告急,讻讻然群起而督责之,彼且未遑以一矢相加,已从吏议。虽有卫、霍,曾不能自坚,乃若孟明俘囚,李牧入保,又恶得免?凡今在事,不营负钺而行。此之为难,难可知已。即使当大将军议,必三年而后有功,彼或见卯而求晨,弃齐疏而急祖免,一齐众楚,大将军其谓之何?……虽然,有非常之人,必有非常之事,有非常之事,必有非常之功。……大将军由闽越以北,其积威何可胜言,海内方推毂大将军,无不信者,大将军非常人也,果以为难乎?抑易邪?[19]

汪道昆对北边成功之难有更清醒的认识。因为这里密迩京城,一听到边防警报，朝堂之上就议论汹汹，群起而攻之，把责任都推到将帅身上，他们一支箭都没有射出，就已经被处分了。即便有卫青、霍去病那样的人，也无法发挥作用。更不用说像孟明、李牧那样，岂能免罪。孟明是秦穆公时大将，据说是百里奚的儿子，曾率军攻打晋国失败被俘，放回后终于率军打败晋国；李牧是赵国北边良将，防备匈奴，以守而不以战名。"弃齐疏而急祖免"一句中，"齐疏"是近亲为死者所服的丧服，仅次于斩衰，"祖免"原指为远亲服丧，这里指尚未成年就上战场，全句是说让那些毫无战斗力的人执戈上阵，而有战斗力的都被世豪用作私人役使。"一齐众楚"是成语典故，原文："一齐众楚，最易摇夺"；"一傅众咻，终归无效。"指做事要有基本的环境。战国时宋国大臣戴不胜向孟子请教如何使宋国国君学好，孟子打比方说，如果让楚国大夫学齐国话，就应该请齐国的老师，而且要把他置身于齐国的环境中，不能给他一个一齐众楚的环境，那样想学也学不好。汪道昆提醒戚继光，要把所有不利的因素都考虑进去，不要急于求功。

事情果真让汪道昆说中。

力挺戚继光的练兵大计

四十一岁的戚继光带着老友俞大猷、汪道昆的嘱托，怀抱与千古豪杰争品色的壮志，于隆庆二年正月踏入了金碧辉煌的紫禁城。徐阶、张居正与他进行了详细的交谈，在二位阁老的引荐下，隆庆帝召见了风尘仆仆的戚将军。

隆庆帝希望戚继光先说说制虏的办法。戚继光脸色凝重，正色而作，讲了上、中、下三策：

臣请练兵十万，问罪匈奴（俺答），成功归来则修治屯田与盐法，从而收富强之实，保世世没有境外侵扰，此是上策。中策是给臣五万兵马，使得正面与匈奴交锋，臣亲披铠甲，以为将士先，务将俺答擒获，令匈奴不敢南牧，给中国带来数十年的安定，这如同卫青、霍去病为汉朝所建立的勋业。下策是万不得已，给臣三万兵马，臣不敢一定成功，但能够保守北疆以待俺答之来，等有可乘之机，给俺答以重击，效法赵国李牧的作为，不是也做得到吗！以上三策，不管如何，请皇上交给臣来实行，只是看陛下如何选择。[20]

戚继光的三策，是与谭纶、汪道昆等反复商量后提出的，这是复兴明朝的绝好机会。

向隆庆帝面奏后，戚继光正式上奏，即《请兵破虏（四事）疏》，他先讲了当下存在的两大顽疾，即"因循久而惮于更张，即有奇谋，不无过忌"，"掣肘多而便宜难，议论多而责效速"，作为全疏讨论的基调。随后重申他向隆庆面奏的上、中、下三策，分别是练兵十万、五万、三万，根据练兵数额多少，所设定的目标也各有区别。练十万之师，是一劳永逸之上计，练成后把这十万之众分布各地，以训练九边；九边之兵强大后，再举此兵以训练京营，京营之兵强大后，就可以问罪匈奴。有了经过训练的强兵，同时裁撤冗兵冗食，不但强兵，也可以富国。以下五万是中策，三万是下策。如果沿袭故事，所练之兵不超过万人，则关键时候并无益处。他委婉地表达，三万是他练兵的底线。

后面就如何练十万之兵、经费从何而出、造何种武器、赏罚功令如何执行，条列四事，详细规划。按照他的计划，主要通过招募的办法建立一支新军，同时或分步实施：第一步先划定兵源与将领，由他会同兵部侍郎谭纶，将强劲堪出兵的州县分为若干处，详细访查那些才能足以训练，不论是否出身于科举中试的，以及是见任官还是废弃官，确定州县官多少人。第二步确定将领，由戚继光原来的旧将与新访堪任将领共多少人，列名奏取赴京。第三步先调原练义乌台州兵一万，经过半年训练后，作为"种子兵"分别交给各将领；各将领奔赴划定的各县，同县令每县募兵三千，通过对"种子兵"与招募新兵进行为期一年的训练后，再调近京地方合练。第四步，通过十万已练之兵分训边兵。九边之兵精练后，再与闲置京兵相练，使京营之兵得以精练。最后，戚继光向朝廷承诺，如达不到效果，他甘愿领受欺罔之诛。

传统中央王朝的自我修复能力很强，小问题小修，大问题大修，所谓周虽旧邦，其命维新，体现了内在的革新精神。但最难改革的是体制，特别是王朝初年奠定的基本制度。

戚继光的练兵大计首先遇到的也是最大的障碍，即用招募之兵取代国家卫所的正规额军，尽管这是一个渐进的过程，但如此一来，就会有"戚家军"的嫌疑，戚继光明白这个道理，所以他面奏隆庆帝的时候，特别强调这支新军是"陛下神武之师"，隐含的意思是它不姓戚而姓朱，是国家的武装而非他个人的私属。尽管如此，戚继光仍然受到极大排挤，他自述说"忌者置副京营"，说的是他进京后任职神机营副将。后来因南兵北调，他多次受到参劾，就是因为所调的南兵，基干是"戚家军"的班底。

除以募兵代替额兵这种体制之难外，经费难以筹措也是一大阻碍。财政是历代王朝兴衰的晴雨表。尽管戚继光提供了经费由练兵所在县支付的方案，但国家财政寅吃卯粮仍捉襟见肘，一个县又岂能筹集偌大一笔练兵经费。

隆庆元年七月，户部尚书马森奏报，太仓银库年入仅有201万，岁支在京俸禄米草135万，边饷236万，补发九边年例银182万，统计所出需要553万，出入相抵，缺少396万，现有存银仅能维持三个月的支出。

戚继光的三策，张居正只能先取下策，进而再求中策。在与谭纶充分沟通后，张居正于隆庆二年三月调谭纶出任蓟辽保定总督，五月初二由谭纶提出练兵计划，进而奏请戚继光到蓟州总理练兵事务。

谭纶的练兵计划，是在综合戚继光中计、下计基础上的一个折中的方案。他提出练兵有四难，四难不去，练兵终不可行：

一、兵饷不足。敌之长技在骑射，非招募30,000人勤习车战不足以制敌。计30,000人，每年费用54万。

二、信任不专。招募吴、越习战之卒12,000人，杂教燕、赵之士。臣与继光召之可立至，议者以为不可。

三、流言不去。军事尚严，而燕、赵士卒素来骄养，骤见军法，必大震骇。且距离京师近，流言易生，徒令忠智之士掣肘废功，更酿他患。

四、忌嫉不除。我兵素未当敌，战而胜之，虏不心服。能再破，乃终身创，而忌嫉易生；欲再举，祸已先至。

由此谭纶提出可行方案，就蓟镇现有之兵，练兵三万。具体调蓟镇、真定、大名、井陉及督抚标兵三万，分为三营：遵化一营由巡抚刘应节提督，三屯一营由总兵郭琥提督，密云一营由练兵都督戚继光提督，遵化、三屯二营仍听戚继光往来总理。三营全部受总督节制，不得矛盾同异。

接下去是戚继光以何种身份练兵。按照谭纶的设想，应该给予戚继光等同总督一样的职位，但内阁有人反对，说什么太阿之柄不假武人，戚继光只能出任总理。于是由谭纶作为总督，便于与朝廷沟通大事，也便于节制训练事宜，而戚继光成为谭纶节制的"二把手"，即以都督同知总理蓟辽、保定等处练兵总兵官的职衔，蓟辽、昌平、保定等处总兵、副将、参将、游击等官，凡受总督谭纶节制的，并受戚继光节制。其中，戚继光仍受谭纶节制；巡抚刘应节专任提调；府州县官不得阻挠，违者听谭纶参奏处治。

谭纶最后给朝廷打"预防针"：蓟镇练兵已逾十年，至今仍没有效果的原因是任之未专，行之未实，今朝廷既然把练兵事情交给我谭纶和戚继光二人，就要放权，做到令得专断，不使巡按、巡关御史参与其间。但这一请求，遭到一致反对。巡按直隶御史刘翾、巡视山海关御史孙代说，我们既然受命阅视，则兵之练否就应该纠察。兵部、都察院复议说，把练兵的责任交给总督，是所以重他们的事权；阅视听监察大臣的，是所以稽核练兵是否取得实效，彼此各不相妨碍，皇上应该下令命他们和衷共济，而对谭纶与戚继光，必须稍稍宽以文法，乃使他们的措划得以落实。由于张居正一再坚持，最终命练兵事全部交给谭纶，御史每年一巡视，三岁一报功，其余将官并听举劾如故。

这里刚安抚好监督官，顺天巡抚刘应节又以为戚继光侵夺了他的权力。张居正以进士同年的身份做刘应节的工作说："蓟镇有陈年痼疾，不是一朝一夕可以医治的。只有以实心为本，镇之以沉静，审处机宜，张弛互用，需以岁月才可望成功。以前为浮议所眩，使当事者不得展其所长，心中每每为之愤恨。数月以来，觉士习人情稍与此前不同，浮言渐渐息止。戚帅才略在今诸将中诚为稀有，希望你以道眼观之。"但刘应节仍有异议，张居正只好向隆庆帝奏请，由皇帝发谕旨，令刘应节等人不得阻挠戚继光。

经兵部奏准，整体批准了谭纶的方案。但这个方案与戚继光的中策、下策相去甚远，戚继光再次上疏后，招致不少指责。不但兵部不支持，且闻者发言盈庭。谭纶私下对戚继光说："为练兵的事，我的舌头都快咬烂了，他们不听又奈何？我们扪心无愧，不要再谈了，只就现在能做的开始做吧。"戚继光回答说："我世受国家豢养，敢不思效愚忠！用则腹心干城，不用则马革还尸，至于得失利害，在所不问！"

谭纶到总督衙署召集所有将帅，对他们说："过去诸将失守，论罪只在督府一人，诸将恣睢自若。我现在已得到皇上批准，虏至如果诸将不用命，一定阵斩军中，战事结束，诸将罪状全都奏报，然后乃论督府。你们不要再操故智。"诸将退而私下相语："谭公一定要驱赶我们诸将与匈奴（俺答）交战，即便把我们的尸骨暴露在沙漠，对于中国又有什么益处呢?！"谭纶对将不用命、士气低落十分忧虑。

谭纶在练兵疏中还特别提出，因秋防在即，并要发挥火器之长，遣锦衣卫官速往浙江招募鸟铳手三千人，交给杭嘉湖参将胡守仁、原任参将李超带领北上。兵部本来已通过，但隆庆帝有所犹豫。经徐阶等反复解释，隆庆帝才放心，命浙江巡抚赵孔昭将火铳手交胡守仁、李超带领北上，不得违怠致误军机。

隆庆又亲写御笔谕旨：秋防期到，不知各边整理如何，去年边臣误了事，朕不曾重处他。闻今内外的官只是口说，徇私不实心共干，卿等可传示兵部，说与谭纶等，各要着实防御，若似先时虚言误事，纵虏深入的，朕定重处不饶。徐阶等谨录圣谕，传示兵部，转示谭纶等各遵行。

谭纶、戚继光都清楚，把守长城沿线的北兵已毫无战斗力，二人想通过南兵做勇敢表率，但又不能把话挑明，那样的话不但把自己置于体制的对立面，也会导致众人排斥南兵。胡守仁等行动迅速，于六月二十一日带三千鸟铳手启程沿运河北上。谭纶引颈相望，派夜不收*苗

秀实拿着令牌在徐淮一路督催。八月初，这支三千人的南兵到达通州张家湾，戚继光亲往迎接。十七日，队伍待命密云郊外，天公不作美，自清晨至正午一直下雨，且越下越大，又夹杂刀刮一样的西北风，将士们满身淋透，但军容益加整肃，屹立如山。边将大惊，说："将军令固如是乎！"皆为南兵慑服。

总理职衔是为加大戚继光训练职责所特设，这种领导体制是在不触动原有架构基础上的迁就之举。戚继光与蓟辽总督谭纶关系密切，不存在摩擦问题。但如何协调与顺天巡抚、蓟镇总兵官的关系，他颇感为难。

蓟辽总督自嘉靖二十九年庚戌之变后定设，四年后因密云咫尺陵京，遂移总督驻扎于密云，防秋时改驻昌平。顺天巡抚的职能主要在于军事，驻扎遵化，防秋时也移驻昌平。遵化左控山海，右临居庸，战略位置十分重要；唐朝属范阳镇，当年安禄山就是以范阳三镇起兵反唐，攻陷两京，逼唐玄宗出走四川的。

天顺三年（1459），移总兵至三屯营，作为蓟州镇城所在地。但三屯营局促隘薄，且南有倾圮危垣，连像样的城门都没有，进出如入无人之境，故镇城有事，城外先知；屯戍的又不是当地人，所谓重镇徒有虚名。戚继光到任后，征得总督刘应节、巡抚杨兆同意，经汪道昆阅边奏准，将忠义中卫三百户移到镇城内，掌印、佐贰、巡捕、指挥及千户、经历各一，配印赴之。旗军春秋践更，有警悉至，于是置卫增营，缮修公署。后来又推倒南垣，在外面扩建。自此，蓟州镇巍然重镇。

随之展开的练兵仍然困难重重。一是戚继光成为"三无总兵"。谭纶奏请训练的三万兵，分别由顺天巡抚刘应节提督遵化一营，总兵郭琥提督三屯一营，戚继光提督密云一营。虽遵化、三屯二营仍听戚继光往来总理，但他实际能训练的只有谭纶直接统领的密云一营。二是戚继光没有节制权。他的官衔是加了"总理"的总兵官，在体制上没有节制其他二营的权限，更尴尬的是，他这个总理练兵的驻扎地是三屯营，而三屯营是蓟镇总兵官所在地，他在蓟镇无兵直接统领，"诸主将不用命，视总理为寓公，无廨宇，无人徒，无供亿"。他要练兵必须前往密云。同时，蓟镇的军兵成分混杂，既有原来的边军，还有从各地抽调的由边兵及民兵组成的"入卫军"，还有"班军"、招募兵，他们各不统属，职能不一。为此，隆庆三年正月，戚继光提出，蓟镇所辖之地有平原、有山谷、有半险半易地区，而边兵娴于马，防守城邑缺乏，请求于浙兵内再取杀手三千、鸟铳手三千，或于西北招募新兵。他上奏痛陈：

> 边事本有可为之势，但其机不在边鄙而在朝廷，不在文武疆吏而在议论掣肘。盖蓟镇切近京都，法令久弛，弊痼既深，更张未易，流言混淆，朝议纷哓，难于改弦，而臣拥重兵，易生嫌疑。[21]

夜晚，他登石门驿，感慨系之，赋诗《登石门驿新城眺望》以记：

> 万壑千山到此宽，边城极目望长安。
> 平生自许捐躯易，遥制从来报国难。
> 尚有二毛惊岁变，偶闻百舌送春寒。
> 庙堂只恐开边衅，疏草空教午夜看。

他颇感无奈地说："今唯有总督标兵三支交付给我教练；历尽波折调来的三千浙兵被发往十区，分到我标下的仅有数百人，臣无兵可练，又岂能称职；况且官衔出于新设，边将交结并不配合，万一有虞，百口莫辩。"

戚继光的奏请交兵部议复。兵部于是把总兵郭琥召回，蓟州镇交戚继光一人统率训练。如此一来，戚继光的官衔从"总理"改为蓟镇总兵官，等于"降格使用"，这让戚继光哭笑不得。张居正紧急协调。

谭纶此时身体违和，这也是对朝廷的委婉抗议。张居正与他沟通：关于戚帅的职衔安排诚为下策，但也是出于不得已。我刚刚与兵部尚书霍冀谈过，你想把郭琥归属戚帅，与我的想法一致。事权归一，法令易行。兵不必从遥远的浙江调来，那些浮泛的议论自然也会减少。给戚继光便宜从事的权力，又不急于出效果，而是给他较长时间从容操练，蓟镇未必不可振兴。总理职衔体面一些，总比总兵为优。现在改为总兵，则成为平等关系，上下相接，自然受礼制规矩所限制，表面上虽为重用，而在礼仪上则稍有减损。昨兵部提复，没有考虑到这一层，不知谭公能否上疏补救？我的意见是，如果南兵不可调取北上，镇兵又不足额，必须听戚帅招募，以充实营伍。而且，一旦训练有成效，老弱可以逐渐裁汰，地方援兵可以逐渐减少，又不会出现供应的负担。兵不贵多而贵精。唐代宗时，李抱真在泽潞镇（今山西）以二万人雄视山东，又岂在多？

张居正觉得事情重大，随即又给谭纶写信，话说得非常明确，如何操作补救的办法也和盘托出。他还特别叮嘱谭纶，凡他私下所告知的，都是秘密、紧要的话，故不敢令他人代书：请你特写信一封给内阁首辅李春芳、陈以勤二位，及吏部尚书杨博、兵部尚书霍冀，我得以从中赞成，这样更容易操作。如果行得通，应该在朝廷给戚帅的敕书中增加总理一衔，颁给他的关防印信也要改铸。

张居正担心经过正常的兵部议复、内阁票拟等程序，会有人反对，他反复权衡，请皇帝用特旨形式，于隆庆三年四月，给总兵戚继光铸总理练兵事务兼镇守蓟州等处地方关防。事情办好后，他请谭纶转达给戚帅：

要努力功名，以答群望，仆也与有光焉。又问戚帅近日举动如何，并告知折节以下士夫，省文以期实效，坦怀以合意见不同者，正己以振声威，是他现在最切要之务，你与他相见，希望以此勉励他。对谭纶提出的取消山东入卫民兵，张居正也深表赞成，说这件事本来有名无实，如果取消，仅工食银一年就可以节省十多万，用这笔钱可以招募五六千人。

戚帅多次上奏，又因"总理""总兵"官衔的反复，有人告诉张居正，说戚帅求望太过，志意太侈，还说谭纶也为此感到苦恼。谭、戚二人是蓟镇练兵计划的核心，也是陵京安全的保障，张居正感到事情重大，故询问谭纶。谭纶告诉张居正，戚继光只是因为削其总理旧衔而心中郁闷，张居正说，现在已经恢复了总理之衔，戚继光不会有其他想法了。他告诉谭纶：近来戚继光多次给他写禀帖，见他极为感奋，把精力都用在收拾人心上，也逐渐做实事了；仍望谭公时时教育、督导；我与戚帅并无私情偏爱，因为他们是国家得力的大将，不少优假，不能得其死力。现在的西北诸将如赵岢、马芳等人，我也曲意厚抚，这些都是为国家啊。缕缕衷心，天日可鉴。人诚难知，知人也不易啊。

张居正对蓟镇的支持可谓面面俱到。他得知士兵要到一二百里开外的地方去领取军粮的情况后，与谭纶商量说，这事虽然小，但加重了士兵负担，往返道路要雇人负载，这笔费用谁出？况且本来支放就不足额，领到的名虽一石，实际只有八九斗，而各种名堂的"抚赏""采柴"等也从这里出，这样要求士兵折冲御辱能办得到吗？我听说旧制是，各区所在都有放粮的仓口，由该官守支。现在各仓厫有不少都倾倒、毁坏，后面可以修理好，就近坐派。此事不必疏请，但与管粮郎中交代就可以实行。

力排众议筑御敌台

经过张居正的倾力支持、协调，练兵大计步入正轨，而影响最大、奠定蓟镇练兵基础的主要有两项：一是创建车营和推广火器，打造重兵集团；二是对长城的修缮和加固。前者来源于谭、戚二人在东南剿倭的实践经验。

佛郎机是欧洲15世纪末到16世纪前期流行的炮种，以葡萄牙人制造的舰炮威力最强。正德年间，佛郎机传入中国，嘉靖八年（1529）经都察院右都御史汪铉奏准，在广东及沿边地区仿制使用。其后北边也开始使用。谭纶、戚继光练兵之始，就奏调浙江鸟铳手三千人充任火器教习，教士兵施放。蓟州镇成为使用佛郎机最多的北边重镇，这里的佛郎机种类最多。因佛郎机铳主要由铜铁等金属铸成，造价不菲，每枚耗银八九两到二十两不等。为节约开支，谭纶将其改造为木质佛郎机并进行推广，到隆庆二年底已多达三万三千架，蓟州、昌平二镇十一路，每路各装配三千架。

谭纶从调任北上就酝酿组建车营，他先命广东制造战车样车试验。到任蓟辽总督后，提出今日破虏之策非车战不可，而能尽车战之法的只有俞大猷一人，他与戚继光都不及，为此他向朝廷正式举荐俞大猷，说他是社稷之臣、元戎之具，年龄虽逾六十，精力尚似少年，将他照戚继光事理行取赴京，与臣等讲求车战之法，纾皇上西顾之忧，赞皇上中兴之业。

俞大猷当时正在筹划攻剿广西古田事宜，他心系北疆，也向朝廷提出制虏之策。可惜的是，三英会蓟的提议被朝廷拒绝。俞大猷全力支持谭、戚二位战友想要实现"与千古豪杰争品色"的壮志。他致信谭纶，说车战"实关中国夷狄之气运"，还参考历代战车图式，并通过他的经验加以改进，不断提供战车模型给二人参考。戚继光根据蓟镇地势地貌特点，提出车兵、步兵、骑兵相互配合的作战思路。他先后在蓟镇建立车步骑营共十二座，定制重车每营一百二十八辆，每车二十人，分奇、正两队，四车为一局，四局为一司，四司为一部，二部合为一营。每营轻车二百一十六辆。每营步兵四千，骑兵三千，每车配备大佛郎机炮两架。同时建立三座辎重营。

明朝自开国至万历时期，曾十八次大规模修筑长城。长城的防御工事分作镇城（镇守或总兵驻地）、路城（每镇下分若干路）、卫所城、关城、堡城、城墙、墙台、敌台、烟墩（烽火台）等不同等级。成化十四年（1478），延绥巡抚余子俊修筑了东起清水营（今陕西府谷西北）西到花马池（今宁夏盐池西）的一千七百七十里的长城，最有效果。而自山西以东的东线长城却低矮单薄，多以泥土夯实而成，连跛羊都挡不住，且常年失修，而摆守军士*每天暴露在墙外，不蔽风雨，虏长驱墙下，弓矢交集，他们不是石头人，岂能守住旬月！

隆庆三年二月，谭纶与戚继光提出，在蓟、昌二镇东起山海关西至镇边城，延袤二千四百余里间，择要害、酌缓急，分十二路，或百步三十五步，丈牙参错，筑一墩台，最初计划共修三千座，计每年造一千座，每座费用五十两。墩台有两大功能：一是无事时供守墙守台的士兵居此瞭望；二是有警时守墙士兵从墩台出发，能快速到达所分之地，而守台士兵专击聚攻之虏。这种墩台二面设险，可保万全。二人奏请后，张居正从中力赞其议，悉许之。当时国家财政异常紧张，张居正算了一笔账，隆庆三年一年的财政收入仅支边费，尚缺一百四十多万两。"民

---

* 摆守军士：大意指在长城上值守的军士。因其站立严整，身穿军服，佩带兵器，保持队形与容姿而得名。

力已竭，费用无由，日夜忧之，不知所出，奈何奈何！"经张居正协调，立即拨付修筑墩台工费。因为采取因地分工各管一段的方案，遂引起平时养尊处优的诸将的反对，他们散布流言蜚语到京师，百端阻挠。听者不加考虑也随声附和，纷纷上疏说修墩台非计。逼得谭纶上疏自劾求去，说他"无以厌众心，多不便臣者。臣自知无所用，请得归休。如必用臣，臣终不以人言贬大计"。张居正也为这些成事不足败事有余的人而义愤填膺，骂他们是败类，并说服隆庆帝将蓟镇事情全部交给谭、戚二人，票拟命谭纶任事如故。

墩台多属于空心敌台，又称"敌楼"。最初并不高大。张居正与谭纶商量，说你提出增筑敌台，实在是设险守要之长策，兵部即拟复行。但根据你的奏疏，一台需要五十人守护，一千台就是五万人。不知这五万人是用摆守者还是用其他人，而且，五十人在一个一丈二尺的狭小空间，武装器械、士卒衣服、粮食都在其中，是否太小。最后定制，台高三四丈至四五丈不等，四面阔十二丈至二十丈不等，上下共三层，上为雉堞，中层空，可容纳军士数十人，都可以用武。戚继光把他的弟弟沂州把总戚继美调来，开始在密云大水峪建造七座样板楼，随后推广。由于经费有限，工事紧急，戚继光把蓟、昌二镇边军近十万人分为两班，春、秋两防时轮番筑台。

但这也招致许多人反对，说筑敌台是劳累军士，致使逃亡累死者甚众，而且砍伐树木是自损藩篱，必须停工。谭纶接到戚继光的报告异常震惊，他痛哭流涕，于隆庆三年八月上疏反驳说，所取木材来自数十百里以外，哪里来的自损藩篱？自施工以来军士并未减少，又哪里来的逃死者？如果工事中止，以后虏入谁承担责任？

关键时刻，又是张居正坚定支持，他告诉谭纶：筑墩台守险要，可以瞭望远处，射箭投石，居高临下，士兵也无露宿之苦，以逸待劳最为得策。无奈世间有一种幸灾乐祸之人，妒忌别人有功，阻碍别人成事，好为异说以淆乱国是，而又希望天下有事，以此验证他的言论可信。听到的人从而随声附和，数月以来议论纷纷，充盈满耳。我随事破除这些妄论，因机解惑，舌头都已不能卷曲，唇已欲焦。近来稍稍宁帖，自此以后，料想有异议的人也不会鼓噪其间了。谭公忠赤劳勋，我大明祖宗在天之灵定会鉴之，愿坚持此心，保证不会有意料之外的事发生。我在此一日必为国家肩一日之事。现在人心不同，趋向不定，百般委曲调御，仅稍稍有济，最终或许也不会有大建树，我苦心竭力的地方有不敢告知谭公者。如果再有一年安定，紧要墩台都已建成，就可以商议减少客兵的事，而此事还请谭公奏请为好，我们看明年春季情形如何再做商量。但人心玩愒已久，虽有良法美意却不肯着实举行，一切皆成故纸，非常可恨。

张居正通过内阁拟旨，明确由谭纶继续修筑墩台，如有造言阻挠者重治。但煌煌谕旨也不能让反对者缄口。直隶巡按御史刘翾对谭、戚练兵多持异议，张居正为此将他调任云南。

隆庆四年二月，刘翾借奉诏修省陈言边事，说他见延绥征调戍守蓟镇下班军士，一车所载，生居其二，他们颠连憔悴而泣诉，行粮月粮年例不但不能按时发放，而且被将领克扣，又迫于修边太急，每天枵腹从事。刘翾还夸大其词，以延绥推断其他镇，无不皆然，奏请亟为议处。隆庆命兵部即行与谭纶从实悉心，议处具奏。此时筑台工事已取得重大进展。谭纶、戚继光一一检查工事。随即在总督署置酒高会，评诸将殿最。最优者列坐两楹，其次者在庑，再次者在门，最劣者坐门外。为正视听，当月谭纶上奏，经过十个月工事，隆庆三年筑成敌台四百七十二座，规制精坚，可当雄兵十万，为边境百年之利，请求奖励将吏功。张居正拟旨，赐谭纶，巡抚刘应节，总兵戚继光、杨四畏银币，参政杨锦、凌云翼，副使杨兆、宋豫卿，佥事宋守约，副总兵李超等，游击陈其可等，参将胡懋功等，各升赏有差。

由于谭纶以殿最定赏罚，朝廷功罪分明，此后的工事非常顺利，诸将人人以壮丽一争高下。

墩台本有成效，但隆庆四年七月，兵科都给事中温纯等言，蓟镇边事有可虑者四，当议者七，核心是对筑台持有异议，兵部议复，请交督抚讨论。张居正担心事有反复，制止兵部将言官上奏交总督巡抚讨论。八月，张居正得到大同密报，说俺答将抢掠京、蓟，他立即致信谭纶，请他督饬诸将，鼓舞士气，并力一战，则呶呶众口不攻自息。并说一年多，因蓟镇练兵的纷争，他内心受到锤击般的忧痛，为庙堂不能担当而苦，还说兵部尚书郭乾懦弱不担事，他非常忧虑。谭纶随即将防守情况向张居正报告。张居正唯恐一旦有失又成为攻击的靶子，遂与蓟镇巡抚刘应节商量，请他也分担一段防守，说蓟事经营数年，视此一举。

八月，俺答及其子锡林阿率部大举进犯，京师戒严。由于蓟镇防备严密，俺答不敢入，九边只有蓟镇无警。谭纶、戚继光经二年练兵，成效大著。为此将原来每年征调的陕西、河南、真定等防秋班军全部罢征。此时方逢时在大同戒备森严，逼退俺答，进而使封贡成为可能。这也是自嘉靖以来的数十年间，让俺答无果而退的一次成功战事。宣大将帅以为是他们的功劳。张居正把宣大请功的上疏压下来，没有交兵部讨论而是直接予以赏赐。张居正担心谭纶听到宣大有功的议论不免动气，告诉他这样做是为了减少交兵部后的一番口舌之争。

至隆庆五年八月，蓟、昌二镇共造敌台一千零一十七座，整体竣工。朝廷对其据险御虏给予极高肯定，指出二镇拱护京、陵，逼近三卫，自庚戌以来先后边臣止议筑墙而不及修台，故虏至则得志饱掠而去，现在十四路楼堞相望，二千里声势相援，都是督抚官协谋任事之功，而效劳诸将吏亦宜并录。为此升总督谭纶为兵部尚书兼都察院右副都御史协理戎政如故，巡抚刘应节升俸二级，副使杨兆升俸一级，右都督戚继光荫一子百户，仍各赏银币有差。

招募南兵背后的暗涌

隆庆四年十月，当蓟镇练兵取得明显成效、敌台修筑初功告成，又逢俺答之孙把汉那吉来投时，谭纶调任协理京营戎政，这是庚戌之变后设立的职位，职责是与总督京营戎政共同主持京军三大营的日常管理与训练，地位仅次于主持兵部事务的尚书。此次升任，虽然张居正没有在与谭纶的个人通信中提及，但调任的目的显然是推广蓟镇的练兵经验，加强京营训练。隆庆帝对谭纶回京主持训练京营非常高兴，说："是能南制倭北制虏者，固知非此人不可。"当年谭纶只有五十一岁。在一年间，谭纶对京营进行了卓有成效的改革。但随后的南兵北调使得戚继光备受指责，几乎兴起大狱，经张居正百般保护，仅得无罪，而谭纶也不得不落职回籍。

谭纶调任协理京营戎政后，蓟辽总督由顺天巡抚刘应节升任，顺天巡抚由兵备道杨兆升任。刘应节是张居正的进士同年，杨兆是张居正一手培养的，二人与谭纶、戚继光均有非常默契的合作。这种人事交接确保练兵计划继续推进，也为第二阶段强兵计划的实施奠定了组织基础。

隆庆五年八月底，朝廷批准戚继光招募南兵、北调蓟镇的计划，方案是把那些怀恋故土愿意回乡的士兵遣发回去，另在绍兴、宁波、台州等地招募新兵，补足九千人数。由浙江发放库贮减兵银，每人五两给新兵之家；不给行粮，到蓟之日每南兵增一人，则边兵减一人，即以所余粮草充饷。

九月初，朝廷派锦衣卫官前往浙江招兵，并请戚继光开报带领新招募兵北上的将领。戚继光爱惜人才，考虑到原任参将王如龙，游击金科、杨文，都司金书朱珏等人是他的旧部属，在福建立有战功，现在虽被参劾，但所犯之事如果处理，也仅是罢斥，想召来用为部下。正好有调取南兵的机会，于是咨报兵部请早结其狱，带新募南兵赴蓟州镇。戚继光强调说，这些将领都是他过去练习，胆勇俱佳，臣用之则立功，交给他人则有过，如同江南之橘，江北为枳，于是开列名单，经朝廷批准后，由兵部移文，令王如龙、金科、朱珏率南兵赴蓟镇。

此事激怒了福建巡按杜化中。隆庆六年正月，他弹劾三位将领行贿部院大臣及司府勘问等官员，希图逃脱法网。他翻出几年前的旧账，包括：隆庆二年五月福建巡按王宗载参劾王如龙侵克兵粮，受贿银三千多两等事；隆庆四年十二月福建巡按蒙诏参劾金科，克减银粮等事；以及朱珏侵削军饷等事。他说，前次参劾经兵部议复并奉旨，将王如龙革任交巡按御史提问；金科、朱珏革任交巡抚衙门提问，转行福建按察使司提问。杜化中说，我朝开国至今二百多年，从来没有巡按参劾的人交巡抚衙门勘问的，于是他详加"查访"，得知金科、朱珏二犯派人携带两千金潜入京师，托总兵戚继光私下行贿给兵部侍郎谷中虚，所以才破例委派巡抚勘问。朝廷降旨之日，二犯得报，高兴地说："巡抚何宽，是我们的故旧、老乡。"于是又行贿千金给何宽的家人，又给何宽的儿子银七百两、丝布四十四。何宽受贿后，对原任按察使熊琦说："金科、朱珏是二大良将，应当召保人将二人保出，不要监禁。"审理该案时也不委派司道官，而是令按察使转委盐运使李廷观、推官李一中审理，二犯又送银数百两，何宽指示说："此案审理，问供不必详尽，止具由了结前件而已。"于是曲法轻纵二犯，新任按察使莫如善年近七十，神昏气耗，听其舞文弄法。二犯又商谋如何救出王如龙，说："我们有幸依仗何爷，但根株尚存，终非善后之策。"于是又各出一千金，送给戚继光，戚继光接受后，上奏三犯带南兵赴京听用。

杜化中奏请，将三人仍递回福建交他严究。他最后以极为侮辱性的言辞说：

> 戚继光何以敢于行私，委曲庇护至此？查戚继光宦成而志已怠，守坏而名亦损。纳污含垢，不恤公议之重；临财苟得，徒求私橐之盈，言虽高于秋昊，行实卑于污地。

他还参劾谷中虚结党卖法，何宽奸险万状，福建按察使莫如善、盐运使李廷观、福州府推官李一中各有罪案，请敕下吏、兵二部，将戚继光戒谕，谷中虚、何宽、李廷观立即罢斥，勒福建按察司莫如善致仕，李一中降用。

此案发生在隆庆帝病重、高拱与张居正生死之争的前夜，绝非仅仅涉及三将那样简单，其背后有极为复杂的权力之争。高拱以内阁首辅掌吏部事，吏部议复结果是，除戚继光等由兵部查复外，谷中虚、何宽行令回籍听勘。莫如善、李廷观、李一中与本部素访相同，莫如善致仕，李廷观闲住，李一中降用。正月二十六日，奉旨如议。[22]随即，谷中虚因被给事中涂梦桂参劾，冠带闲住。兵部尚书杨博议复，王如龙、金科、朱珏三人正率南兵北上，等至蓟州镇之日，械送法司鞠治。隆庆帝当时病重，高拱拟旨采纳。

谷中虚是戚继光练兵的支持者，《实录》明确记载，此案谷中虚复奏，及何宽等所拟，都不能说是放纵罪犯，因为杜化中、涂梦桂（高拱门生）想以此陷害戚继光、谷中虚，以阿从当路（指高拱）之意，而皇上不知内情。

谷中虚是山东无棣县人，十九岁中进士，历任浙江、湖广、陕西等巡抚。张居正出任首辅后获重新起用。这也是高、张交恶的一件大事。《病榻遗言》所述案情起因虽然依据杜化中所奏，后面所述戚继光以"贿赂结交"张居正一节，内容多属演绎，与事实完全不符。因隆庆二年发起参劾的是福建巡按御史王宗载，参劾对象仅有王如龙，隆庆四年十二月发起参劾的是福建巡按蒙诏，参劾对象是金科、朱珏。后一次参劾发生时，高拱已回朝近一年时间，而杜化中是嘉靖四十四年进士，最晚隆庆四年十二月仍任工部主事，后升广东道监察御史，任福建巡按肯定在隆庆五年。"遗言"将两次参劾并为一次，并移花接木到隆庆二年杜化中身上，以此造成当年高拱在故里不知情的假象。

戚继光是在邸报上看到杜化中参劾疏的。他十分震惊，上疏用了"必欲为一网尽打之术"的话，并坚求辞职。有关指责他"宦成志怠"一说，戚继光没有辩驳，而对"事干名义"和"举用将领"这两大重点进行了有力驳斥，而更多对戚继光原来部属的倾陷也为人所知。

戚继光调任北边后，三将立功颇久，以夙将而事新帅，礼貌之间未免参商，这是金科等人取祸之源，三将遂先后下狱。王如龙被福建巡抚涂泽民参劾，后涂泽民自认风闻，王如龙复任后，屡立战功，但寇至则命之出师，寇去则收之囹圄，将近五年之久。蒙诏参劾金科、朱珏之案，直到隆庆五年三月后方见邸报，杜化中因此被激怒。戚继光辩驳说，王如龙三人都是南兵旧头目，计议南兵是九月初七，复令臣开报将领是本月二十四日，前后不过十七天，羁押在福建的罪犯何由先事而知？求进的贿赂又岂能神输而至？况且，武臣的进退原与文臣不同，使贪使过，历历可数，又有隆庆四年题准之例，像三将这样的忠勇才智，曾立功于闽、浙，在武弁中实属罕有，奈何相继将他们逮治填塞囹圄？

戚继光最后说："鸟未尽而弓先藏，兔未死而狗先烹，何以使人效力？甚至加以无兄盗嫂之诬，实在令忠臣志士灰心！"[23]

隆庆六年五月，法司将王如龙等三人案狱奏上，言其用贿赂营求的事虽然并无佐证，但贪恣侵剥，罪不容诛，请下福建巡按御史再加审讯，从重拟罪奏报，戚继光暗中庇护引荐，亦应该戒谕。这完全是高拱在背后操弄，当时隆庆已经病笃，不能出一言。杜化中左迁绛州通判，再为榆州知县、汶上知县，迁东平知府。万历即位，削职回家。

高拱用心边事，何以要与戚继光这样威震敌胆的大将过不去？隆庆五年初，新郑人刘旭假借高拱的名义到戚继光处诈骗，戚继光向高拱报告。高拱回信表示，因俺答封贡，今年蓟镇事体较往时关系尤为重大，必须对东房大加挞伐，贡市乃可永久。如果再不得一胜，则天下之事更无可为，这不但是将军的耻辱，而我高拱本人也无面目立于庙堂之上。[24]或是因高拱严词训诫，并用激将法让戚继光勠力以战，故戚继光多次要求主动出击攻打东房，但张居正一直坚嘱他不令出战。张居正虽未明说，但他担心这是高拱为戚继光所设的陷阱，并以此倾陷张居正本人。

俞大猷、谭纶也在此前后落职回籍。隆庆三年，广东经俞大猷等力战，平定曾一本等之乱。鉴于戚继光曾在广东与俞大猷共同作战，张居正向戚继光请教善后事宜，戚继光随即提出建议，张居正称其悉中机宜，已交广东巡抚熊桴执行了。次年，广中士大夫全力诋毁俞大猷，兵科也上奏兵部要更换，但张居正清楚俞大猷老将知兵，说临敌换将乃兵家大忌，代替他的人恐怕也不一定胜过，而且巡抚、巡按也没有参劾，如果因为乡官的言论就罢免，也非事体，张居正只是票拟戒饬。但他不清楚俞大猷为人如何，于是给两广总督兼广东巡抚李迁写信，说你与他同事，必定知之真切，希望明示。得到李迁回信肯定后，张居正全力保护，俞大猷得以立功。至隆庆五年七月，广西巡按李良臣劾总兵俞大猷奸贪不法，宜从重治，隆庆帝令大猷回籍听用。

随后，巡按御史余希周参奏谭纶、刘应节多支隆庆四年粮银，应治靡费之罪。十月，协理京营戎政谭纶上奏说，他于八月二十二晚上食胡椒，次日早晨见左脸忽然肿起来，口眼歪斜，饮食言语也不利落，当即服药调理。但后来痰涎涌塞，两耳雷鸣，头目眩晕，右体麻木，调治无减，病根已深，渐成废痼，请求放归田里。隆庆令吏部拿出处理意见。高拱以首辅管吏部事，他当即批准谭纶回籍调理。[25]

谭纶数十年南征北战，在明朝中叶南倭北虏中能够独立大功的，仅有谭、戚数人，高拱拟旨、隆庆降旨之迅速，且无人请留，均不正常。两天后，两广总督兼广东巡抚李迁也回籍调理。

隆庆六年正月，高拱的得意门生宋之韩参劾蓟辽总督刘应节、顺天巡抚杨兆等举荐不当，二人被各罚俸三月。

这一切都不是孤立的个案，是高拱、张居正之争的重要组成部分。

汪道昆阅边，三英再聚首

戚继光被戒谕一个月后，大明迎来享国最长的皇帝——万历，也迎来了最有作为的柄国首辅——张居正。

由此，新一轮的人事部署紧张而有节奏地开始了：杨博回任吏部尚书，所遗兵部尚书缺，遂由在江西宜黄家中养病的谭纶接任，张居正又调他的进士同年、湖广巡抚汪道昆为兵部侍郎，他们组成了最强干的军事管理班子。为安抚宣大总督王崇古，张居正致信向他说明如此安排的原因：本兵虚席，公论都认为公与王之诰是最佳人选，而太宰杨博以为他掌吏部之始，如果用公为兵部尚书，有首用其亲之嫌，加之与俺答贡市之事正在关键时候，需要借重威望大臣以镇之，故以谭纶任兵部。张居正还向他透露，不会让他在宣大时间太长，不久就会有新任命。

　　万历元年九月，张居正兑现承诺，王崇古加兵部尚书衔，回任协理京营戎政。宣大总督由方逢时接任。万历小皇帝也知道王崇古的大名，他对此安排不解。一日，张居正在便殿侍皇上，言及边事。

　　万历问："宣大重镇，王总督何故取回？"

　　张居正道："朝廷用人，此一时彼一时。"

　　万历又问："谁可代之？"

　　张居正道："方逢时可。"

　　强国先强军。张居正的这些安排，特别是看到老友谭纶出任军事中枢一把手，让革职在家乡泉州的俞大猷看到了希望，他提笔给谭纶写了一封幽默又不失郑重的自荐信，说："我平生志在征讨北虏，而多用于南方，这有违我的本心。今年七十余龄，老矣，而妾媵尚怀胎待产，膂力可敌精卒二十人。谭公如果安排我重要职位，正当其时也。"谭纶了解老友是认真的，何况在京师三大营改造强大的车营非俞大猷莫属。他与张居正沟通后，正式向朝廷举荐。万历二年四月，七十三岁的俞大猷出任后军都督府佥事，专掌京师车营。

　　这确实是让人振奋的时代。张居正出任首辅后，仍把国家安定作为一切新政的开篇华章，而北边仍是重中之重，他几乎与所有边方文武大员密切沟通，筹划"经久之计"，他要建立庙堂与边帅荣辱与共的关系。他趁督办隆庆陵寝之事出京的机会，约蓟辽总督刘应节见面，对他说："仆今谬司国柄，俟边警少暇，望公与镇、巡诸君，虚心商量，思一长策，着实整顿一番，庶为经久之计，但若拆东补西，支持目前，费日增而无已，兵复弱而莫支，将来必有以为口实者，恐仆与诸公，皆不能逃其咎也。"

在张居正看来，九边也不尽相同，财政紧张时不能撒胡椒面搞平均主义，要把有限的资源配给蓟州镇。蓟州镇稳定，都城、祖宗陵寝就不会受到袭扰，就能腾出手来从容展布。由此他受到怀疑，好像他与蓟州镇的文武官员有什么私情。而现在不同了，他已牢牢把握住政权，他要利用好这一难得的时机，思考长久之计。

隆庆六年九月，张居正开始安排大臣阅边。以往阅边多有名无实，而且还制造出许多新的矛盾，让边关将帅无所适从。张居正希望有个新气象，立个新规矩，他更要借阅边之机把边关的所有问题都找出来。他与谭纶反复商量，针对九边重镇的不同，派出兵部三侍郎：王遴巡视陕西四镇，吴百朋巡视宣大山西三镇，汪道昆巡视蓟辽保定。礼部随即铸给阅视边务关防。

阅视的职责包括稽查钱粮、屯田、兵马、器械等，要求务必逐一躬阅，以求实绩。张居正清楚戚继光与汪道昆的关系，将军赠宝剑的事几乎尽人皆知。但他还要嘱咐一下这位爱将，毕竟私谊与公义有别：汪司马知足下素深，相待之礼必从优厚，日前已当面嘱咐他，足下务必谦抑待己。过去名将李愬讨平淮西叛将后，谒宰相裴度于道，《唐史》称美，因为重巡使之命，所以尊朝廷也。张居正还告诉戚帅，汪司马此行，于蓟镇之事大有关系，希望你留意。张居正觉得意犹未尽，用别纸又加上几句特有深意的话：多年来朝野对南兵、对谭尚书、对阁下颇多微词，参劾不断，尤其是蓟镇军兵失额而岁饷日增，无数只眼睛在暗处盯着。汪司马在士人中很有威望，你有什么游移不定、议而不决的事项，一定要向我毫不保留地讲出来，也相信司马大人能公矢公慎。

戚继光读懂了张居正的话外音：通过阅视，要把所有藏在潜山下面的问题全部拿到台面上解决，还要为多年的南兵北调、招募训练兵来个一锤定音，让那些反对的杂音消弭。

对于巡视宣大山西三镇，张居正的要求又另有不同。吴百朋行前，张居正嘱咐说："宣大事体与他处不同，北门宣府有寇公（以寇准代指王崇古）在，我没有什么担心的。你不要刻核，不能没问题找三分，让寇公心烦意乱，挫了他的锐气，归来告成即可交差。"

汪道昆带着兵部职方司郎中左熙、天津兵备杨枢等一行，于十月出京，先阅视昌平、蓟镇，次年正月出关阅视辽东，四月返回阅视保定，七月回京复命，历时十个月之久，行程五千里。所到之处，课将校士，躬入营垒，查阅边塞器械，登台垣履墩障，周览所有重要关隘，对边事进行了详尽考察；与总督、巡抚、总兵、参将等文武官员广泛交谈、质询；又暗访部卒、有司，获得了难得的第一手资讯。而最令汪道昆难忘的，还是与老友戚继光相聚塞上，班荆道故，雅歌投壶，极尽狂豪之举。而他代表朝廷在汤泉检阅蓟镇十万边军，堪称是明朝历史上的一件盛事。

这是戚南塘（戚继光字南塘）的提议。他压抑了太长时间，需要一次释放，也需要一次来自朝廷的检阅。汪道昆立即向兵部转达，与尚书谭纶一同报请首辅，张居正也极表赞成。检阅在蓟镇总兵官所在的遵化以北三十里的汤泉举行。一年前，这里准备作为南兵的休沐地，并修建了靶场、射亭和石洞。汤泉南面是少有的开阔地带，可容纳数十万人，此次检阅恰好是合练蓟州镇各路军兵的绝佳机会。

演习自十月二十二日拉响警报，持续了七天之久。汪道昆代表朝廷居中而坐，总督刘应节、巡抚杨兆陪坐两旁。戚继光坐后排下首，在汪道昆的一再邀请下，最后以宾席而居。汪道昆当场赋诗，以纪其盛：

> 塞门风急马啸啸，报道沙场聚射雕；
> 杀气连营凭地险，军声一鼓破天骄。
> 合围共睹争先捷，乘胜还看逐北遥；
> 咫尺飞书门下省，明朝诏赐侍中貂。

戚继光和诗一首：

> 使者临关日拥旄，天威咫尺壮神皋。
> 指挥乍结车骑阵，战守还凭虎豹韬。
> 万阁凌霄金作垒，五兵飞雪玉为刀。
> 年来愧博君王宠，幸有边尘识二毛。

检阅结束后，戚南塘宴请汪道昆。二人屏去众人，喝得酩酊大醉，一醉方休。汪道昆勒石燕山，历数谭纶、戚继光"当多口之秋，任非常之事，卒之建万世之利，事半而功倍于古人，不战而伐虏谋"的丰功伟业。

蓟州大阅，极大地振奋了士气，朝野质疑南兵的目光渐渐少了。谭纶尤为高兴，他奏请趁此时机大举北伐以振威中国。张居正说："征伐自天子出，如主幼何？"意思是皇帝年幼，不应举大兵，此事遂寝。

临别时，汪道昆留给好友一封特别的信，他告诉戚南塘，有关阅视蓟镇文武将帅的奖惩，特别是善后事宜的疏草已次第写好，当就正于元老（张居正）、本兵（谭纶）后，再正式奏上。优异的诸将，大半先入奏朝廷。

随后，他说起一件蹊跷而又颇有神秘色彩的事：他有个故交姓万，此君精通星术，汪道昆请他为好友戚南塘占卜，万姓君占卜后再三说，甲乙年对南塘不利，乙年更要格外谨慎、戒备、防护。汪道昆最后嘱咐说："仆愿足下不废戒心，一以饮食男女为要。至于成败利钝，交付苍天。万使君还说，其年我也有悔。"

这位万使君真是一位高人，戚南塘后来的遭际确实发生在甲乙年。这是后话。而汪道昆则在乙亥的万历三年，由于与张居正不合，回籍乡居十八载，未再被起用。张居正知人善用，但气量褊狭，不能容物，这也是他身后跌蹶的根由之一。

汪道昆留在蓟州镇的时间很长，二人是道义知己，戚南塘无须避讳。所谓"饮食男女"，或是戚继光一生戎马征战的调味品，也与当时风气有关。俺答封贡后，北边烽燧少有警报，都城一些文客把镇帅视为外府，原来的金戈铁马一变为曲调流觞。戚继光以能诗名，尤好延接文士，往往倾资结纳。曾经行边的林之盛进而道出此中微妙，余曾行边，一老弁对我说："我们这里大将最苦，权势之人把这里视为金窟，文人把这里作为获取好处的地方，不得不向权要行贿赂，否则，又有谁来保护我们？又有谁能替我们讲好话？"

阅视期间，汪道昆不时给张居正写信私下沟通，他说此行留在蓟镇时间最久，获得情况也最真切，特别是会阅蓟门，连十万之师于数百里之外，奔信地，赴师期，分合周旋，悉如方略，如果提纲挈领看大面，堪称秩然可睹。但就士气盛衰、兵力强弱、技击生熟而言，入彀者尚不及半数，而真能临阵杀敌足可依赖的仅有三分之一。概括起来，大的问题有两个：一是士兵没有训练时间，二是没有堪当训练的将领。前者因为修筑墩台、加固城墙，工事繁多，士兵无暇息肩。后者因为北地诸将旧习无法破除，并不着实训练，强悍者各自养士数十百人，羸弱者簧鼓人心，必使同归于败而后已，如以节制、习兵而论将，北兵将领未见一人；而南来诸将，始以练兵成功，他们视北将如异类，而几年来受诉蒙毁，也心灰意冷。今后驭北将务必革其心；驭南将务必作其气。至于诸将殿最考核，容他日报告。

张居正接信后，对汪道昆的所有规划都充分肯定，说增筑墩台、定额饷诸疏，俱如议次第举行。因张居正忙于要务，不能一一详答，只能在汪道昆原疏后面逐款写上他的意见，甚至有的话语来不及表达完整，他恳请老同学见谅，说三大臣阅视，"此行唯公举动合宜，鉴裁精允，敬服敬服"。

与张居正沟通后，万历元年三月，汪道昆将《额兵额饷议》提交朝廷讨论。这是一篇分析入理的文章，面对对蓟镇的种种质疑，他采纳戚继光多年以来的建议，提出增募南兵一万人，减客兵二万七千人，每年节省饷额十五万的详尽计划。而如何应对北边，汪道昆也提出后来对张居正治边方略有重大影响的新思路。他说，对于蓟镇而言，不外一个"守"字，而"守"需要三大条件：一是有山险自然凭借之守，二是有台垣器械得以守之备，三是有良将猛士守之人。台垣器械经谭纶、戚继光多年经略，已见大效，现在独缺的是能守之人。"南兵之议，中外纷纷，或病其骚扰不驯，或忧其脆弱无济"，他以会阅为证，南兵入縠者十之七八，而北军不及一半，总督刘应节曾言：北军继续练五年，始可与南兵看齐。殊不知南兵主将相从十余年，并非南兵智力独特，气有盛衰，而是将领与士兵相习生熟的缘故。

在张居正的协调下，经户部会同兵部议复，蓟、昌二镇以额兵165,642员，额饷1,658,938两为定额，以后清解到的照数减免。而戚南塘念念不忘的车营、墩台、训练都得到批准。

阅视的重头戏是赏罚分明。汪道昆阅过辽东全镇修完城堡137座,铺城9座,关厢4座,路台、屯堡、门角、台圈烟墩、山城1,934座,边墙282,373丈,路壕29,941丈,全部坚固,足堪经久,因叙督抚镇道诸臣劳绩,并请给前项工程银16,910两,经兵部核复,巡抚张学颜、总兵李成梁、兵备李松等各升赏有差。副总兵胡守仁等四十员附纪录用,参将谷九皋等十七员革任。汪道昆对阅视三镇文武大臣的奖惩,独推总兵戚继光为首,升一级,刘应节、杨兆、孙丕扬、张学颜及李成梁、杨四畏等各升赏有差。

尤其值得肯定的是,根据汪道昆的建议,阅视后形成一套完备的北边管理体制。万历元年八月,兵部就汪道昆条陈边务十五事一一议复,这些几乎都是困扰戚继光及所有将领多年,且带有普遍性又亟待解决的大问题,此次以制度法规形式固定下来,得以免去戚继光等人的后顾之忧。

第一款"准功罪"称,多年来罪罚不平,变置太亟,宜定科条,凡有失事,罪罚不能专治主将而忽略监司、部将,故要宽其文法,待事定乃总论其功罪诛赏。在"分责成"一款中明确各自责任:调度失宜,功罪失实,总督自任;完缮不豫,罪在巡抚;庱形不察,军政无纪,战阵无勇,罪在总兵;刍饷不给,罪在户部;分司信地不严,专责不举,罪在监司部将。在"止流言"一款中规定:边将锢于积弊,怙势干进,如不得逞,辄布流言,遇有庱警,复植私党,虚声以乱名实,总督抚镇往往被其中伤,有犯者重究。万历帝降诏,全部依议实行。

汪道昆对张居正乃至明后期的边政方略,有重大战略性影响的,是他在《辅兵议》中提出的将蓟辽与宣大作为一个整体的战略构想,他说今日君、相一德,文、武一道,中、外一心,此所谓千载一时,难得而易失的契机。针对北边的形势变化，蓟州、昌平以保御得策，宣府、大同以贡市弭兵，九边晏然，胡马不敢南牧。以京师而视蓟昌、宣大，皆在肩背肘腋间，近年取得了实效，而从长远看仍有两大弊端：画地而守，声援不通，一弊也；无所不备，无所不寡，二弊也。解决的办法是通四镇之势，设辅兵六万驻昌平，使之唇齿相依，即把四镇视为一个整体，有分工、有协作、有重点。而能统六万之重者莫如戚继光。现在四镇都是宿将，爵位大略相同，一国三公各不相下。戚继光虽称节制三镇，实则徒拥虚名，他任总兵凡二十年，劳苦而功多，应照都督府事例加宫保衔以示宠异。

汪道昆的这篇奏疏是一篇大方略，涉及北边乃至国家军事统御变革。张居正思考再三，除任命戚继光为统督蓟保宣大军务，职权与总督相等的建议没有采纳外，其他大多采纳。万历二年，晋戚继光为左都督，十一月，经蓟辽总督刘应节奏请，命镇守山海总兵戚继光、昌平总兵杨四畏、辽东总兵李成梁、保定总兵傅津久任，遇有成功，破格叙赍。

同年，由刘应节、杨兆、密云兵备道王之弼、兵备副使刘效祖参与的近百万言的皇皇巨著——《四镇三关志》（蓟州、昌平、真保、辽东四镇，居庸关、紫荆关、山海关三关）开始编制，后于万历四年刊刻。万历七年，加戚继光太子太保，万历九年，荫一子锦衣卫百户。

汪道昆阅视，还有一项影响深远的举措，即辽东宽甸六堡的修筑。他与巡抚张学颜、总兵李成梁一同考察，发现原孤山堡、险山五堡等处与辽东镇不相联络，不利守御，于是徙孤山堡于章齐哈剌甸，险山堡于宽甸，沿江、新安等四堡于长甸、长岭诸处，仍以孤山、险山二参将戍守。在尚书谭纶的支持下，万历三年初，辽东六堡建成，辽东二千多里防御工事全部完成。在近半个世纪的时间里，这些堡遏制了东北各少数族部特别是女真对明廷的侵扰。李成梁功封宁远伯。

南兵军纪是汪道昆阅视蓟镇提出应解决的主要问题之一。张居正多次与戚继光沟通，对其部下有犯者毫不姑息。万历二年，发生墩军袭杀属吏的事，张居正致信总督刘应节，要求以军法处置。

万历四年六月，蓟州镇所辖泰宁炒蛮部到古北口关求赏，因大雨数日不得，乘机抢掠，参将苑宗儒及原任总兵汤克宽、中军傅楫等率五十多人追至十八盘山，遭遇埋伏而死。这次小的失利立即为巡按御史刘良弼参劾，并论及总兵戚继光、顺天巡抚王一鹗等。随即，兵科都给事中裴应章上奏说，训练南兵全无实用，废时玩寇，必须重惩戚继光之罪。兵部分别复奏，戚继光、王一鹗被夺俸。而后还有人不依不饶，声称要解散南兵。关键时刻张居正据理力争，说蓟镇节制精明，器械犀利，蓟门军容为诸边之冠，岂能以小失而掩大功！

当时正值边关三年阅视期，朝廷派左副都御史郜光先阅视蓟辽、保定。张居正嘱咐戚继光，要以钦差大臣为重，谦以自处，见者自然敬重你。郜公必对足下尊重，决不会以一般将帅看待。郜光先行前，张居正与他交流，强调阅视要客观、公正、全面，特别提出古北口损伤兵将事件，戚帅已受朝廷责罚，不能再抓住此事不放，如果举蓟州全镇防守之功看，数年以来一矢不惊，内外安堵，其功绩难道可以埋没吗？如果论功伐，蓟镇也应当与其他边镇不同，此地原来并非边镇，切近皇帝陵寝，故在他镇以战为守，此地以守为守，在他镇以能杀贼为功，而此地以贼不入为功。至于调用南兵，一直争议甚大，古来戍守不可缺人，如果现在以为虚费国家粮饷而无实际用处，就应当立即罢之，或者会回到征边兵入卫的老路上，如此一来，岂不重蹈覆辙？！列祖列宗的皇陵和京城重地，岂敢忽视！

当时请罢南兵的议论甚嚣尘上，张居正以柄国首辅之尊，细心到要与阅视大臣商量如何起草南兵一节。而在王世贞的笔下，则把张居正对谭纶、戚继光的保护，厚诬成因为后者进献房中术及贿赂，说谭纶"善御女术，颇用干居正，居正试之验，则益厚纶以示㦎，继光乃时时购千金姬进之居正，且他所摹画者，多得居正意，以是事与之商榷。诸督抚大臣，唯继光所择，欲为不利继光者，即为之徙去之，而（李）成梁与两广之赂亦接踵至，居正不能却也"[26]。

因蓟辽与宣大为一个整体，加之有古北口事件的影响，张居正一再嘱咐戚继光，今日之事，但当以拒守为主，贼不得入即为上功，蓟门无事则足下之事已毕。戚继光一再要求主动出战，直捣黄龙。张居正耐心说服他，特别提醒要着重处理好南北兵和谐问题：布大公，昭大信，毋信谗言，毋徇私情，毋以喜行赏，毋以怒用罚；士卒毋分南北，务使指臂相使，万众一心。凡与足下言者，须句句体认，不可忽略。

万历五年四月，一代名将谭纶去世，五十八岁；朝廷隆重治丧，谥襄敏，赠太子太保，长子河图世袭锦衣卫指挥，次子洛书袭国子监监正。张居正给多位友人致信，痛吊将星陨落。万历帝亲撰祭文，并降旨在午门内立碑刻石，称赞他是国之元勋，与蜀国诸葛亮后先辉映史册。万历七年，谭纶安眠于家乡宜黄县待贤乡麓堂村。

谭纶去世后，俞大猷连写三篇祭文。当时京师车营已经全部改建完成，谭纶病逝前与俞大猷商量，把京师车营的成功经验向九边推广。得此噩耗，俞大猷痛惜失去志同道合的生平好友。不过，让俞大猷欣慰的是，京营已成一军，张居正率内阁大臣及各部阅视说，安定社稷，威震夷狄之法，无出乎此。

万历六年十月，七十六岁的俞大猷因年高致仕回乡；次年八月去世。

谭纶去世后，张居正调王崇古为兵部尚书，顺天巡抚王一鹗为宣府巡抚。张居正复信王一鹗，说宣府与蓟镇已成唇齿相依之势，过去两镇如同秦、越，今成既往。他十余年来，为经营蓟事，心力俱竭，今幸得国家安枕。

注释：

1.[英] 汤因比.历史研究：上册.曹未风，等，译.上海：上海人民出版社，1986：92.

2.黄宗羲.明夷待访录.北京：中华书局，2011：81—87.

3.陈子龙，等.明经世文编：卷三三五.北京：中华书局，1962.

4.张四维.张四维集：上册.张志江，点校.上海：上海古籍出版社，2018：458.

5.方逢时.大隐楼集：卷一六.李勤璞，校注.沈阳：辽宁人民出版社，2009：272.

6.张四维.张四维集：上册.张志江，点校.上海：上海古籍出版社，2018：446—447.

7.张四维.张四维集：上册.张志江，点校.上海：上海古籍出版社，2018：448.

8.岳金西，岳天雷，编校.高拱全集：上册.郑州：中州古籍出版社，2006：589.

9.岳金西，岳天雷，编校.高拱全集：上册.郑州：中州古籍出版社，2006：453.

10.张舜徽.张居正集：第二册.书牍.武汉：湖北人民出版社，1994：192—193.

11.杨博.杨博奏疏集：下册.张志江，点校.上海：上海古籍出版社，2018：1143—1146.

12.高拱.高拱全集：上册.郑州：中州古籍出版社，2006：363—365.

13.张舜徽.张居正集：第二册.书牍.武汉：湖北人民出版社，1994：208.

14.刘圭鑫，凌丽华，主编.戚继光年谱.济南：山东大学出版社，1999：325.

15.吴晗.明代的军兵.北京：人民出版社，1986：222.

16.罗哲文.长城史话.北京：北京出版社，2018：76.

17. 世经堂集：卷四 // 四库全书存目丛书.济南：齐鲁书社，1997：432—433.

18.汪道昆.太函集：卷七八，燕山勒功名，第三册.合肥：黄山书社，2004：1595.

19.汪道昆.太函集：卷三，第一册.合肥：黄山书社，2004：61—62.

20.汪道昆.太函集：卷七八，燕山勒功名，第三册.合肥：黄山书社，2004：1595.此处原文记为谭纶言，应为戚继光。

21.戚祚国.戚少保年谱耆编.北京：中华书局，2003：173—174.

22.岳金西，岳天雷，编校.高拱全集：上册.郑州：中州古籍出版社，2006：368—371.

23.刘圭鑫，凌丽华，主编.戚继光年谱.济南：山东大学出版社，1999：253—256.

24.岳金西，岳天雷，编校.高拱全集：上册.郑州：中州古籍出版社，2006：505—506.

25. 岳金西，岳天雷，编校.高拱全集：上册.郑州：中州古籍出版社，2006：341—342.

26. 王世贞.嘉靖以来内阁首辅传：卷七.北京：中华书局，1991：103.

第五章

考成法与整饬士林风气

一项政策总是利弊参半。明末史学家谈迁肯定地说，江陵立考成法，作为国家治理的根本，过去那些因循顽贪的官员全都抖擞精神，精气十足地做事，一以功实作为升降标准，即便万里以外，朝下旨而夕奉行，中外官员好像经过淬火磨砺一样，不再得过且过，官场风气、官员作风为之一变。

在实行考成法的过程中，张居正提出，安静宜民者才是最好的官，他们应该得到提拔。为此，他把考成法与久任制度、严格考察、惩贪奖廉结合起来，形成一个组合拳，共同发力。

嘉靖时期京城有个裁缝铺，门前总是车水马龙，官员排队到店里定制私服。这家店有个绝活，即根据官员的品性、资历制作衣服，长短宽窄，无不合身。有一个刚上任的御史慕名而来，到店后说他要裁圆领，店主人行礼如仪，压低声音问："贵官入台年资几何？"御史初闻此言，想要发作，见店主人态度甚是卑好，于是用怀疑的眼光问道："制衣何用问年资？"店主人慢条斯理回答说："相公辈初任雄职，意高气盛，其体微仰，衣当后短前长；在事将半，意气微平，衣当前后如一；及任久欲迁，内存冲挹，其容俯，衣当前短后长。不知年资，不能称也。"御史见他说得颇有道理。此事后经传开，店家生意变得十分火爆。

这则真实的故事，反映了嘉靖以来官场颓靡不振的风气。"仆别无他长，但性耐烦耳！"张居正出任内阁首辅后，与友人通信时说的这句话，堪称其鲜明性格的自我表白。时间的指针滑向了张居正。他对数十年来官场没有是非毁誉的中庸之道深恶痛绝，他深知不能任由大明进入衰宋之局，他也清楚"绳墨不便于曲木，明镜见憎于丑妇"，上任伊始就以非凡的勇气和高超的智慧，以及"身为蓐荐"的担当，开启一场持续十年之久的改革，而整顿政风及学风，是江陵柄国的一件大事。

江陵改革"法后王"

嘉靖三十三年岁末的一天，荆门州衙署热闹非凡，黄知州历任三年，升任开封府同知，官职由从五品升为正五品，僚属们正为他置酒庆贺。但黄知州却兴致不高，同僚的公子为活跃气氛，自告奋勇，洋洋洒洒写了一篇称颂的文字，还当场抑扬顿挫地读了起来，一时引得众人齐声喝彩。"我希望能得到史张氏的文章。"黄知州终于说出了他的心愿。僚属们清楚，这位"史张氏"就是在家养病的张居正，因当时职任翰林院修纂故称。

黄知州轻车简从，亲自到荆门州城东门外的小湖山——张居正养病的乐志园登门造访。说明来意后，张居正一脸严肃，说："黄君知道我向来不说好听的话取悦于人，既然如此还执意要我写篇文字以赠别，想来是要听真话。如此，我的话直白实在，黄君也不会见怪。"黄知州点头称是。张居正欣然命笔，大意如次：

据我观察，要了解今天治理国家的难处，就要知晓为吏之难。而为吏之难，并非治民之难，而是侍奉人之难。侍奉人之难，并非得到下属拥戴之难，而在于取悦上司之难。治理一个地方，虽说事务繁简有不同，而人的财力有限，这是没有差别的。以人的才力十分计算，闲僻偏远地方，事务简单而思虑有余，以官吏的才力来说，五分在上，五分在下，其一半还是用于百姓；事务稍繁的地方，十分精神，七分用于侍奉上司，用于百姓的仅十分之三而已；事务更为繁杂的地方，九分都要用于上司，能够用到百姓的仅十分之一。而为人上的官员，又以爱憎喜怒评价、升黜他的下属，如此的话，即便是那些倜傥洒脱、才华卓绝的人，也肯定不能以十分之一的精力来事上，而以十分之九用于百姓。为什么？是势所驱使啊。就拿荆门来说，这里本来山厚土沃，百姓富足，食山泽之利，民至老死都未到过城市。过去隶属荆州时，在所属州县中最为殷富，至嘉靖十年改隶承天府，浩大工程频繁而起，征收赋役，百计叠出。荆门的地理位置，又处在湖广承天府、河南邓州、四川入蜀、陕西汉中的孔道，冠盖往来，项背相望，知州每天迎来送往，奔走救过不及，稍不如意，即被罢斥，哪有时间治理民事？民风也随之愈加狡狯，骛为一切苟免，连自身温饱都成问题。财不足则争，信不足则伪，恰好为大奸所利用。黄君能在这样的地方为官三年，治理有效，百姓安宁，虽不违逆上司，也没在百姓中留下骂名，因此声望日隆，升任大府，可以想见，你在这三年间，既为政务所劳累，又为心力所憔悴，这是很难得的啊。开封府相比荆门，事务更繁，同知是府的二把手，是尊秩；开封又是省会所在，诸多劳心劳力的事务汇集于此。秩尊，上司对你的要求也更重；劳瘁，百姓寄望行实政得实惠也愈难。黄君能保证以十分之一的精力事上官，而以十分之九尽力于民吗？如果人趋亦趋，人骤亦骤，天下就不会看重官员士大夫了。你即将赶赴新任，走向人生的又一程，我没有别的话赠别。

与许多柄国宰相一样，张居正也以自己未曾做过地方官为仕途缺憾。他在家乡养病期间，透过官风政情对荆州兴衰的影响，深刻认识到吏治的极端重要性。他概括这一时期社会有两大公害：一是奸民阻挠政令，伺机滋事，这是民蠹；二是贵家豪族干涉地方事务，这是权蝎。嘉靖三十年，曾在礼部任职的袁祖唐出任荆州知府。本来，荆州所幸没有这二害，但仍号称难治，张居正总结有两大原因。一是宗室岁禄有增无减，号称贫困的有数十百人之多，他们每日出入官府，喧呼横索，地方官想尽办法应其所求，无奈民力有限，经常无法满足，如此他们就喧呼丑诋。知府每日与这些人酬接不暇，又何暇治民事？二是守库藏的书吏与各王府中的士卒厮隶深相结纳，因缘为奸，无弊不生，无恶不作，因此风气日下，政风日坏。袁祖唐到任后，暗中查访平时欺罔多端的多名吏人，以及与他们勾结为奸的十几个人，全部治罪，王府的人来说情，也不留一点情面。中国人有"法从贵近始"，百姓才有遵守的习惯。果然，王府的人都不敢为非作歹，经过三年，荆州大治。袁祖唐也将进京考绩，极可能升任要职。张居正对这位袁知府恋恋不舍，因为他担心接任者不能像他那样公明勤职。在人治的社会，承受政策反复之害的最终还是百姓。张居正颇为惋惜地发问：袁公不会抛弃荆州的百姓，但天子一定会酬劳他治理的效果和能力，吏部也会提拔他以表率天下，那样的话，即便袁公不想离开荆州恐怕也办不到。他由此总结出一条重要的经验：为政之道，仁必久而后治，功必久而后成。

汉朝郡县长官治理地方有成效而受百姓爱戴的，朝廷赐玺书褒美，逐渐提高他们的品级，不经常更易。故后代言及吏治纯美，都称赞两汉。张居正认为，大明开国之初，府县长官任职时间久的也长达十几年，像何文渊、刘德等人由知府而升九卿，重其任而责其成，故当时良吏辈出，治理也近于往古。这些都是距今数十年的事情。看来，恢复祖宗的旧制，久任贤良以兴治理，这正是现在祈望天子所做的事情。

张居正还回顾他在京城为官的一种普遍现象，即看重京官而轻视外吏，尤其是吏部、礼部的官员，最受朝廷优崇，升迁得也最快，他们不愿出外做官，即便做外官，也一定先选择一个容易治理的地方去赴任。袁祖唐中进士后，在翰林院任职，因清望素著，出任荆州知府，许多人都说他选择了一个不好治理的地方，但他不为所动，因为他明白气愈平而政愈精。

于臣子而言，不挑选地方难易而受任，这是其职分所在；但根据他们所在地方的劳逸繁简而定考核殿最，这是国家激励臣子应有的治道。就以现在实行的府县及其迁转之法来看，全然不考虑地方的难易、政事的繁简，而仅凭资格定升迁。知府治理一个郡，九年期满称职且治理有效，才能升一级为按察副使，即使有卓绝异能，殚精竭虑，也不能破格任用。而那些在简僻地方任职的人，悠闲清净，纵然没有他长也能积日累岁，擢升按察副使。结果就是劳逸没有等差，这样又岂能激劝人心？！方今吏治颓靡，民俗疲弊，必须稍变今法，重视府县长官的选拔。而要重视府县，必须让那些能治理繁剧、劳苦功多的官员得到更高的位置和更好的待遇，并以此作为天下的倡导。张居正送别袁知府时，对他说：你即将得到重用，以上正是我所希望的。[1]

袁祖唐确实是干练的官员。他回京前，在公余之暇查考府志，访问遗老，搜集了大明开国以来历任荆州知府、同知、通判、推官等官员的任职时间，勒石以传永久。[2]张居正从不放弃嘉惠桑梓的机会，经常能从一件普通的事上，总结出一个带有哲理性的命题。他发现，在荆州府的历任官员中，固然不乏贤能有为者，有人甚至出任卿相，显名当世，遗惠后人，至今赞颂不绝；更多的人只有姓名，而考察其成就，却无一事可以称述，这固然与他们的作为有关，但也与时代风气的变化息息相关。

他听里中父老讲，成化、弘治年间，吏治民俗已大不如前。当时明朝有天下近百年，道化深远，风气纯古，上下都欲休息而行无为之政。荆州作为楚中大府，户口蕃殖，狱讼希简，百姓各安乡里，亲爱官长。长吏出行旌麾前导，社中少年小儿群聚一起，游嬉车侧，不知躲避，可见风俗纯正如此。

知府以下官员大多八九年一换，即使没有奇才异能，只要因袭故常，按部就班，也会被称为贤能。因为当时治理相对容易。后来醇正风气渐渐浇漓，治官的法网也越来越密。其间有三大变化：第一变是宗藩繁盛，封王开府的多达十几个，他们执掌大权，扰乱行政，而法律又不能加于其身；第二变是田赋不均，贫民失业，百姓苦于兼并；第三变是外来的侨户与本地人杂居，狡伪权诡，风俗坏于苟且偷安。故此时官员要取得治绩，勉为其难。如此看来，地方治理的难易繁简，不是能否取得治绩的主要原因，而风俗习惯逐渐颓靡不振，又潜移默化影响到一个地方的治理成效。

他感慨道：明兴至今，也仅仅一百九十年，而变化如此之快，又焉能知道继此以往，风俗的改变将会连同今天的流俗也被厌弃，或者回到以前敦厚笃实愈加简易的状态，或者愈变而愈甚，以至于不知其最终会走向哪里。

我们之所以不厌其烦地记述张居正乡居前后对吏治的考察和体认，是因为这是张居正对改革的认识基础。他是对自己有极高期许的人。上文所说的这个"来者"不是别人，正是从荆州走出的内阁大臣张居正。

十六年后的隆庆五年二月初七，穆宗御文华殿开日讲。当天，以会试天下士，命大学士张居正、吏部左侍郎吕调阳为考试官。明朝的科举考试分为乡试、会试、殿试。乡试在八月，故称秋闱。会试在二月，故称春闱。两闱通常都在初九、十二日、十五日三天举行。自弘治朝起，主考官二人，一人是大学士，一人是翰林院掌院学士。主考官是地位的象征，他还有一项重要的职责，即写出会试程策*。会试的第三场考试是

---

* 会试程策：会试是比乡试高一级的科举考试制度，因士子会集京师参加考试故名。又因考试在春季，由礼部主持，亦称"春闱""礼闱"。录取者称"贡士"，第一名称"会元"。明代每三年举行一次。定于辰、戌、丑、未年的二月初九、十二日、十五日分三场进行。凡乡试录取的举人皆可应试。取录名额，至成化十一年（1475）后约有三百名。明初取士，不分南北，洪熙元年（1425）定取士之额，南人十分之六，北人十分之四。宣德、正统间曾分南、北、中三卷，数额也时有变通。"程策"是指科举考试时用作示范的文章。会试程策是用作会试考试所作的范文。

策问，以儒家经义政事、治道设题，要求考生据此做出切实的回答，以见其治国安邦的独特见解和方法，表示为国家录取有用人才。而主考官所作的程文具有示范意义，也代表国家关注的问题所在。

这一年是辛未年，张居正作了三篇程文。第二篇更像一份改革的动员令、宣言书，是张居正改革思想的集中体现，也是他对明朝制度运行得失的高度总结。他在策问中率先提出"法先王"还是"法后王"的问题。这是一个久远的对儒家很有影响的命题。所谓"法先王"，是指孔子、孟子等人对上古时代尧舜禹汤等"先王"的德政非常推崇，认为后代必须遵循、效法他们的做法，国家兴革大事情，都要从"先王"那里找到根据。"法后王"由荀子提出，他认为古今一理，先王的礼乐制度代代相传，"法后王"也即效法"今王"的做法，也是"先王"的遗迹。荀子的学生韩非子提出，"治世不一道，便国不法古"，认为应该根据具体形势制定国家政策，对"以先王之政，治当世之民"的"法先王"之说并不赞同。

张居正提出，法不可以轻变，也不可以苟因，关键要落在求实上，也就是否有实用价值。针对孟子"法先王"和荀子"法后王"这二位大儒截然不同的结论，张居正的答案是"法后王"，但他提出"法制无常，近民为要；古今异势，便俗为宜"的鲜明观点，他跳出二位大儒设定的"先后"局限，而把"法"是否近民、便俗作为应否遵守与变革的标准，而之所以要"法后王"，是因为百姓耳习闻而目睹久，官员也对此熟悉，因而"道之而易从，令之而易喻"。

明朝是张居正论述的重心，也是全篇立论的依据。他提出，明初制度"取之近代者十九，稽之往古者十一"，这也是何以"法后王"的根据所在。他提出，善于"法后王"的，莫如太祖朱元璋，而三代以来法制之善，未有过于明朝。既然明朝制度如此兼善并济，为什么还要变法改革？张居正提出，大明王朝运行至今仅二百余年，并非制度不善，而是执行制度的人出了四大病症，即积习颓靡、纪纲不振、议论乱政、名实不核。在张居正看来，这种沁入骨髓血液里的症状如果不祛除，即便日更制而月易令，也没有益处！ ³

张居正的辛未会试程文，与他于嘉靖二十八年所上的《论时政疏》、隆庆二年所上的《陈六事疏》相比，既有承继与延伸，也有发展与新见，而以承继《陈六事疏》为多。庶官旷职、吏治因循是《论时政疏》提出的；而程文提出的四大病症，恰是《陈六事疏》前面的四项。发展与新见体现在改革的策略和方法上，即通过重申并重振明太祖、太宗时期的祖制家法，从而走出"苟因"与"轻变"的改革陷阱，进而达到天下大治的目标。

这里隐含的潜台词，相信当时伏案疾书的士子们一定读得明白：程文提倡实行严治、上治、法治，而像过去那样众人一起吹竽，不分勤廉与惰腐是不允许的，具体实施手段就是考成法。张居正后来用得最多的词是"人心玩愒已久"，因为他清楚，没有强力的矫正制度是无法让这些蔓延全国的政风发生根本转变的。也正因如此，他不是具体与哪个个体为敌，他要改变的是官僚机体以及附着于上的大大小小、数以万计的官员队伍。

但历史仿佛与张居正开了个大玩笑。他作为主考官的辛未科，取中邓以赞等四百人为进士，这也是明朝少有的录取最多的一科。在张居正的心里，他一定认为这将是日后支持他改革的重要力量。但事与愿违，他不会想到，恰是他的这一科门生对他念兹在兹的改革攻击最为猛烈，也最为集中。古代把师列为五伦，在张居正的心里，来自门生的攻击无异以刃割心，他受到的伤害是深层的。

这一时期，张居正还系统研究了周秦以来的制度，提出古制有两次大变革，一次是秦朝，一次是明朝，而这两次变革都是历史进步的必然过程，也是一个新的周期的开始。

他认为秦朝创制立法，至今守之以为利，他也认同《史记》中关于秦朝统一天下，得圣人之威的大论断，认为秦始皇如果有贤子，守其法而益振之，积至数十年，即便有一百个刘邦、项羽也不足以撼动一统江山；秦始皇的不幸在于，扶苏仁懦，胡亥幼稚愚昧，内奸窃发，六国余孽尚在，因天下之怨而以秦为靶子，于是才有二代而亡。假令扶苏不死，继立后必取始皇之法而纷更，以求回到三代的旧规，国家也必定会灭亡。后世俗儒只见扶苏谏"焚书坑儒"，就认为他必定是贤君，而不知乱秦者，正是扶苏。与绝大多数"俗儒"不同，张居正认为西汉之治，简严近古，实赖秦朝为之驱除，而贡禹、薛宣、韦贤、匡衡这些人仍然拾取周朝礼制的糟粕，用到汉元帝、成帝国家衰弱的时期，这是不达世变的做法。由此他认定，改革的工具一定是法，而不是礼。其后历汉唐至宋，礼制败坏又达极致，天下日趋于矫伪，宋朝达到颓靡的顶峰。其势必变为元，取先王之礼制，一举而荡灭，而独治之以简，这是历史进入第二个周期，即"复古之会"的重大契机。但元朝没有把握好这一契机，因而明朝承继元朝之后，国家之治简严质朴，实在是借助元朝而驱除。而近时迂腐之流却沿袭晚宋之弊习，而妄议我祖宗创建大明时的制度、措施，这是不识治理之道的俗儒。

他提出明太祖定天下，治国之道主要在于威强，前代繁文苛礼、乱政弊习一概扫除殆尽，他所扫除夷灭，秦法也没有达到如此之严，这是由混沌再开辟的第二个关键时期。懿文太子仁柔，建文帝误用齐泰、黄子澄这些人，踵衰宋的陋习，每日所做的是把太祖皇帝的制度约束，变乱纷更，也是秦朝扶苏之类，建文不早自败，也必亡国。幸赖成祖神武，起而振之，其后的皇帝皆以刚明英断，总揽乾纲，独运威福，兢兢业业守太祖之法，不敢失坠，故人心大定，而势有常尊。到世宗即位，承正德群奸乱政之后，又用威以振之，国家神气为之再扬。

在对古制演变研究的基础上，张居正进而探究古代何以出现治乱兴衰的"周期率"，以及如何避免这个"周期率"。他说天下之势最令人忧虑的是一成不变，如果大乱之势已成，想要变而为治，将会异常艰难。而天下大乱绝非一日形成，这是一个累积的过程，但一定会从在上者失其道、民心散于下开始，随后贪官污吏及其虐政又从而驱迫之，于是，那些不逞之徒乘间而起，堤防一决，即便有大智慧的人也将无可奈何。因此，负有责任的人首要的职责是要早辨识其几，而预图潜消乱萌。如果已经出现乱萌，在上者必须有人为此承担责任，引咎罪己，同时拯救疲困的百姓，诛杀贪婪官吏，使天下人心不至于离散。数年之后，根本渐固，人心渐安，不逞之徒或能解散。但一旦到这个时候，国家的元气已十损八九。

他的结论是："故势之未成，中材可以保国；势之既成，智者不能措意。"他不赞成贾谊所说的，假使子缨有庸主之才，仅得中佐，山东虽乱，秦之地可全而有。张居正认为，天下怨秦久矣，当此之时，虽有伊尹、吕尚，又有什么用呢！

在治乱循环的过程中，把握、判断国势进而采取政策措施又异常重要。国势强大，有何举动都会收到良好的效果；国势弱小，任何举措都会造成伤害。故君子执掌国政，务强其根本，振其纪纲，厚集而拊循之，勿使有衅。如有不虞，乘其微细立即扑灭，哪怕花费巨额也在所不惜，因为一旦滋蔓，就难以制服了。高明的执政者不能等待走下坡路的时候再采取措施，那就太晚了。

以上论述，据整理张居正遗稿的张懋修称，这是其父张居正生前用行书所写，以为字法。也就是说，这些文字是张居正经过深思熟虑而后写成的，体现了他对历史、对国家、对王朝演进的规律性认识和判断，也是他柄国后实行改革的重要历史依据。

张居正想重振大明，而挽回颓靡的政风，走出晚宋那样的衰败之局，是他柄国后首先要破解的难题。万历皇帝九岁即位，张居正要抓住这千载难逢的机会，他反复用"英君御极，百度维新"来形容时下，期待开启一个新的时代。

张居正是历代政治家中对中国古代制度研究最深入的一位。他的改革思想源于他对历史大势的把握，更是基于他对当时的明朝走向衰败的判断和改革迫切性的关照。他说人心久则难变，法之推行，不可虑始，即使有不便于人者，彼久而习之，长而安焉，亦自无不宜。三代只有商代规模法度最为整肃，成汤、伊尹创造基业，其后圣贤之君六七位，故国势常强，纣王虽然无道，而周取之甚难。以文武周公之圣，历经三代方得帖然顺服，因为天下归殷久矣。

最后他提出："本朝立国规模，大略似商，周以下远不及也。"而那些迂腐的士大夫不通达时代的变化，动辄称美三代，以非议我朝太祖、成祖的法令，这都是宋朝时奸臣卖国的余习，老儒臭腐的迂谈，必不可用。[4]

以考成法修实政

万历元年，张居正与后来出任山东巡抚的李世达推心置腹地谈及他柄国后的作为和想法，大意说：

明兴二百余年，人都乐于因循，事情趋于败坏；近年以来，习尚尤为颓靡，致使是非毁誉纷纷无所归究。更可恨的是，事情还没有做起来，议论便像蜇人的蜂子一样一波接着一波，因而国家的事情也就难以收到实际的效果。现在皇上年幼，不能躬亲大政，正是需要我们做臣子的振作起来的时机。我拥戴幼主，立于天下臣民之上，如果不加整顿，对几十年积累的沉痼旧习痛下猛药，国家都会日趋隳下，以后再想振作兴举就办不到了。故我出任首辅以来，以强公室、杜私门、省议论、核名实作为政务的依循。期待数年之后，举纲维而归之于皇上，我乞骨还山。今人每见我所推行的事情横加指责，时乎时乎，难以再得，我又岂能为他们而停止行动！ [5]

万历元年十一月，张居正在全国推行考成法，并作为牵引改革全程的一把钥匙。他提出：

天下之事，不难于立法，而难于法之必行；不难于听言，而难于言之必效。若询事而不考其终，兴事而不加屡省，上无综核之明，人怀苟且之念，虽使尧舜为君，禹皋为佐，亦恐难以底绩而有成也。 [6]

帝制的特点是"公文主义"，国家机器的运转主要依靠自上而下的公文，它几乎耗尽了所有的行政资源。张居正说，近年章奏繁多，各衙门题奏议复殆无虚日，但实际效果甚微。言官提出某一建议，经过批准后，通过驿递传到四方，仿佛言官责任已经尽到，至于建议是否有俾于治理，是无须为此负责的。中央各部大臣想要革除某一弊端，朝廷批准后也通过颁发文件，经驿递传到四方，如此，似乎部院大臣的责任已经尽到，至于弊端是否真的革除，也不用负责。这种公文旅行，从来不看实际效果，即使是皇帝颁发的谕旨，再三强调必须"著实举行"，或者明确交监察机构进行监督，但最后也得不到落实。这正如一句谚语所说：姑口顽而妇耳顽。今天从政的人大多如此。皇帝就像婆婆一样，无论把话说得多么严厉，甚至嘴都磨出茧子，儿媳妇装聋作哑根本不当回事。张居正这句谚语生动形象，皇帝每天不停地颁发圣旨，地方大吏却视其为具文，根本没人去认真落实。

有了考成法，官员就不能混吹了，每个人都有自己的责任。这实际是通过限期核实官员所做的事项，实行结果问责制，目的是把所有官员的精力集中到干实事、修实政上来。具体操作分为三个步骤。

一是建立台账制度，即实行"清单管理"，凡六部、都察院遇各章奏，或"题奉明旨"或"复奏钦依"，转行该衙门，俱先酌量道里远近，事情缓急，立定程期，置立文簿存照，每月终注销。除通行章奏不必查考者，照常开具手本外，需要其他衙门"转行复勘、提问议处、催督查核等项"，另造文册二本，各自注明紧关略节及原立程限，一本送稽查本衙署事项的六科，用于核查后注销，没有依限落实的要由六科进行参劾，一本送内阁查考。

二是确定以六科为稽查事项的循环制度。六科照文册内所开列前项事情，逐一附簿候查，下月陆续完销，通行注簿，每于上下半年缴本，按类稽查簿内开列事件，有无违限、未销。如有停阁稽迟，即开列具题，候旨下各衙门诘问，责令据状核对事实。次年春、夏季终缴本，仍通查上年未完，如有规避重情，指实参奏。秋、冬二季，亦照此行。又明年仍复挨查，必俟完销乃已。

三是形成由中央部院核查地方巡抚、巡按，六科核查中央部院，内阁核查六科的闭环稽查责任体制。若该抚、按官，奉行事理，有稽迟延阁者，该部举劾；各部、院注销文册，有容隐欺蔽者，科臣举劾；六科缴本具奏，有容隐欺蔽者，内阁举劾。如此，月有考，岁有稽，不但使声必中实，事可责成，而参验综核之法严，即建言立法者，亦将虑其终之罔效，而不敢不慎其始。

考成法加大了内阁的权力。传统政治制度的精髓是建立以宰相为中心的行政运转体制，宰相统领百官，总理万事，号令天下，六部长官都是他的下属。更重要的是，宰相是千挑万选出来的，而天子是世袭的，世袭的天子无法保证每一代都是贤能的仁君，而宰相弥补了天子不必贤的重大制度缺陷。朱元璋废除丞相后，天子之子一旦出现不贤，也就没有弥补的制度了。再者，皇帝直接管六部，身兼宰相之职，这就使得皇帝分身乏术，即便日理万机也仍然吃不消。明朝不乏不靠谱的皇帝，追究起来，这个责任要由朱元璋来承担。六部的地位得到提升，尚书是二品大员，但与地方仍处于平行的地位，而内阁更没有对中央六部、地方巡抚和巡按直接发布命令的权力，而且直到明朝覆亡内阁都没有印信，大学士的职衔仅是正五品，内阁向部院发文要借用翰林院的银印。正如叶向高所说，内阁大臣虚冒宰相名目，除票拟外毫无事权，宰相实际是六部长官。晚明思想家王夫之批评六部事权散乱，这个体制糟糕透顶。

张居正是局中人，他对内阁体制的尴尬感受更深。隆庆元年入阁时他排在末位，但他按照古代宰相的体制把九卿作为属官，坐着召见他们，九卿对他也很忌惮。通过考成法，张居正成为总负责人。

在明朝政治体制的设计中，行政与监察互不交叉，行使权力的行政机构必须接受监察机构的监察。高拱以内阁大臣管吏部事，这就打破了内阁与部权架构的平衡，因而用另一阁臣赵贞吉兼管都察院，就是为了维系权力架构的平衡，也意味着高拱的权力要受到制约。

实行考成法以前，主持考课的是吏部和都察院。现在形成了以内阁稽查六科，六科稽查六部、都察院，六部、都察院稽查巡抚、巡按，巡抚、巡按稽查府县的全新体制。说到底，内阁在考成法实行过程中，处于最高领导地位。

内阁拥有最高监察权，还含有压缩六科的建言权，让他们少说空话、对朝政少发议论的意涵。这也是张居正后来一再招致反对的原因，他去世后更有钳制言路一条罪状。

为了"法出有据"，张居正引用了《大明会典》关于"六科"的职责规定，又引用《现行事例》，以此说明"稽查章奏，自是祖宗成宪"，只是因为岁久因循，视为故事罢了。

张居正的考成法经过皇帝批准，以国家正式文件下发。万历帝说：

> 卿等说的是。事不考成，何有底绩？这所奏都依议行。其节年未完事件，系紧要的，著该部另立期限，责令完销。若不系钱粮紧要，及年远难完的，明白奏请开除，毋费文移烦扰。[7]

这是说，考成法颁布以前的未完成的紧要事项也要追责，纳入考成法之列。

张居正做事缜密，体现在所有事情上。考成法这件开局大事他斟酌很久，出台的时间他拿捏得也很准。此时距离高拱罢官已经一年多，王大臣案结案也有半年以上。虽然这些恩怨纠葛让人一时难以释怀，但毕竟朝政要翻开新的篇章。道理很简单，如果没有吏部、兵部、都察院等这些职能机构的配合，考成法也就无从落实。帝制时代，"治人"与"治法"从来不是对立的两极，高明的政治家总能在二者之间求得最大的平衡，最终才有"善治"。

吏部尚书的更迭恰好发生在考成法出台前的一个多月。

万历元年九月，六十三岁的南京工部尚书张瀚得了一场病，多日不起。他是赵贞吉的同年进士，考虑自己年事已高，早在家乡浙江仁和建了一处临湖的别墅，正准备抱病而归时，却做了一个奇怪的梦，他梦见自己到了北京后奉旨传宣，在两位穿着朝服的上公引领下来到御前，皇上站起来，手中拿着三个册子，上面各题二字：一个册子上写着"惩治"，一个册子上写着"进贤"，还有一个册子上写着"安民"，张瀚正要叩头，梦醒了。

明朝中叶以来，缙绅士大夫喜欢谈怪力乱神。张瀚虽然也偶尔谈些奇异之事，但他显然是个现实的人，他的梦境随即成真。因吏部尚书杨博久病不愈，多次乞休允准。杨博历事三朝，在朝中威望很高，劝高拱释怨徐阶，又力劝张居正将王大臣案归结，不牵害高拱，是朝中屹立如山的正人。王世贞说，杨博再任吏部，"猁劲进而事已少变矣，国典亦有所出入。公力持之，所划培第各取其尤者，而人人自砥改"[8]。王世贞为杨博任吏部尚书时的奏疏写序时，杨博、张居正都健在，尽管用词很委婉，但还是说出了二人的分歧，并讥讽张居正急躁刚劲，所谓"猁劲进"一句，是指张居正任首辅后的作为，对国家原来的做法有所改变。"划"是铲除之意，"培"是扶植之意。张居正想通过考察官员等整饬吏治，杨博与他有不同意见。实际二人关系很好。杨博次年去世，享年六十六岁；朝廷赐祭葬，赠太傅，谥襄毅，荫一子中书舍人，可谓生荣死哀。在家守丧的杨俊民托内阁学士张四维，请张居正写墓志铭。张居正回想起过去向杨博请益，与杨博成为忘年知交，乃至后来共事的时光，写了一篇极富感情的长文，称赞杨博是大人：

公在本兵（部）久，又遍历诸镇，躬履戎行，练习边事。

余每从公问今中国所以制御夷狄之策，及九塞险易，将士能否，公悉为余道所以，如指诸掌。故自余在政府，所措画边事，盖得之公为多。[9]

张居正在此提出，世有大人、伟人之区分，按照"才美标格"评价，似乎大人不如伟人，而从"阅深奥衍，不言而信，不怒而威，使人望而归之，世以为众父，为蓍龟，则大人之与伟人，大有径庭矣。余观公在朝廷，则朝廷重；在边鄙，则边鄙重。国有大政，议者盈廷，或日中不决，公才出数语，众已称善。排大难，批大节，应手而释，恢恢尚有余力"。回想杨博在嘉靖朝难以作为时的作为后，张居正说，"万、隆之间，老成凋谢，唯公岿然如鲁灵光，为海内所倚"，杨博实当大人之称。[10]

吏部尚书一职有朝中第一官之誉，古称"太宰"。杨博致仕后，万历派内侍到内阁传旨说："吏部是要紧官，宜慎重选择。"命推公正的二三人，吏部以都察院都御史葛守礼、工部尚书朱衡及南京工部尚书张瀚名上。张居正对这三个人都非常了解，他要找一位推行改革的配合者。葛守礼遇事有见地，从不参与内阁之间的斗争，为人正派，不肯附和迎合，隆庆时上疏反对一条鞭法，张居正评价他是正派人，但缺少变通。朱衡不赞成改革。张居正出任首辅后，曾对朱衡说："我被顾命，辅佐皇帝，责任至重，公有什么规劝的话？"朱衡说："主上冲龄即位，今当务之急在于调护圣躬，爱养百姓，如其振作，请等他日。"张居正辩解说："公有所不知，皇上把国家大事托付给我，不敢因循姑息上负圣明，而且人心玩愒已久，修明法制，正是保护生民，二者并不悖谬！"说完，悻悻而去。

当日，张居正侍万历帝于文华殿，经筵结束后，他手持部疏当面请皇上点用，万历帝问三人谁可，张居正历言三人为官履历甚详，万历帝曰："葛守礼固然是正派端人，但年近衰老。"说到朱衡，则有贬词，接着又问："用张瀚何如？"张居正顿首曰："皇上得之矣，张瀚品格甚高，文学政事兼长，实堪此任，且出其不意，拔之疏远之中，彼之图报，必当万倍恒情矣。"遂用张瀚为吏部尚书。葛守礼仍任都御史。

张瀚是浙江仁和人。祖父从一张织机开始，经过多年经营，后来成为丝织业的大户。张瀚比张居正年长十五岁，嘉靖十四年进士，是张居正的前辈。

考成法颁布后，兵部尚书谭纶坚定支持张居正。兵部随即上奏，行查未完本部事件立限奏报，仍置青册二本，送内阁及本（兵）科，案候注销，如辅臣张居正所请。有兵部做表率，其他各部院全都凛凛效仿。谭纶与张居正关系好，几乎是公开的秘密。凡不便直接攻击张居正的，多把矛头指向谭纶，对他吹毛求疵的弹劾一直没有停止。

一次，御史景嵩等人参劾谭纶陪皇上祭朝日坛，咳嗽之声连连不已，且面色憔瘦，精神消索，说一个连祀事都不能如仪的人，又岂能做兵部尚书。万历帝说："咳嗽小疾容易痊愈，兵部尚书难于得人。"吏部看了就问，景嵩等要用何人，会同吏科推举来看。此时吏部尚书还是杨博，他正直敢为，说国家进退大臣当处以礼，如果因为一嗽之故就勒令致仕，不但不近人情，而且有失国体。御史景嵩等回称，纠劾谭纶并没有要举用他人之意。万历说，咳嗽小失，何至去一大臣，如果用舍予夺不由朝廷，朕将何以治天下？遂降给事中雒遵、御史景嵩和韩必显三级为布政司照磨，谭纶仅罚俸一月。

万历二年六月，是考成法实施的第一个半年"考成期"，因考成日期以文到衙署起算，有些衙门暗中抵制，以未领到文为由，变相拒绝参加考成法。关键时刻还是谭纶支持，规定凡是无人领取的公文一律转送兵部，随到随发；领文数多及距京近省，或每季或半年由兵部行文清查，速行回报，并严格落实候代迟违责任，归于前任官员。张居正也与很多地方官员打招呼，告诫他们考成一事前奉明旨，督责甚严，希望一一如期完报，如有势不能完者，不妨明奏改限。

万历三年正月，是考成法全面实行的第一个年度考核期，经查核，各省巡抚、巡按名下未完事件涉及五十四人，未完事项共有二百七十三件。其中，凤阳巡抚王宗沐、巡按张更化，广东巡抚张守约，浙江巡按萧廪，都因未完数多夺俸三月。明朝巡抚虽列副都御史衔，但实际是地方最高行政长官，权力很大，在总督未设的一些省份，巡抚还兼有军事职能。巡按代天子出巡，大事奏裁，小事立断，是派驻地方的最高监察官。

考成法第一年度，多位抚、按受到惩罚，这表明了张居正的决心和态度。罚俸虽属行政处罚的最低级，但明朝俸禄自古最低，且定于洪武年间，二百年不变，因此罚俸对官员收入的实际影响很大；而他们被公开曝光，对官员有很大的警示和震慑效果。如此一来，又有反对的声音。南京户科给事中余懋学，疏陈五事，第一件就是质疑考成法，说政严则苛，法密则扰，希望陛下持大体而略繁文，矜微瑕而宥小眚，不要经常颁布切责谕旨，政令不能专尚刻核。张居正清楚这是针对他而来，遂以谕旨切责余懋学阴坏朝政，将其革职为民，永不叙用。

此后，又于万历三年七月、万历四年七月、万历五年正月、万历六年正月四次稽查抚按名下未完事件，共涉及巡抚、巡按二百六十五人，未完事共有六百二十五件。未完事多者被罚俸，少者免于处罚。惩罚最多也是最严厉的一次是万历九年，因丈田迟缓，松江、池州、安庆等知府被革职，查处不称职的中央官员共计二百六十四人。而在考成法实行的八九年间，超过六百名中央和地方抚按官员受到戒饬、罚俸、降级、革职等行政处分，督办限期未完事件超过上千件。

在考成法执行过程中，争议最大的是将钱粮征收完成分数由原来的六分、七分称职提高到九分。提高完成分数使得国库充实，这是积极的效果。万历六年正月，户科给事中石应岳等言，自实行考成法后，数十年废弛丛积之政，渐次修举。万历九年四月，张居正说，近年以来，正赋不亏，府库充实，皆以考成法行，征解如期之故。但考成法如同一把锋利的剑悬在地方官头上，抚按等官员担心受到降职、罚俸等处分，于是不分缓急，一概严行追征，弄得百姓不得安生。对此，反对的声音很强烈，张居正也进行了调整。他去世后，张学颜上奏说，嘉靖末年太仓银不满五六十万，自张居正实行考成法以后，将二三十年积欠严行清理催督，故今太仓所储比嘉隆年间虽稍有积余，然抚按因此罚俸，有司因此降斥，小民因此空竭。自万历七年之后，旧欠无复可追，太仓渐以告匮，年复一年，入愈少而出愈多。

一项政策总是利弊参半。明末史学家谈迁肯定地说，江陵立考成法，作为国家治理的根本，过去那些因循顽贪的官员全都抖擞精神，精气十足地做事，一以功实作为升降标准，即便万里以外，朝下旨而夕奉行，中外官员好像经过淬火磨砺一样，不再得过且过，官场风气、官员作风为之一变。

考成法的"组合拳"效应

在实行考成法的过程中，张居正提出，安静宜民者才是最好的官，他们应该得到提拔。为此，他把考成法与久任制度、严格考察、惩贪奖廉结合起来，形成一个组合拳，共同发力。

张居正提出，官员迁转太快，官如传舍，人去政息，百姓也不信服，虽对防范利益固结有积极作用，但弊大于利。万历二年四月，给事中张楚城请实行久任之法，提出今后知县历俸六年升取知府，知州历俸六年乃升迁，对其他地方官的任职升迁也要求久任。吏部对此赞成，并把它扩展到地方所有衙门一体遵守。地方官六年迁转，相当于两任，从此布政使、按察使、府县官员得以从容展布，其才能也能体现到对地方的治理中。

张居正出任首辅后，提出严格考课，以与考成法相得益彰。明朝的考课又称为考核，可分为常规任职考核与考察两大类。前者又称考满、考绩，由吏部和都察院共同负责，吏部考功司具体主持。它规定内外官任职九年间，要接受三次常规考核：满三年称"初考"，考核合格者给由*，未考及不称职不给由；六年称"再考"；九年俸满，称"通考"。考绩分为三等：称职、平常、不称职。但官员级别越高，考核越流于形式。京官四品以上三年初考、六年再考时不停俸、不考核，直接引见到皇帝前奏请复职，九年通考也由皇帝裁定。地方总督、巡抚三年初考、六年再考，只需行文吏部，九年考满也取决于皇帝。只有中下级官员，考核相对认真。

与考核相比，考察又称"大计"，对吏治影响更大，具体又分为京察、外察。京察六年一次，外察三年一次。考察内容称为"八目"，又称"八法"，即贪、酷、浮躁、不及、老、病、疲（罢）、不谨。处置结果分为四等：年老有疾者致仕；疲软无为、素行不谨者冠带闲住；才力

---

* 给由：凡官员候升或候选时，其原属上司衙门，应将其履历及是否受有处分等情况，具结行文咨送吏部。

不及者斟酌对品改调或降调；贪酷并在逃者革职，回原籍为民。为严肃吏治，或者执政者有特别需要，经常打破既定的考察时限，称为闰察，即加考。

高拱罢官十天后，即隆庆六年六月二十七日，张居正以简汰众职、图新治理为由，通过皇帝谕旨，命两京四品以上文武官，以及各总督巡抚官等，俱自陈去留，取自上裁，五品以下文职，由两京吏部、都察院会官考察，科道拾遗。吏部尚书杨博对此不完全赞成，理由是隆庆在位六年，共举行了五次考课，不称职的官员罢除殆尽，此次如果拘泥旧例，不但善类有伤，殊非清明之治。但张居正想通过这次考察，把高拱的人清除出朝。考察结果，将吏部员外郎穆文熙，都给事中宋之韩、程文等三十三员罢黜，吏部主事许孚远、御史李纯朴、杜化中，左右给事中涂梦桂等五十三员降调外任。其中，依附高拱的人清除殆尽。在科道拾遗环节，又有十几位中外高官被罚调任、致仕、闲住等。

随后，张居正又代皇帝拟一道敕谕，于七月十六日早朝时，由吏部召集所有在京文武官员，在午门宣谕施行。戒谕类似打招呼，是对官员的训勉，在历数近岁来士习不纯，官方败坏，使朝廷之威福成为人臣酬报之资等种种问题后，说朕本想大事芟除，姑且将太甚者罢黜，也只是薄示戒惩，其余应该处置的都给改正机会。要求以后恪尽职守，大臣有正色立朝之风，小臣当砥砺廉隅，有退食自公之节。如果沉溺故常，坚守涂辙，我祖宗宪典甚严，朕不敢赦。

经过考察、戒谕，朝政风气焕然一新。张居正高兴地说，数月以来，人心稍觉归正，士大夫始知有名节操行之可贵，自兹以往，日慎一日，庶几升平可致。但澄清吏治是长期的过程，张居正不错过每一个重要时机。按照洪武年间定例，辰、戌、丑、未年为外官朝觐之期，朝觐结束后，由吏部会同都察院考察，又称朝觐考察。万历二年是甲戌年，恰逢朝觐考察年。此时张瀚刚刚到任，正值朝觐考察，各省藩臬郡守鳞集阙下，他与葛守礼二人对每一个人都极为认真地考核。张居正援引太祖皇帝每遇地方官来京奏事，常召见赐食，廉能爱民者，特差行人赍敕奖励的故事，他奏请万历帝召见廉能官员。

正月十八日，万历在会极门（又名左顺门，清初改为协和门）召见考察第一的河南布政使吴文华、浙江左布政使谢鹏举等二十五员卓异官，万历帝亲发玉音，谕称："尔等都是好官，回去传谕各官，为朕爱养百姓。"面加奖励后，在午门赐宴，仍各赏银两、表里钞锭。而贪残贾某等十八人，全部下诏狱问罪。据时任吏部尚书的张瀚说，大小臣工，一时鼓舞，实肃清朝政之一大机也。

吴文华是福建连江人，嘉靖三十五年进士，他办事从不推诿，敢于承担，忠于职守。回任后张居正写信勉励他说，公以卓行清望为天下举首，自此海内多良吏矣。只是百姓穷困，赋重差繁，邦本之虞，日夕在念。希望公加意百姓是望。万历三年九月，吴文华在应天府尹短暂任职后，升任广西巡抚，成为开府一方的封疆大吏，在任期间很有政绩。而谢鹏举于一个多月后升任浙江巡抚。当时倭患有死灰复燃之势，浙江人对此任命不以为然，都说："谢公非用武才，恐不能了此事。"张居正顶住压力，不时给谢鹏举撑腰打气，他反驳说："我不这样认为，谢公性格沉毅，做事有远虑，倭贼不足为患。"同时提醒谢鹏举，浙江多年已无倭患，现在卷土重来，肯定有勾引的奸人，而且地方安恬很久，骤然动起干戈，未必能成功应对，希望以忠义相激励，以赏罚相鼓舞，全力重创，使倭寇不敢再窥我疆土，我等待你凯旋的消息。谢鹏举果然不负所托，很快平定倭乱，升任户部侍郎。

地方官的考察年被称为京官的"收租年"。自冬季到春天，京城酒肆店馆处处笙歌曼舞，俨然权钱交易场所。万历四年十一月，张居正以仕路难清，贪风未止，令都察院五城御史缉事衙门，凡朝觐考察官有派人来京预图打点的，访拿以闻，同时禁止在京各官参加宴会，以此风示四方，如果沉湎纵肆，不守官箴，参劾重治。

户科都给事中光懋上奏说，根据查参，征收税赋未完六分降级的官员，山东有十七员，河南有二员，未完八分应革职的，山东有二员，河南有九员，从这二省可以推知其他省的情况。现在马上到入觐考察之期，百官鳞集，户部应遍问各省藩司等所掌钱谷数目，一一核对，这不但对惩处玩忽职守、鼓励精勤有力，而且对国家税收也有裨益。他请求户部先期督责所属各司，分查各省情况，造报册札，与在户部分数比对，逐名咨送吏部，照例降黜，不待日后移文，这样可以起到人心益知惩创的效果。户部尚书殷正茂议复说，各省地里辽阔，查催需要时间，往往经年累月才能完成，各抚按官身临其地，由他们查催，既易于遍及，且将查催权交给他们也是一种鼓舞，应听其严催完报，近者半年以上，远者一年以上，如果不报，不但司府州县官要受降罚，而抚按官也难脱怠缓之责。

张居正采取折中的方案，令催征降罚按照户部所议执行，仍多刻书册散与来朝官，使知遵守，以后部科仍严加核参，不得姑息。由于严查进京打点和严格征税考绩，万历五年正月朝觐考察史称最严。布政使邹光祚等八十三人分别被罢斥、降调、致仕，而贪酷者即交巡按、按察使司提问，并严厉追赃。

吏部尚书张瀚与都御史陈瓒考核认真负责。有一个典史过堂，其长官在他的名下标署"耳聋"二字，按例应该闲住。张瀚问他："汝有何疾病？"答："无疾。"又询问其履历，应答如流。张瀚与陈瓒商量："他虽然是个品级很低的官，但部院也不能轻易罢黜，以蹈不公不明之罪。"陈瓒称是。张瀚对典史说："部院留你了。"典史叩首而去。还有一个典史曾任给事中，因建言迁谪，也随众叩首阶下。张瀚观察其才品可以大用，即擢升司理，不久晋升金宪，后升福建学政。

张居正把考课作为奖廉惩贪的重要抓手。他经常与山东巡抚李世达等人就吏治交流意见。万历三年九月，他对李世达说：治理国家的关键在于安民；欲百姓之安，责任主要在府县守令。现在吏治不清，是因为滥用权力阻挠法令的豪强势力从中作梗。今朝廷上下正在振举纲维，精核吏治，就是要彰显雷霆之威。我自任首辅以来，昼作夜思，寝不寐，食不甘，忧国家之事已经三年，但吏治仍没有根本改观，你负有地方之责，希望担当有为。

一年后的十月二十三日，李世达参劾昌邑知县孙鸣凤平日赃私狼藉，巧取百方，还升任了都察院经历一职，将离任时，又盗取县库银六百多两藏在私宅里，管库吏役发现后，守在他的私宅外面号哭，孙鸣凤不得已，半夜时暗中将银子还库。及行至道上，仍索要长夫折干银两，并强行搜要吏役的路费，每个吏卒交二两银子才出关。万历帝御览奏疏，龙颜大怒，派中官到内阁，传命张居正等人将其抓捕。张居正对曰："像孙鸣凤这样的贪官，固然应该尽法处治，但按照旧例，凡是有犯法的官员要全交刑部议罪，复请后由抚按提问。"万历得报，气愤难解。第二天，御文华殿讲读，课一结束，他既气愤又觉得可笑，对张居正说："在税关强令吏卒交银，这与强盗有什么两样？！"张居正回答说："今皇上励精图治，臣等仰体德意，以节俭率百僚，法度也稍振举，只是贪风未止。若要天下太平，须安百姓；欲安百姓，须官不要钱。"万历帝说："先生说得是。昨览其疏，此人乃进士出身，何其无耻如此？"张居正说："此人正自恃进士出身，故敢如此放肆，如果是举人、岁贡（生员中选出），必有所畏忌，也就不敢如此了。今后皇上用人，唯当考其功与能，不必问其资格。如果奉法守分，不肯要钱，就是异途下僚也应当擢升显要职位；如果贪赃坏法，不守官常，即使是高第贵要也应该重重惩处。"万历帝称善。对李世达举荐的州县佐贰官杨果、赵岐等人，张居正将他们即升知县。

澄清吏治牵涉面很广，既要治标也要治本。张居正、张瀚都意识到必须改变官员出身重甲科而轻乙科（举人）、岁贡的做法。早在嘉靖三十七年，也就是汪道昆出任襄阳知府的第三年，请进士同年张居正写科第题名记，张居正借题发挥，提出国家科举制度的问题，即便有管仲、萧何那样的人才也无以进达，因为所有用人都通过科举考试，襄阳是楚中大郡，二百多年才有一百一十人中举。而观察国家兴衰强弱，就看有没有人才，而人才也不以数量多寡论，得人才，一二人重于千百，否则千百人轻于一二人。国初多途并举，制科不过一百多人，但英贤辈出，现在全以科第为网，士子争趋却鱼龙混杂，考其功实，大不相称。国家以人才缺乏为患，一再增加名额，甚至穷乡僻壤也用科举士为吏，求之愈多人才愈缺少，为什么？取华美之悦目不如摘果实可以充口腹。而人才之污隆由于风俗，而风俗也赖人才以成。只有名实相符，才是真人才。

万历三年六月，张瀚题奏，吏治好坏关系民生休戚，而吏治好坏在于抚按举劾能不能真正发挥效用。本来无论地方官员贤能大小，抚按 都可以举荐、褒扬；对贪酷者，六品以下可以直接拿问，权力不可谓不重。但多年来形成的因循作风，抚按官不愿切实行使举劾权；同时更拘于资格，贪酷有司并不执行直接拿问之例。他们共同的做法是，姑且留任以待朝廷复命，这使得贪官在革职之前仍然鱼肉百姓，此举无异于不忍一官之罢黜，而忍一方百姓遭受水火。更可恨的是，从参劾到审理，时间非数月至半年所不能，中间有善于弥缝的，以及以事营求的，往往不乏脱身事外成为漏网之人。至于荐举的数量，多重进士而轻视举人、岁贡。州县正印官及其佐贰乃亲民之官，现在正官十人之中，进士出身的仅有二人，而举人、岁贡有十分之八；佐贰官员中，岁贡出身的占十分之五。统算下来，天下亲民官一半以上来自岁贡，但他们却极少得到升迁，全都以穷途无用被轻弃，他们岂能有上进之心，人人自以为是当官末路，都以积囊橐为身家之计！如此要吏治清明，父母官爱惜百姓，又岂能办到？！今后应该大破常格，凡是贪酷显著的直接拿问，招拟明白，然后题请发落，不必纷纷渎奏；如果只是小误，不碍官常，也要曲加戒谕，令其省改，不得辄注劣考，阻其自新之路。至于举荐疏中，只当考其贤能，不必问其资格，不得先尽甲科，遗漏举贡。即使是纳粟吏员等项，如果有才能超卓的也允许奏补佐贰，如此才能惩劝明而吏治兴。张瀚的建议得到张居正的极力支持，经皇帝批准实施。

万历四年七月，张居正依据《尚书》"民惟邦本，本固邦宁"的经典训诫向万历帝提出，要想安民，必须在府县官上着力，现在虽然不乏勤修职守的郡县长官，但虚文应付，不求实际，每天奔走在上司之前求其荐举，且盘剥百姓膏脂以行贿上官的，以及苟且草率者仍大有人在。而实心爱民，视官事如家事，视百姓如子弟的实在不多。明年春天，又届外官考察之期，一举一措，乃天下向背所系，请敕吏部，令其预先虚心访核，各有司官贤否，唯以安静宜民者为最，其沿袭旧套、虚文矫饰的，虽浮誉素隆也列下考。抚按官以此核定属官贤否，吏部以此甄别抚按之品流，朝廷以此观吏部之藻鉴。如果抚按官不能悉心甄别，而以旧套了事，则抚按官为不称职，吏部宜秉公裁汰、罢黜；如果吏部不能悉心精核，而以旧套了事，则吏部为不称职，朝廷宜秉公更换。只有这样，有司不敢以虚伪蒙上，而实惠及于百姓。万历帝对此大加肯定，当天就向吏、户二部降谕旨，重申张居正所奏之意。

张居正与张瀚、陈瓒合力严考课、肃贪残的做法，也一再遭到抵制。南京的言官更是成为掣肘朝政的中心。张瀚出任吏部尚书，本来就举朝大骇，到任后又配合张居正整肃吏治政风，于是多次遭到参劾。万历二年十一月，京察届期，御史郑准参劾张瀚不公不慎，张瀚奏辩乞休，张居正再三挽留，并给南京都察院都御史赵锦写信，烦请他转告那些挑事的人，说言官对尚书张瀚群起而攻之，使之多年所积累的才能不获一展；又如都御史葛守礼，近来南中也有找他嫌隙者。我听说有一二位大臣觊觎尚书、都御史的职位而不得，遂在南中播弄是非，听到的人不知真假就纷纷奏言。烦劳你与这些人讲明我的态度。

张居正还大力裁撤不必要的职位。仅万历九年一年，京官裁撤四百一十九人，外官裁撤九百零二人，罢黜的官吏接近两千人。总计万历前十年，罢黜、裁撤、闲住等官员多达数千人。裁撤官员在官员总数中的占比高达百分之二三十。吏治政风明显转好。

广东是张居正非常关注的地方。这一地方海盗力量最强，战事一直不断，张居正认为这是吏治不清的结果。万历即位时，殷正茂以两广总督兼广东巡抚，张居正对他非常信任，说宋儒议论繁多，文法牵制，不能用磊落奇伟之士，致使有大韬略的人不能尽展才能，现在必须破除文法，赋予地方权力。由于殷正茂多次受到攻击，一再求去，张居正再三劝阻，还告诉他，我去年曾面奏皇上说："今南北督抚诸臣，都是臣所选用，能为国家尽忠任事的人，皇上应该信任，不要听浮言苛求他们，使不得展布。"皇上深以为然。故自殷公当事以来，一切许以便宜从事，虽诋毁你的话每日都有，而对你的信任却愈加坚定。而我所以敢冒犯众人且在所不顾，也是倚仗皇上的信任。皇上信任我，故亦信任殷公，这样的情况下，殷公现在要求辞去官职，是因为没有获得皇上的信任，还是因为与执掌国政的我不和呢？我猜想，二者都没有，而仅仅是因为畏忌攻击你的人之口，希望殷公不要再坚辞。

张居正得知张守约与殷正茂关系素好，就选其为广东巡抚，还写信嘱咐说，殷正茂督广数年，劳苦而功高，但广中士大夫亦有不悦者。听说公与他素雅亲善，希望你们同心共济，一心安定地方，以免朝廷南顾之忧。

万历三年，殷正茂调任兵部尚书。张居正先后选定凌云翼、刘尧海接任两广总督，以保持政策稳定。而吏治仍是张居正关注的重点。万历七年，他与刘尧海详细讨论吏治，说地方大吏任用不严，交际太多，费用太大，这都是嘉靖、隆庆以来的积习，各省大都是这样，而广东最甚。自鄙人柄国以至于今，拒绝两广诸公的馈送何止万金？！如果只是照常领纳，也可作富家翁了。这类钱物不从百姓身上搜刮，又哪里拿得到？你说澄清吏治贵在清其本源，诚为要论。但积习之弊，也有难以改变的。一方之本在抚按，天下之本在政府。我当事以来，私宅不见一客，非公事不通私书，门巷安静，如同僧舍。虽亲戚故旧，交际常礼，一切摒绝。这是四方之人共见共闻，并非矫饰伪装。我屡次以皇上口吻拟定严旨，奖廉惩贪，也是想以身率众，共成廉洁正直之风，而终不可易，是因为馈送礼物的人未尝绝迹，钻刺之徒未尝完全堵塞。我有时想，自己每日粗茶淡饭只是苦了自己，对澄清吏治有什么裨益呢？即便如此，我也不敢因为人心难以化导，就懈怠以身作则之心。早夜检点，唯一恐惧的，是正己格物之道有所未尽，也希望刘公同此一心，坚持雅操，如有玩冥不率，重惩不贷。至于中伤、诋毁、排挤你的，朝廷自有公论，你不必顾虑。

张居正对万历初年的澄清吏治，有个自我总结：今数年之间，官吏奉法循职，庶务修举，贤者得以效其功能，不肖者也免于罪戾，不蹈刑辟，其所成就者不知有多少，安全者又有多少！

于万历五年中进士的名士冯梦祯，因反对张居正夺情被赋闲在家十余年，后来出任国子监祭酒，他在张居正去世二十年后，对吏部尚书张瀚与历经万历朝三十多年内阁纷争的张居正做了颇为公允的评价：

余初入仕，张公（瀚）方在铨衡（吏部尚书）。其年九月，长星出而夺情事作。自张公归而继居铨衡者六七公，贤者不久，久者不贤，士论益思公不已。近世柄臣无如江陵（张居正）专，而公在铨衡五年，称最久，然能举其职不废。江陵公虽晚节不终，而丁丑（万历五年）以前，颇能虚己毕公之用，居然贤相已。余因论张公而思江陵，识世变存公评云。[11]

整饬士林风气

明太祖朱元璋一再强调："治国之要，教化为先；教化之道，学校为本。"在先民的传统中，排在四民之首的士是农、工、商的表率，而庞大的官员队伍是通过学校选拔出来的。今日之士乃明日之官。士如官之源，源不清则流浊。张居正在家乡养病前后，就对那些以讲学为名阴行己私的沽名钓誉之辈极为藐视，说今天谈学的人都是为利而已，沽名之见不除，虽苦心至白首，最终只是成就一个有名望的人，却做不成圣贤。

张居正对士林风气给国家带来的弊害认识得最早，也最深刻。早在嘉靖三十年，其房师*吴维岳出任山东学政，张居正在赠序时回顾近二十多年士风的变化说：居正少年见很多学政大人，称赞某人之文曰"某人也，文也，他日将是节士"，后果然是节操之士。"某人也，文也，他日将为才卿。"后果然为才卿。当时士子所阅读的不出篇章之间，而最终归于实用，好比执持左券以待合，无不对应一样。再看今天士子为学，含英咀华，选词吐艳，大概人人都能，而究其实际，则或言行不一，或行为事业前后完全不同，这难道是过去学者出自内心，而今天学者辩于口才吗？他概括今天士大夫有两类不良风气，一是"嫫质而嫱饰，则饰者眩；华椟而葆石，则贾者嗤"。"嫫"是指嫫母，传说她是黄帝的妃子，容貌丑陋而有德行，深得黄帝宠爱。"嫱"原指宫女，这里是指王昭君。她本来貌美如花，却因过于装饰自己而掩盖了天生丽质。"华椟"是华丽的珠宝盒，原文引用《韩非子》华椟而还珠宝的故事，说一个卖珠宝的人把装珠宝的木匣装饰得异常华丽，以至于郑国有人花了高价买木匣，而把珠宝退给卖主。葆通"宝"，这是出自《太平御览》所引的一则故事，说宋国有个愚人，在梧台之东得到一块燕石，以为至宝，归而藏之，后来拿到市场去卖，为商人嗤笑。以上是说，世人往往为外表所迷惑，而忽略其内在的本质。张居正以此质问那些哗众取宠又好高骛远的求学之人。二是"攘窃者，剽文之宄也；挹波者，塞源之篑也"。是说士大夫剽窃古人，自以为是，只做表面文章，而毫无解决国家社会问题的能力。他的结论是，士大夫为这些所熏染，文章作得虽比春天的花朵还要绚丽，但并无益处！"欲兴复古学，以新士业，唯在抑浮端习哉。"[12]

张居正讲的是嘉靖中期的士风，正是讲学之风最盛时，后来士风愈下。张居正对此忧心忡忡，但又无力改变。出任柄国首辅后，他把整饬士林风气，作为改革的重要一环。

万历三年五月，内阁来了两位特别的客人：南直隶提学御史褚鈇、浙江提学佥事乔因阜，二人是专程赴京会商学官敕谕的事情。明朝外派官员都发给敕书，上面登列其职责。张居正把先朝以来有关提学官的旧稿检出，他发现国家对其他各类官员都有敕谕，唯独提学官敕谕下开载具体条款，且规定极为严密。他由此想到，近年士风败坏到极点，根子出在提学不能履职。为此他于初三日向万历帝上《请申旧章饬学政以振兴人才疏》，从而拉开整顿学校、士风的大幕。

他提出，养士之本在学较，而学校能否担负起培养人才的重任，则在于学官。现在"士习日敝，民伪日滋。以驰骛奔趋为良图，以剽窃渔猎为捷径。居常则德业无称，从仕则功能鲜效。祖宗专官造士之意，骎以沦失，几具员耳"。去年特敕吏部，提学官有不称职的，奏请改黜，现在将近一年也未见改黜一人，因为积习日久，冷面难施，浮言可畏，"故宁抗朝廷之明诏，而不敢挂流俗之谤议；宁坏公家之法纪，而不敢违私门之请托。盖今之从政者，大抵皆然，又不独学校一事而已"。他随即查阅嘉靖初年，曾将天下提学官通行考察改黜，又裁汰生员，不许附学生员超过廪膳生员、增广生员的数额。为此他将旧稿再加酌拟，附上近日题准事例，逐款开列合行事宜，共十八条，经皇帝批准后颁行全国，要求抚按官以此核定提学官是否称职，部院以此定其进退，认为这是振兴人才的一大契机，并令吏、礼二部，以后务必慎重学官之选，各现任提学官全部更换颁给新敕，以便遵守。他认为，如此十年之后，人才不可胜用。万历帝以所奏深切时弊，命将所开条件一一备载敕内，着实遵行，有仍前违怠旷职的，吏部、都察院要指实考察奏黜，不许徇情

容隐。¹³

明朝建立了非常庞大的学校系统，官学系统以南北国子监为最高学府，又称国学、太学。明初因选拔人才的需要，国子监规模庞大，洪武二十六年（1393），监生人数达到八千一百多，永乐二十年（1422），仅南京国子监就有监生九千九百多人。祭酒、司业是国子监正官，一般以众望所归的名儒来担任。除国学外，还在全国府州县设立学校。宣德十年（1435），又在全国卫所设立儒学。一时间，各地教官达四千二百多人。在校生不下十万人。正统元年（1436）开始，各省设按察副使或佥事一人，南北直隶委监察御史一人为提学官，各赐敕谕十八条，称为提学宪臣，简称提学使。他们独立于行政系统之外，独立行使职责，督抚等不得干预。为加强对学校的管理，仅洪武时期，在国子监四次颁布监规，同时颁布禁例于天下，命府州县学将其刻成卧碑，安放在学校明伦堂之侧，永为遵守。但洪武十八年（1385）以后，科举制度逐步成为选官的主要来源，即所谓正途，国子监生可参加应天府乡试，实际把监生地位降至与府州县生员同等的地位，近万名监生都不得不走上科举的独木桥。国子监地位的急遽下降，特别是生员基数的急遽扩张，使科举中士的比例极大减少，仕途之路异常狭窄的学校各类学生（低等的占绝大多数），把学校视为索取馆谷、逃避徭役的所在，而更有一部分人专门与政府对立，讽议朝政，俨然舆论的中心。

张居正开载颁发的十八条，虽参考以前的敕谕规条，但多有改变，整体更加严厉，故影响甚大。第一条：不许别创书院，群聚徒党，及号召他方游食无行之徒，空谈废业，因而启奔竞之门，开请托之路。违者，提学御史听吏部、都察院考察奏黜，提学按察司官听巡按御史劾奏，游士人等许各抚按衙门访拿解发。这一条不但禁止开办书院，而且私人讲学也被严格禁止，并为后来的禁毁书院预留空间。

第八条规定，廪膳生员、增广生员的数额，大府不得过二十人，大州县不得过十五人，如地方乏才，即四五名也不少。第十二条规定，生员考试不谙文理者，廪膳十年以上，发附近去处充吏，六年以上，发本处充吏。增广生员十年以上，发本处充吏，六年以上罢黜为民。这一条使得廪生、增生的进取之路（考举人、岁贡）更窄，也更规范，促使其回到本业上来。第十六条规定，考试举人，每取举人一名，参加科举者三十名，此外不许过多一名；两京入国子监就读的学生，也按照解额照数起送，有多送一名者，各监试官径行裁革，不许入场。[14]

这几条规定，对大府州县影响甚大，特别是文化发达的江南，士子生员数额大大缩减。由于各省举人数额固定，三年一试，而生员每年全国超过一万以上，且像滚雪球一样数量越来越多，使得考取举人非常困难。按照三十比一的录取比例，越是文化发达的大府县越难中举。而举人名额固定，参加乡试的生员也相对固定，致使很多人根本没有机会参加乡试。

按照顾炎武的估计，明朝有生员五十万人，而三年一次乡试，全国取中举人三四千人。因此，更多无望中举的生员只有一条路，即补廪。廪膳生是生员中的最高层次，因享有廪禄，又有固定的号舍以供肄业，是身份的象征。廪生由地方财政负担，因而名额有限制，宣德时有三万多。考取也极难，只有岁科两试列一等一、二名的才能补廪，甚至一、二名也补不上。一般生员补廪，要经过十年左右时间。从廪生到出贡，更有漫长的路要走。而贡生很少有机会出任州县正官，能出任佐贰的只有一部分，更多的则担任教职，或者杂职。贡生想要出仕，还要经过四考，即廷考、国子监考、吏部考，最后廷再考。增广生员简称"增生"，名额也固定，在补廪上更有优势。

万历五年四月，张居正还就举人任教职作为升任知县的捷径进行改革。他说先年担任教职的举人，多授府州县训导，近来一概授学正、教谕，再无任训导的，不及三年即升知县，因此举人以就教职为升任知县的捷径，不复坐监，使得祖宗造士作人之意不存，今将考取上卷、中卷十名以前，俱授州学正，中卷二百名前俱授县学教谕，其余俱授府州县训导，现缺不足，听候选除，毋得回籍。万历七年，张居正还对各省提督学道的权限予以调整，因为学道管辖道里辽远，难以每年对生员进行考试，而想以此进入仕途的往往以督学不岁考为借口，以至于儒童没有上进的阶梯。张居正在他的家乡湖广，把偏远的十一个县划出去，不但为督学省去涉历远方之劳，而其他地方也得以从容校阅，干进者也没有了借口。至于所割郡县，都是人才稀少的地方，交给分道带管。

新法是对学校、士风、士子的全面整顿，这也是张居正备受攻击的所在。他对忘年之交、原工部尚书雷礼说，我见嘉靖、隆庆以来，纪纲颓废，法度陵夷，渐渐染上宋元的弊习，想一举而振发整饬，但因此遭受群小的嫉恨，流言多得不可胜数。对那些批评他不喜讲学的诬枉之词他辩护说，今人说我不喜讲学，实在是对我的最大诬妄。我今日辅佐皇上，哪有一语一事与尧舜周孔之道相违背的！只是我所推行的都必须身体力行，因此令那些虚谈的人无所遁容，不久前请名儒耿定向出任福建巡抚，也是想借此验证他所学的是否实学，不知能否与我的期望相符。

谈迁一向对张居正改革肯定有加，但对减少学额等办法，也不无惋惜地说：

> 江陵综核名实，力矫凤玩。千虑一失，在汰郡县诸生。彼万室之邑，弦诵相闻，仅录其一。青青子衿，遂贾怨于天下，谓媢嫉之尤，三尺之孺亦交口詈之矣。宰相能树人，亦

何惜一芹，为此曹子资诟耶。[15]

张居正因身处北京，他能直接控制、打压反对改革者，而对南京常有鞭长莫及之感。屠羲英是嘉靖三十五年进士，曾任浙江学政，万历五年以南京太常寺卿，管南京国子监祭酒事。张居正希望他整饬学风，担当有为，对他殷殷至嘱，大意说：聚徒讲学的人，大者摇撼朝廷，爽乱名实，小者匿蔽丑秽，趋利逃名。嘉靖、隆庆之间，国家深受其祸，至今犹有余殃。提督学政，务必遵奉皇上敕谕，以培养士子为职守。我希望现在的学者以脚踏实地为功，以崇尚本质为行，以遵守成宪为准，以诚心顺上为忠。毋以前辈为不足学而轻事诋毁；毋相与造为虚谈，逞其胸臆，以挠上之法也。

张居正遍读百家书，尤切于实用。所引"其嗌言若哇"一句，出自《庄子·大宗师》篇，原意是说：言语吞吐，喉头好像受到阻碍一样。张居正借用此句，是指人失去自然的本性而不和谐。"虾蟆禅"是佛教禅宗语，谓虾蟆唯解一跳，不解他术，比喻一知半解。

在张居正的鼓励下，屠羲英很想有一番振作，但也因此得罪士林，多次受到参劾。万历五年十一月，科道官纠拾，屠羲英在列，张居正将其他人降级、调外任，令屠羲英留用。次年二月，南京给事中王蔚参劾屠羲英作为学官，有亏师范。屠羲英回籍听用。祭酒一职由许国出任。张居正希望许国坚持前任好的做法，说南中士习败坏已久，过去屠羲英锐意振刷，措施好像有些急迫，但他的本意是好的。你承继其后，补苴润色，加以素望先声，自有不动而变者。如有事干典制的，或须向朝廷题请，其余的都是祭酒的职权范围。方今急务，唯在正人心、明学术，使人知尊君亲上之义，至于科条规划，可因者因之，不必烦琐苛扰。

陕西提学副使李维桢与张居正是世交，也因严格整饬士习、改书院而受到攻击，他向张居正反映情况，诉说心中委屈。张居正为他撑腰打气，说："有人说你太严，但如果不严，岂能矫正颓坏的纪纲而正士习！世俗之所非议，我却深喜，希望你坚持下去。"后来在全国禁毁书院，李维桢查改陕西书院并没收其田粮，再次遭到士人的反对和攻击，但他不恤人言，张居正对此极为欣慰，说这种做法如同斩草除根，将来才不能翻覆，如果评价全国学政，我必举公为首。随即，部评时将李维桢列为卓异，张居正说这是实至名归，不久将召公回京城，并说自己爱贤之心实出至诚，对于担当有为的，如果不倾力保护，做事的人岂能安心！

张居正不畏浮言，不怕担当骂名。他要求各省提学官有所作为。万历八年，他对南京提督李学政提出要求，李学政表态他一定秉公执法，张居正大为称赞，说：

> 欲称厥职，但力行此四字足矣。至于浮言私议，人情必不能免。虽然，不容何病？不容，然后见君子！不毅弃家忘躯，以徇国家之事，而议者犹或非之，然不毅持之愈力，略少回，故得少有建立。得失毁誉关头，若打不破，天下事无一可为者。[16]

瞿九思之狱与何心隐之死

万历三年新规颁布不久，发生在张居正家乡的一件事引起轩然大波。当年征粮时，黄梅知县张维翰因违例科派，激起百姓围殴，因带头闹事的是瞿九思的近族，张维翰请极有名望的举人瞿九思平息事端，遭到拒绝后，诬称民众闹事是瞿九思挑唆。八月，湖广巡按向程得知情弊后，参劾张维翰，应坐赃罢黜。按照程序，案件由吏部核拟，尚书张瀚却把巡按的劾文驳回，理由是县令统辖一县，阖境都是他的部民，律例森严，谁能欺侮，瞿九思悬牌聚众，截围拥殴，非清平之世所宜有，且以近日江陵生员辱骂知县，生员革戍，知县行取为例，说巡按御史向程独参张维翰以快仇人，御史所议非是，应重新拟定瞿九思之罪，而将张维翰调往别处。万历四年二月，瞿九思以殴伤本县知县张维翰拟戍，生员周谷等人黜革，张维翰改调。万历帝命将张维翰罢官。

瞿九思，字睿夫，出身名门。父亲瞿晟是嘉靖三十二年进士，曾任户部主事，后赴江西吉安为官，江西是征漕省份，他到任后厘正征粮用的斗具，使得吏胥不能为奸，受到百姓称赞。因徐阶举荐，升任户部郎中。不久因得罪严嵩，贬官广平知府，当时广平闹灾荒，他捐出俸禄开垦农田，深得民众爱戴。后经兵部尚书杨博举荐，升任太仆寺卿，未到任而卒。瞿九思早年丧母，自幼就跟从在外为官的父亲，在吉安时，从著名理学家罗洪先问学，后随父到广平，十二岁考取生员，回到家乡黄梅后，于十五岁作《定志论》，抨击严嵩当政，并建议父亲乞休回乡。以此在湖广很有才名。其父说他"剽刻人物，其言大过"，后又从同郡耿定向游，学益大进。父亲去世后，遍访名儒，罗汝芳、胡直等都曾指导过他。以此盛名自负。主讲白鹿洞、濂溪、岳麓、石鼓等天下著名书院。万历元年乡试中举。这一科，张居正长子张敬修也考中举人，故二人属乡试同年。

瞿九思这次以倡乱罪名，在武昌监狱被关押近三年之久。万历五年初，判处流刑，遣发到居庸塞下，他携时年仅十三岁的长子瞿甲及幼子瞿罕徒步北上，途经京城时，在友人的帮助下，击登闻鼓鸣冤，瞿甲写辩书数千言，向张居正及朝廷要人为父讼冤。恰好春闱发榜不久，考中进士的屠隆、冯梦祯等人逗留未归，也觉得瞿九思冤屈，遂出手相救。屠隆前往瞿九思父子住地看望，并赋诗以赠，其中有"卢龙浩荡秋烟生，风吹九边哀角鸣"之句，还写作《讼瞿睿夫讼冤书》遍告中外；冯梦祯也写信给湖广官员为其鸣冤。案件报请皇帝后，瞿九思暂未遣发。不久京师戒严，瞿九思逃到京城西约百里的窦德庄，寄居在一个姓高的大户人家，改易陈姓，开馆授徒，或谈八股制义文，或谈文章辞赋，或谈经国大业。

万历六年，张居正回乡葬父，其子张敬修向父亲详细诉说瞿九思之狱是因才高名盛，为人所忌，实属冤枉。张居正因夺情之事，受到朝野攻击，加之身心交瘁，未能即时处理此案。转眼到了万历八年，张居正地位稳固，他给湖广布政使冯叔吉写信：黄州问革举人瞿九思，是长小儿（长子张敬修）乡试的同年，素以才高为乡曲所忌妒，以致网罗其罪陷于狱中，实际并非他的罪，希望你斟酌宽宥。随即又给湖广巡抚王之垣写信，说瞿九思最初以众殴父母官，为向程巡按劾奏，问发口外为民，当时行法之初，我见其情重，遂遵从所拟，后来得知他为乡曲所忌妒，坐以重罪，实是诬枉。并且，他是瞿宪副（按察副使）之子，文学甚优，其子也有奇童之称。母老子少，身当远涉，我听闻后觉得很可惜；他有申疏辩，我得知司法官员阅览后都知道他是冤枉的，也想要减轻处罚，巡按御史朱君也将允诺为他减刑，但事关巡抚、巡按两院会商才能实行。你认为这件事是奉旨定案，难于翻案，而我以为如果确实冤枉，应该按照疏辩开豁，我也不敢固执前旨，致令天下有冤民，希望你与巡按一同协商，审慎处理。

在张居正的亲自过问下，瞿九思于一年后获释。回到家乡后，多次被举荐，但他绝意仕途。在滞留京师及窦德庄的数年间，他有感于河患、北虏等困扰国家的问题，经常骑一头驴（有时乘坐他人的马车）搜集各种材料，特别是搜集了当时的许多邸报，后来写成著名的《万历武功录》。

在斡旋瞿九思一案的同时，在家乡湖广还有另一件大案牵涉张居正，即何心隐之死。此案还牵涉李贽、耿定向等不少名流，成为晚明一大公案。作为柄国的内阁首辅，为何与一介书生过意不去，乃至取人性命？是为朝廷执法还是个人恩怨？诸书所记是否可靠？这是不是一桩污名张居正的奇案？

何心隐，本名梁汝元，字柱乾，江西吉安人，嘉靖二十五年，乡试考中解元，即第一名。因仰慕泰州学派王艮的良知说，于是他放弃科名，师事王艮的再传弟子颜钧。据说，颜钧收徒有个特别条件，必先打三拳而后受拜。但何心隐后来知悉颜钧有不义之事，颇以从师为悔。一天，趁颜钧淫于村妇，等其出来，向他打了三拳，迫使颜钧回拜，遂除去弟子名。当时王阳明心学风靡全国，举世为之癫狂。阁臣徐阶曾请颜钧在灵济宫大讲良知学。

何心隐出身吉安永丰大族，家资累万金，族众数千指。他按照《大学》先齐家的遗训，建造了一所很大的萃和堂，把全族人聚集在一起居住，由他管理一族之政，凡在族谱上的子姓也由他来督课，徭役赋税也集体缴纳。

有一年，县令下来督征，何心隐与之理论抗缴，事情闹到吉安，他被逮捕拟罪发遣。时任浙直总督胡宗宪，手下有个幕僚是湖广孝感人，姓程，也习颜钧良知学，他游说幕主胡宗宪给江西巡抚何迁写了一道文书，何心隐得以逃脱，而后来到胡宗宪幕府。时隔一年有余，胡宗宪与之相处一段，说："此人虽没有具体用处，但有他在身边，能令人神王。""神王"大概是精神充实的意思。嘉靖三十九年，程某在礼部任职，何心隐也随他一起到了京城。因官司在身，何心隐不敢公开露面，连家乡人都避而不见，但与泰州学派的重要人物罗汝芳过从甚密。耿定向当时在都察院任职，与罗汝芳交往较多，在罗汝芳的住处经常见到何心隐。此时张居正在国子监任司业。有一次，耿定向拉上几人到城东僧舍会晤。耿定向、何心隐南面而坐，张居正、耿定理、大兴知县吴哲与北面而坐。张居正虽与何心隐是第一次见面，但从耿定向那里知道这是一个很有个性的人。耿定向让二人品评对方。何心隐俯首凝睇，斜着眼睛对张居正说："张君居太学，知《大学》之道吗？"张居正对何心隐的狂妄早有耳闻，但当众被羞辱很不自在，也不屑回答他，游目而慑之说："尔意时时欲飞，只是飞不起来啊。"说完拂袖而去。二人不欢而散，何心隐若有所失，好半天才缓过神来，对耿氏兄弟说："此人，我目所及不多见，异日必当国，杀我者必此人也。我们讲学之所应移到别处，不然，当北面拜他为师矣。"

如果仅仅因为一次不愉快，年轻气盛，也没有什么大不了。但后来传闻严嵩父子倒台，何心隐出了大力——通过箕巫密计倒严阁老就出自他，而追随他的门徒夸大其词，四处张扬此事，一时受到屈抑、罢黜的人争相请何心隐出谋划策，他的身边也聚集了一些江湖中人，有的还与朝中要人扯上关系。何心隐之祸，即酿于此。他有个学生姓董，犯事被捕，巡城御史要他交代何心隐的住处，董某爱护老师，直到被杖毙也没有供出。何心隐不久逃到闽粤地区，游走江湖，放言高论。他的门徒吕光交游蛮中，以兵法教其酋长。

万历五年，湖广巡抚陈瑞听闻何心隐有狂举，想要抓捕，耿定向写信说，何心隐只是学人中的另类，并无不法之事。但耿定向为何心隐说情的事却被人利用，有人在张居正面前说："陈巡抚抓捕何某人，即将得，乃因耿某请托，得到庇护。"耿定向也知道有人在张居正面前说他的坏话，担心陈瑞还要抓捕，又致信陈瑞，劝他不要阿从政府的意旨，致使背上骂名。陈瑞更为恐慌，急令抓捕。但当年年底，王之垣代陈瑞出任湖广巡抚，因新官接任，他不清楚何心隐案的始末，于是给时任福建巡抚的耿定向写信询问，耿定向把写给陈瑞的信抄给他，并请工部尚书李幼滋缓办此案。李幼滋回信说："政府身边的人且借此构陷耿公，你莫非要从井中救人吗？"王之垣不听。万历七年，新店把总朱心学在祁门将何心隐抓获；随即马不停蹄将其押解到江西，又由江西押到南安，最后到湖广武昌，楬榜通衢，列其罪状。湖广派人到京城密报张居正。张居正说："此事何须来问，轻则决罚，重则发遣而已。"及差人出内阁门时，李幼滋对湖广派来的人说："这是江陵的本意，只是不愿让人知道出自他。"不久，何心隐死于武昌监狱。

何心隐是否有罪？其罪是否该杀？万历八年正月，《实录》有这样一条记载：先是，江西永丰人梁汝元（何心隐），聚徒讲学，讥议朝政，吉水人罗巽也与他交游，梁汝元扬言江陵首辅专制朝政，他定要入京发动驱逐江陵的活动，此事为江陵所知，他把自己的意思透露给湖广地方官，令其把梁汝元缉拿。地方官承其风旨将梁汝元毙死狱中。不久，在湖广与贵州交界地方，破获妖人曾光等造作妖语、煽惑土司的案件，于是把梁汝元、罗巽的姓名插入妖案中，并给梁汝元假用"玉知子"的名号，罗巽假用"纯一真人"的名号，说他们惯习天文遁甲诸书，打算彗星出现时共谋不轨。但因梁汝元已先死，罗巽随后毙命，这件案子也就不了了之了，湖广巡抚只把爰书向朝廷奏报，经法司审讯，包括曾光在内，都没有犯妖的事实，最后只好根据法律将其发遣。

《实录》第一次记载，大概是何心隐死去的时间，当时张居正还在位。张居正去世后，在"倒张"风潮最盛的万历十一年十一月，礼科给事中王士性参劾应天巡抚郭思极，从前任湖广巡按时，因讲学士人何心隐倡言张居正不为父服丧，有失儒家义理，将何心隐毙之狱中，应予罢斥。吏部议复说，郭思极巡抚应天，人称其善，宜令照旧供职，经万历帝允准。又过了一年多，御史赵崇善上疏说，现在积冤未申的还有一件事，即湖广巡抚王之垣将何心隐致死。据他说，他任婺源知县时，王之垣差官带领兵快到祁门将何心隐抓获，并很快将其杖毙。经他询问士大夫，都说何心隐早年与张居正讲学，曾直言规劝其过失，以此触犯其怒，后又斥责张居正不奔父丧，张居正更加愤恨，密托王之垣将何心隐置于死地。王之垣生怕别人议论他恶意杀何心隐之事，在张居正去世后捏造无影事迹，刊刻传布，以为自己正名。他还听闻，当时刑部侍郎耿定向曾写信给王之垣，力言何心隐无罪，不可轻杀，王之垣不听。为此赵崇善奏请，召耿定向审问此案。此时对张居正死后的追夺抄家案件已结，万历帝降旨说，何心隐情罪无枉，命此案不要再提起。

《明神宗实录》是天启时顾秉谦主持编纂，尽管把何心隐之死归因于与张居正的恩怨，但万历帝最后裁定，何心隐情罪没有冤枉。

赵崇善上疏所说的，王之垣在张居正去世后刊刻他处理何心隐之案的"事迹"是否属于"捏造"？这保存在王之垣所著《历仕录》中。他所列何心隐的罪状是，何心隐最早因侵欺皇木银两，犯罪拒捕，杀伤吴善五等六人，初拟死罪，后减罪发往贵州卫充军，途中脱逃，随后在各省逃窜，后到湖广孝感县，假讲学之名聚众扰害地方，各省历年访缉不获，皆有案卷。万历七年，新店把总朱心学在祁门将其抓获。经按察使查卷问理，后何心隐病死狱中。[17] 如此说来，张居正因挟嫌授意湖广将何心隐致死纯属无稽之谈。

张居正去世八年后，隐居在湖广麻城龙潭湖芝佛上院的李贽，开始刊刻他的名著《焚书》，其中有《答邓明府》一文，澄清了世人流传已久的张居正授意杀害何心隐的蜚语，他开篇的结论是"何公死，不关江陵事"。他提出，张居正因为吉安人攻击他，遂怨恨吉安人，但张居正也没有处死何心隐之意。李贽进而说，李幼滋因论学与何心隐关系不睦，他有杀何心隐的动机。因李幼滋又是张居正面前的大红人，气焰熏天，人们对待李幼滋如同对待张居正一般，故何公虽欲不死，也不可得。李贽的结论是，何心隐是布衣之杰，故有杀身之祸；张居正是宰相之杰，故有身后之辱，二老都是他的老师。[18]

李贽的结论写于张居正去世后数年，关于何心隐之死一案，已经万历帝亲裁。他没有理由为宰相之杰隐瞒，这也与李贽的思想、为人不符。而李贽的眼光独特在于，他捕捉到张居正为钳制思想，打压言路，而作为布衣之杰的何心隐，蔑视圣贤，就在劫难逃了。

李贽与何心隐没有见过面，他还写有《何心隐论》，是读过何心隐著述后的论议。李贽早年有名，与耿定向颇有关系。后来这位卓吾先生（李贽号卓吾）名声盖世，耿定向也因与李贽进行的学术论战，其理学名声为世人所知。李贽倾慕耿氏兄弟的学问，万历五年赴云南姚安知府任上，途中舍舟而陆，专程去黄安拜访，数日交谈后竟然想弃官不做，与耿氏兄弟专一研说学术，经耿定向反复劝说，李贽让女儿、女婿寄住在耿定理家中，并约好三年任满，得四品俸禄，来黄安归隐。万历九年，李贽兑现承诺，定居耿定理的天窝书院，与耿家兄弟朝夕相处，时间一年有余。后来他与耿定向公开论战，闹得学林沸沸扬扬。黄宗羲认为，李贽之所以恨耿定向，是因为何心隐之狱，耿定向与张居正交往甚厚，而且主张杀何心隐的李幼滋又是耿定向的讲学好友，当时救之固然不难，而耿定向不敢沾手，恐以此犯张居正不喜讲学之大忌。这显然是推测之词，与事实不符。黄宗羲在其皇皇巨著《明儒学案》中并没有给张居正立说。当然这也是出于偏见，在他眼中，张居正显然是法家一类。

李贽的思想已不为耿定向等理学派所接受，而在李贽眼中，何心隐更是离经叛道。何心隐常说，天地间只有一杀机而已。尧不能杀舜，舜不能杀禹，故把天下让出；汤、武能杀桀、纣，故得天下。李贽评价何心隐常以"见龙"自居，终日见而不知潜，则其势必至于亢矣，最后的结局也应该如此。他还对何心隐有三不满：一是中国人讲天地君亲师为五伦，而何心隐却舍弃其中的四伦；二是他所言所行都是危言危行，因而也是咎由自取；三是约束他人特别严苛，使得与他交往的人众叛亲离，又以货财来招揽人，使得那些贪婪的人追随在他的身边，他的覆亡也是自取的。

　　李贽到黄安前后，何心隐也到了湖广，并与耿定向的弟弟耿定理交往颇深。耿定理少年读书不成，被父亲督过，经常独行空谷中，忧愤不知从何而来，后来遇到何心隐，得其黑漆无入无门之旨，自此充然自足，其思想也深受何心隐影响，耿定向为此忧心如焚，一度不认这个弟弟。而何心隐与张居正的交往、结怨等爆料也主要来自耿定向兄弟。耿定向是泰州学派的代表人物，但其思想更注重解决现实问题，这也是张居正看重并与之交往密切的重要原因，张居正后来还请耿定向出任福建巡抚，让福建成为一条鞭法在全国的先行试验区。或许为避嫌，耿定向没有专门为何心隐立传，而是在《里中三异传》中详细讲述了这个狂人一生的行迹，何心隐的更多情况，包括与张居正的个人嫌隙，也因此为人所知。何心隐在黄安居住一年多，与耿氏兄弟交往密切，以此耿定向对他的记述更为可信。他为何心隐取名"何狂"，是"惩其行不中而悲其志"。

　　王世贞在《嘉隆江湖大侠》中为何心隐作传，他评价说：

　　嘉隆之际，讲学之盛行于海内，至其弊端，借讲学而为豪侠之具，复借豪侠而恣贪横之私，其术本不足动人，而失志不逞之徒，相与鼓吹羽翼，聚散闪倏，几令人有黄巾、五斗之忧。盖自东越（王阳明）之变泰州（王艮），尤未大坏，而泰州之变为颜山农（钧），则鱼馁肉烂，不可复支。[19]

王世贞的论断为黄宗羲所继承，认为泰州学派至颜钧，已非世俗所能羁绊。可以想见，在何心隐的身边聚集了一些亡命之徒和不逞之辈，他们藐视纲常伦理，如果任其蔓延，连王世贞都担心会出现汉末黄巾、五斗那样的反抗王朝的武装起事，这又是柄国首辅张居正所不能容忍的。毁书院，禁讲学，同样如此。

改革过了头——毁书院　禁讲学

万历二年，"徐氏家难"经爱徒援手已然化解，在家乡休致七八年的徐阶已风烛残年，朝夕不保。他还有一个最大的心愿，即完成王守仁从祀孔庙。他先给王守仁家乡余姚的最高长官谢鹏举写信，敦促他向朝廷上疏，随后致信张居正：

> 兹启浙江谢大巡（抚）有疏，为阳明先生乞从祀。窃惟先生之学，公所素知，又忆往年文成之谥，出公裁定；从祀之举，似亦待公而成。表章先贤、作兴来学，固海内缙绅所

共仰望于公，亦公相业所以垂光百世之大者，谅必能慨然以为己任而不辞也。[20]

徐阶把王守仁从祀视为张居正"垂光百世"的相业之大者，可见这件事在其心目中的重要性。徐阶还告诉钱德洪，说《文成全书》已经刊印，他也为该书写好了序文，而"如何从祀事，近得张相公报书，似可望就此天佑斯文，默有以主持其间，非仆之言足取重也，望转告龙溪兄，慰其惓惓"[21]。徐阶所说的"龙溪"是浙江山阴人王畿，与钱德洪都是王阳明（王守仁号阳明）最得意的弟子。当时天下士子从阳明先生问学者络绎于途，阳明无法一一亲授，就让求学者向二人请益，因此二人有"教授师"之称。但二人仕途不显，在野三四十年，无日不讲学，特别是王畿，自两京及江、浙、吴、楚、闽、越皆有讲舍，莫不以其为"宗盟"。[22]钱德洪于徐阶复信不久，于当年十月去世，享年七十九岁。

黄宗羲对王守仁评价极高，说"无姚江，则古来之学脉绝矣"[23]。而在王守仁生前身后，对其学问、人品、事功的评价又成两极，争议甚大。王守仁去世于嘉靖七年。隆庆初年，以宣传阳明学为己任的徐阶出任内阁首辅，赠王守仁为新建侯，谥文成，乃是张居正受徐阶之命所拟定。隆庆帝去世后半年，张居正已任首辅，他曾将王守仁是否从祀交廷臣会议。万历元年三月，给事中赵思诚上疏，极言王守仁不应从祀，说他徒党众多，标新立异，非议孔圣，诋毁朱熹，有权谋之智功，备奸贪之丑状，如果不焚其书禁其徒，乃为世道人心之害不小，又岂能从祀孔庙！因条列王守仁异言叛道八款，又言其宣淫无度，侍女数十，其妻每对众发其秽行；王守仁平定朱宸濠叛乱，虽然有功，但他欺取所收金宝，半输其家，贪计莫测，实非纯臣。章下该部。

徐阶致信张居正后，万历二年十二月，王守仁从祀孔子庙庭。但对王守仁的争议迄未停止。特别是伴随王学兴起的私家讲学之风，以及讽议朝政乃至对张居正改革的抵制和反对让张居正转向对私学的禁止和对书院的禁毁。

浸染儒家思想的士人，尽管胸中装有家国天下，但骨子里并不愿接受强权，他们在接纳皇帝训谕的同时更渴望放开言路，给他们自由的空间。

张居正改革以尊主权、课吏治、行赏罚、一号令为总目标，又通过雷厉风行的手段推进。他"操下如束湿"，有极强的控制欲，反对的人受到强力打压，不同心一德的立遭罢黜，士大夫指责他苛核、操切，表面上他是官僚集团的总代表，实际却把自己置于官僚集团的对立面。而夺情事件无疑是个分水岭，不但铸成身后对他的翻覆与清算，也是明朝士风转变的一大枢机。许多人不再与他合作，或者选择退隐于野，每日与山水田园为伴，手捻佛珠，案置百氏，谈狐说怪，或者风流自赏，放浪形骸。还有一些人，他们结社联会，交结日密，讽议朝政，抒发不满。张居正偏狭的性情以及不能容人的气量，加之刚愎自用，甚至让不少同道知交离他而去。

汪道昆是有大才略的人，又是张居正的同年进士。万历三年，他回到家乡歙县，短暂休整后成立白榆社。他不再关心胡马能否啸长安，"与其媚世，吾宁遗世；与其遗世，吾宁玩世"。读他的《太函集》，恍如隔世。张瀚罢官后，回到家乡仁和，与同乡组成怡老会，会约规定坐谈限于山川景物之盛，农圃树艺之宜和饮食起居之节，语不得涉官府政治。与张瀚几乎同时罢官的吏部侍郎何维柏回到家乡南海，参加九老会。大名鼎鼎的散文作家茅坤把张居正视为与严嵩一样的人，他刊刻诗文，对张居正柄国的作为颇不以为然。

明朝除官办学校外，还有民间的社学和书院，后者不以举业即科举考试为局限，便于士大夫阐发修身养性安身立命的学问。明朝前期风俗淳朴，即便号称宋代四大书院之首的江西白鹿洞书院也是荒草一片，无人光顾。成化年起，书院缓慢恢复了往日生机。而推动书院蔚然兴起的，离不开嘉靖时期的两个著名学者。《明史》说，成化、弘治以上，学术醇而士习正，当时讲学不盛。正德、嘉靖之际，王守仁聚徒于军旅之中，徐阶以内阁首辅之尊讲学，流风所被，倾动朝野，于是缙绅之士，遗佚之老，联讲会，立书院。由于徐阶倡率，其用人也以此为异趋，一时间人人自托同道，凡巡抚大人莅任，第一项急不可待的工作就是必立书院，以纠集生徒，以此冀望当路见知，其后间有他故，一定驻节其中，于是三吴间，竟呼书院为中丞（巡抚）行台。

江西是王守仁建功立业的地方，书院也最盛，计明代建有一百八十五所之多，其中嘉靖一朝有四十四所。北直隶共建有八十一所，嘉靖时建有二十七所。南直隶所属今安徽省，明代有九十八所，嘉靖时建有三十九所。

这些书院有的以阐述朱熹思想为宗旨，而最多的是以传播王守仁的致良知学说，仅王守仁及其门人在全国创建的书院就多达数十所。由于阳明学说奉行百姓日用即道的理念，故除官僚士大夫外，社会下层也从者如云。王艮之后，出现了樵夫朱恕、陶工韩贞、农民夏廷美等百姓出身的讲学家。韩贞以化导风俗为己任，随机指点，农工商贾从游者一千多人，秋成农暇时聚徒讲学，一村既毕，又到一村，前歌后答，弦诵之声，洋洋然也。

这种讲学风潮与官方的正统思想不尽吻合，有的甚至与之相悖，因而一开始就备受争议，不时受到强力压制。嘉靖十六年，针对是否禁毁与王守仁齐名的理学家湛若水的著述并对他本人治罪，明廷展开了激烈的论争。吏部本着学术开放的思想，认为尽管湛若水潜心经学，希迹古人，其学术不可全盘否定，他的著作也允许有不同意见，应该允许流传，但随从他游学的人越来越多，其间或有奸徒匪类，其所建书院应该改毁。随后规定，今后额设衙门，不许擅自改为书院；由官府创建的，必须请旨；令教员生员全部在本处肄业，不许刊刻书籍，刷印送人。这是明朝第一次有限制地禁止私创书院。

随着改革的深入推进，特别是在夺情事件中张居正与言路的对立、与士大夫对儒家治国理念认识的冲突，张居正对蔓延恣肆的讲学之风深恶痛绝。他需要一个恰当的时机来个清算。

万历七年正月，原任常州知府施观民，以科敛民财、私创书院坐罪，被革职闲住。施是福清人，创建龙城书院，选诸生之优秀者课之，一经品题，皆成名士，后来成为东林党领袖的顾宪成，当时就在龙城书院学习。万历三年十月，施观民由常州知府升任广东副使。据叶向高说，他是因为对经过常州的主爵贵人接待不周而遭参劾的。但何以三年后才被参，颇为蹊跷。

这一孤立的事件当即发酵。当月二十二日，朝廷下令，命毁天下书院，施观民所创书院及各省私建者，全部改为公廨衙门，粮田查归里甲，不许聚集游食，扰害地方，仍敕各巡按御史、提学官查访奏闻。

但此举最初受到极大抵制，直到次年七月，禁毁令已颁布一年有余，吏部奏报说，各处私创书院，如宣成、梧山等处已改公馆，其田地粮税宜归并里甲，征贮府库。张居正对此不满，指责抚按官迁延草率，仍令核实奏报。八月，户部又报，各省直改毁书院多有未行册报及议处未尽者，议行各抚按查核以报。自此，禁毁令得到落实，至万历九年十月，先后稽查应天等府书院共六十四处，或改公署，或给原主，或行毁废，其紫阳、崇正、金山、石门、天泉五书院，存留如故。

但各地仍用各种办法逃避禁毁令。江西南康白鹿洞书院，最为有名，因敕额兴建，不能毁坏，但留下祭祀用的三百亩学田，其余财产全部没收。吉安知府为保护白鹭洲书院，在书院大门挂上"湖西公署"的牌匾以免拆毁。吉安的文江书院以关闭形式躲过毁损，张居正去世后，经邹元标重建，改名仁文书院。安福的复古书院，改为城南社学。北方高邑的恒阳书院，嘉靖三十年由杨选创建，隆庆时艾穆在这里授徒讲学，赵南星跟从艾穆习古文学，查禁令前被查封。

禁毁书院，使得私人聚徒讲学失去依托，张居正由此又背负不喜讲学的骂名。禁止讲学，并不始于张居正，也不是他个人的主张。早在隆庆四年三月，高拱回到内阁后，采纳礼科给事中胡槚的请求，正式颁诏禁止提学官聚徒讲学。而此次张居正禁毁书院，持续时间长，波及面颇广，他承受了极大压力。

耿定向是少有的支持张居正的理学名臣，在给张元忭的信中，他痛心疾首地为张居正辩护道：

> 相君近日意崇本实，稍稍抑远虚浮，而世俗子骇影吠声，遂以讲学为大诟，拘人者藉此为谤本，自好者蒙是为羞称，而察吏治者亦以是为巉迹，亦大舛矣。此人心淑慝之机，邪正消长之渐，世道升降之大会也。……夫不誉口说而神明默成，不树徒党而气声应求，上臻安富尊荣之效，下成孝悌忠信之风，此则相君讲学之本指也，何尝禁厌讲学哉。今使相君而蒙此名于天下，使天下而有此风，区区所欲裂腹剖心，一明之而无从者也。[24]

耿定向当时在福建巡抚任上推行丈田、一条鞭法等改革大政，是一位有作为的封疆大吏，又挟理学家名号，但仍遇到重重阻力，他的切肤之痛，使得对张居正的做法有一种感同身受的体会。他在多篇著述中都强调，这是一场事关世道升降之"大会"，是没有硝烟的战争。

周思敬是湖广麻城人，隆庆二年进士，这一科有不少反对张居正的健将，如王用汲、余懋学、沈思孝等人。出于乡里的缘故，他与耿定向多有交往，对张居正改革很支持，也深得张居正的赏识。万历七年，张居正在复周思敬信中，扼要阐释自己憎恶何类讲学者：

> 吾所恶者，恶紫之夺朱也，莠之乱苗也，郑声之乱雅也，作伪之乱学也。夫学，乃吾人本分内事，不可须臾离者。言喜道学者，妄也；言不喜者，亦妄也。于中横计去取，言不宜有不喜道学者之名，又妄之妄也。[25]

朱色是正色，代表正气。"恶紫之夺朱""郑声之乱雅"，均出自《论语·阳货》，紫色不正，代表邪恶，夺去正色。郑声指郑国多为荒淫的乐曲，破坏了典雅的正调。张居正说，有人说他喜道学，有人说他不喜道学，这都不是他的本意，说他不应存有成见，即不喜那些以道学成名的人，张居正说，这是妄之又妄。他在回信中引用孔子门徒三千，而独以好学归之颜回，说"凡今之人，不如（居）正之实好学者矣"。

对于嘉靖以来因讲学而带动士风的转变，特别是形成的弊习，连讲学最有力的倡率者徐阶晚年退休后也认识到，现在士气日趋于卑弱，士习日流于妄诞，卑弱则不肯砥节，这是西汉所以覆亡的所在，妄诞则不肯任事，这是东晋所以变乱的所在。他认为，这两大弊习是庙堂之上所宜亟反亟图也。但当爱徒张居正全力推行禁毁令后，徐阶又大唱反调，在回复徐龙岗的信中说，近时焚书院举动计虽甚审，究竟实愚。

张居正与徐阶，这对徒师在治国理念上有很大不同，对讲学带来的空谈、虚诞之风，张居正深恶痛绝。万历时沈德符说，张居正作为徐阶的弟子，极恨其在位时讲学之事而诽议之。张居正后来当国，遂欲尽灭讲学诸贤，不无矫枉过正。又说张居正最憎恶讲学，言之切齿，他一生对徐阶礼敬有加，唯独谈及老师聚徒讲学之事，气得脸色很难看。

张居正生前这场由禁毁书院、严禁讲学而引发的学术思想论争，有非常值得思考的时代意象，可以做多视角的解读。此事在张居正去世后得到万历帝的支持。不少人上疏恢复书院、讲学，万历帝说，重道崇儒原无讲学之禁，亦不系书院有无，若近年私创已经拆毁变卖的，不必一概议复，以费财扰民。

晚明史家谈迁也认为张居正矫枉过正。说徐阶好道学，他在内阁时全国的书院星罗棋布，士大夫希图幸进的则奔走其马下，乃至于衣褐带索之徒，摇唇鼓舌而不休；江陵深惩其弊，堤流塞源，也不能说是失政之举，但务必全部毁掉以为快，适以增加他人攻击的口实。

注释：

1.张舜徽.张居正集：第三册.文集.武汉：湖北人民出版社，1994：469.

2.张舜徽.张居正集：第三册.文集.武汉：湖北人民出版社，1994：560.

3.张舜徽.张居正集：第三册.文集.武汉：湖北人民出版社，1994：147—150.

4.张舜徽.张居正集：第三册.文集.武汉：湖北人民出版社，1994：658—659.

5.张舜徽.张居正集：第二册.书牍.武汉：湖北人民出版社，1994：430—395.

6.辑校万历起居注：第一册.南炳文，吴彦玲，辑校.天津：天津古籍出版社，2010：33.

7.辑校万历起居注：第一册.南炳文，吴彦玲，辑校.天津：天津古籍出版社，2010：34.

8.杨博.杨博奏疏集：上册.张志江，点校.上海：上海古籍出版社，2018：210.

9.张舜徽.张居正集：第三册.文集.武汉：湖北人民出版社，1994：294.

10.张舜徽.张居正集：第三册.文集.武汉：湖北人民出版社，1994：297.

11.张瀚.松窗梦语：卷首.北京：中华书局，1985：3.

12.张舜徽.张居正集：第三册.文集.武汉：湖北人民出版社，1994：521—522.

13辑校万历起居注：第一册.南炳文，吴彦玲，辑校.天津：天津古籍出版社，2010：101—103.

14.张居正.张居正奏疏集：上.上海：华东师范大学出版社，2014：310—315.

15.谈迁.国榷：第五册.张宗祥，点校.北京：中华书局，1958：4268.

16.张舜徽.张居正集：第二册.书牍.武汉：湖北人民出版社，1994：962.

17.据王士禛.池北偶谈.北京：中华书局.1982：111，作者系王之垣之曾孙，此系摘录其曾祖《历仕录》。

18.李贽.焚书 续焚书.北京：中华书局，2009：15—16.

19.王世贞.弇州史料后集：卷三五.

20.世经堂续集.与张太岳相公//沈乃文，主编.明别集丛刊：第二辑第44册.合肥：黄山书社，2015：100.

21.世经堂续集.与张太岳相公//沈乃文，主编.明别集丛刊：第二辑第44册.合肥：黄山书社，2015：103.

22.黄宗羲.明儒学案.沈芝盈，点校.北京：中华书局，1997：225—238.

23.黄宗羲.明儒学案.沈芝盈，点校.北京：中华书局，1997：179.

24.耿定向.耿定向集.傅秋涛，点校.上海：华东师范大学出版社，2015：235.

25.张舜徽.张居正集：第二册.书牍.武汉：湖北人民出版社，1994：849.